记忆中的那些

# 上海

XINHUA
BOOK STORE

汪耀华 —— 主编

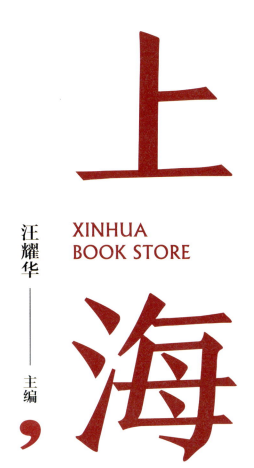

上海人民出版社

# 目录

# 目

# 录

# 目录

# 目 录

# 目录

# 目
## 录

读了本书收录的众多新华同仁的回忆，颇有感触。我和大家一样，都有新华情结。这本书可以说是上海新华书店的一个剪影，值得我们珍视。

作为上海新华人，我们需要首先记住的是两个日子，一个是 1949 年 5 月 27 日上海解放，另一个是 1949 年 6 月 5 日新华书店临时第一、第二门市部分别在福州路和河南路开业，二者奠定了我们整个上海新华书店及今天的三个单位"上海新华发行集团""上海新华传媒股份有限公司""上海新华传媒连锁有限公司"的基础。新华书店从 1937 年在延安创办至今已走过了 87 年，跨越了四五代人。"新华"这两个字深入每一个中国人内心，对于每一代人而言，从童年、少年到青年、中年、老年，新华书店已然成为许多人的情怀。

## 回望过去，珍视历史

我是山东人，出身教育世家，祖父母都是老师，他们很注重对我文学、艺术修养的培养。童年跟着祖父母接触的印象最深的商店就是济南的新华书店门市部，"新华"这两个字不仅印入我童年的心灵，更贯穿从童年、少年到青年的整个成长的过程。1988 年我到上海读大学，读的是经济专业，正逢中国改革开放的起步阶段，那个青年时期的我有很多的迷茫，从某种意义来说是阅读拯救了我，并成就了我今天的一切。那时候我几乎每天都去新华书店，一本一本地阅读，读哲学、读文学、读管理、读心理学。那时，我是一个读者。新华书店帮助我度过了迷茫的青年时期，建立了自己的思想体系和价值评判体系，形成了不断成熟的认知模式。印象深刻的是长宁区新华路上的新华书店，就在我家隔壁，记得当时我跑过多家书店没有找到德斯蒙德·莫里斯（Desmond Morris）的《裸猿》（*The Naked Ape*）三部曲，竟然在隔壁的新华书店中找到了，想来，我与新华早早结了不解之缘。所以，作为读者，我对新华的感情很深厚。某种意义上，这些都引导我来到了新华。2006 年，因着新华改制，我成为了新华人。

通过本书，能够很清晰地看到从 1949 年上海新华书店开业到 2000 年上海新华发行集团成立，到 2004 年多元化改制，再到 2006 年股份制上市，我们历经的点点滴滴，那些我们新华人的高光时刻。众多新华人付出的心血历程，值得我们无比珍视。

## 立足今天，坚守现在

随着国家政策的变化和改革开放的深入，上海新华面临了很多问题，接受了许多挑战，对新华人来说也产生了很多困惑。一方面，我们从垄断的企业转变为市场化的企业，积极主动地适应市场需求，在坚守主业"为读者找书，为书找读者"的同时，需要自我实现一个良性的循环，自负盈亏，在一个纯粹的市场中寻找平衡。这时，我们面临的首要问题是如何传承历史上新华人的优良传统，同时不被纯粹的市场经济碾压。另一方面，上海新华如何建立新的商业模式和提升新的自我生存能力。毫无疑问，这一切对于新华人来说，意味着巨大的压力、巨大的挑战。有些问题到今天还没有答案，如何厘清？如何形成合力？再如新华书店这个品牌应该如何坚守，在当下与其他书店相比究竟应该展现哪些不同？如何切实通过商业经营来辅助实现最终目标？多元化经营和主业之间究竟如何互哺？如何弘扬主业？这些都是需要我们不断地思考、再反思的问题，也是我作为曾经的上海新华发行集团的经营者、作为上海市书刊发行行业协会的会长常常思考、久久思考却还没有找到答案，但是我仍认为有必要继续思考，并且需要早日破解的难题。

难能可贵的是，在这本书里，我看到了我们新华人本着对"新华"二字的绝对热爱，展现了上海新华新的形象。

我来新华十八年，坚守十八年。不断接受来自市场和多元化运营的挑战，新华书店品牌为上海新华发行集团授权上海新华传媒股份所属上海新华传媒连锁使用，并不直接管理发行业务，上海新华发行集团采取了各种措施支持新华书店主业。作为上海市书刊发行行业协会的负责人，我分析了当今的一个困境，随着阅读人群的减少、阅读模式的改变、网上销售的盛行，实体书店和网络书店之间应建立怎样的关系？新华书店的网络书店和实体书店究竟如何并行？在城市人文建设当中，作为新华人的我们应该履行怎样的职责？我认为这些问题都是当前需要思考、需要面对的。但是核心不变，依旧是营造阅读氛围、提供阅读服务、打造文化自信自强的上海样本，在坚守传统的同时，体现当代性，赋予新华更新的精神内核。

## 展望明天，定向未来

这本书让新华人有了一种归属感，今年，上海新华书店已经走入75周岁，书中既有资深专业人士的概括性梳理，又有各部门同仁的详细的回顾记录，故事很生动，都是史实性的记录，非常有价值。

毫无疑问，世界在发生变化，人类需要不断前行，我们新华人在文化建设、阅读引领、心灵安慰等方面应该有所作为。引领文化氛围，需要坚定的价值取向和价值理念。如何向前走，如何与新的技术手段接轨，各项活动的举办与阅读的推广之间应如何有机结合，都是我们需要深度思考的。但是万变不离其宗，图书和阅读仍旧是我们的核心，是我们的本源。而有关先进文化的图书更是我们必须大张旗鼓、旗帜鲜明地推进的。文化责任应当是我们新华人的责任，是我们理所当然、毫无疑问的精神内核。

百年来，很多书店开开关关，生命周期短暂。相比较下来，新华书店走过 87 年，上海新华书店迎来了 75 周年，真是不容易。我们必须有所依托，按照党和国家确定的文化责任的精神内核一直走下去。坚守这样的精神内核，并不断强大，发挥影响力作用，是我们的使命担当，需要我们所有的新华人不断努力推进。

所以，我们既要"回望过去，珍视历史"，又要"立足今天，坚守现在"，更要"展望明天，定向未来"。

2023 年 5 月 5 日
（作者系上海市书刊发行行业协会会长）

上海新华书店可以说与中华人民共和国同龄，随着 1949 年 6 月 5 日新华书店临时第一、第二门市部的开业而蓬勃发展，深刻地影响着上海市民的精神文化生活。

本书以上海新华书店格局演变为面，发展节点为点，通过史实和数据进行阐述，梳理从 1949 年至 2007 年上海新华书店的发展历史，窥一斑而知全豹，可从中一窥其发展的关键拐点及发展轨迹。

## 格局的形成

1949 年 5 月 27 日，上海解放。中共中央宣传部出版委员会、华东新华书店总店等机构的南下干部同步进驻上海，开始清理、关停旧上海的出版发行企业，创建以新华书店为代表的出版发行格局。同时，随着区域行政机构的变动、政治运动的不停掀起及出版物的不断变化，松散、多元的书业呈现出新华一家、国营领衔的格局。

1949 年 5 月 30 日起，上海市军事管制委员会文化教育管委会新闻出版处先后接管正中书局、中国文化服务社等 16 家出版、印刷、发行机构。

1949 年 6 月 5 日，新华书店临时第一门市部（福州路 679 号中国文化服务社原址）、临时第二门市部（河南中路 170 号正中书局发行所原址）开业，供应进步书刊。沪东流动队（也称提篮桥供应站）和沪西流动队深入工厂、农村、部队开展流动售书。同日，人民书报供应社（福州路 331 号）成立，组织全市 300 多个书报摊经销新书；三联书店上海分店复业，并在江西中路 270 号设立临时营业处，后于同年 7 月 12 日迁至南京东路 166 号。

1949 年 7 月 21 日，华东新华书店总店联合 62 家私营出版社组成的公私合营上海联合出版社迅速组织出版当年秋季的中小学教科书，供应华东地区学校的教学需要（1950 年 10 月结束）。10 月，华东出版委员会接管世界书局和大东书局等。

1949 年 9 月 1 日，华东新华书店总店设立上海分店，负责上海地区的发行业务。

1950 年，部分合营书店面对旧市场的萧条和对新业态的向往，在新政府的引导下开启合作、联营、重组之路。1 月，启明书店等 8 家私营单位组成上海儿童读物出版社联合书店（以下简称"童联书店"），2 月在福州路 310 号设立门市部。4 月，广益书局、北新书局等 63 家私营单位组成上海通俗读物出版业联合书店（以下简称"通联书店"），9 月在福州路 373 号发行所开业。6 月，文德书局、大众美术出版社等 37 家私营单位组成上海连环画出版业联合书店（以下简称"连联书店"）。4 月 10 日，华东新华书店成立实用书店（福州路 519 号），销售原世界书局和正中书局等存书中可以销售的学校教材、科技书和工具书（1952 年划归上海分店领导）。4 月 11 日，国际书店上海分店在福州路 679 号成立。

1951 年 2 月，上海市新闻出版处组织对全市 3000 个书刊出租铺（摊）的旧书实行收换。年底，累计换给新书 239 种、41.7 万多册，收回旧书达 2 万种、135 万册，共计收换贴补经费 1.2 亿元（折合新人民币 1.2 万元）。上海分店成立书亭管理处接办原人民书报供应社对全市所有私营书报摊贩的管理、教育和改造工作。

1951 年 7 月 20 日，中国图书发行公司上海分公司（以下简称"中图公司"）开业。商务印书馆、中华书局、开明书店、联营书店、三联书店五单位的门市部全部合并。

1953 年 7 月，根据政务院颁布的《管理书刊出版业、印刷业、发行业暂行条例》规定，上海进行发行业整顿。有 404 户申请登记，其中国营 12 户、合营 2 户、私营 390 户。1956 年 5 月，全市审查图书 8000 种、旧连环画册 8000 种，各书刊出租铺（摊）上交反动、淫秽、荒诞书刊 150 余万册。

1954 年 11 月 30 日，随着大行政区的撤销，新华书店华东总分店撤销，上海分店划归上海市出版事业管理处领导，各区书店下放归所在区领导，上海分店只负责业务领导。1957 年 6 月 24 日，根据新华书店总店及上海市出版事业管理处（1957 年 7 月 26 日改制为上海市出版局）研究确定，区店行政关系仍属上海分店领导，不下放，原属各区委的党团组织关系亦转回上海分店。

1958 年 4 月，原属江苏省的宝山、上海、嘉定三县因行政区划的变动划归上海市管辖，宝山支店（1956 年 1 季度建店）、上海支店（1951 年 5 月建店）、嘉定支店（1949 年 5 月建店）于 4 月初由江苏分店划归上海分店领导。同时，上海将原西郊区、北郊区合并到上海县、宝山县，将东郊区改为浦东县，建立了浦东、上海、宝山、嘉定四个县新华书店。12 月，江苏省所辖的松江、南汇、川沙、青浦、奉贤、金山、崇明等七县划入上海市，新华书店松江县店（1949 年 5 月建店）、南汇县店（1949 年 5 月建店）、川沙县店（1951 年 10 月建店）、青浦县店（1949 年 5 月建店）、奉贤县店（1956 年 1 季度建店）、金山县店（1956 年 1 季度建店）、崇明县店（1949 年 6 月建店）由江苏省新华书店移交上海新华书店。

1958 年 9 月 1 日，根据中央文化部出版事业管理局指示，上海分店与新华书店上海发行所（1954 年 8 月 1 日成立，隶属新华书店总店领导，负责办理上海地区出版物向全国的发货业务。1958 年 7 月 28 日，新华书店上海发行所交由上海市出版局领导）合并成立上海新华书店（以下简称"市店"）。

1958 年 12 月，市店下属区县店分别为 14 个区店及 11 个县店：黄浦区店、提篮区店、榆林区店、虹口区店、闸北区店、杨浦区店、徐汇区店、邑庙区店、蓬莱区店、卢湾区店、长宁区店、普陀区店、江宁区店、静安区店，浦东县店、嘉定县店、上海县店、宝山县店、松江县店、青浦县店、奉贤县店、金山县店、南汇县店、川沙县店、崇明县店。

1959 年 1 月 1 日，郊县 10 个县店下放归所在县管理。

1960 年 6 月，根据行政区划的调整，撤销榆林、提篮、江宁、新成、邑庙区店（大世界门市部划归黄浦区店）和浦东县店（东昌路门市部划归黄浦区店），新设静安（由江宁、新成两区合并）、闵行、吴淞三个区店。由此，市店下属区县店分别为：黄浦区店、虹口区店、闸北区店、杨浦区店、徐汇区店、南市区店、卢湾区店、长宁区店、普陀区店、静安区店、闵行区店、吴淞区店，上海县店、宝山县店、嘉定县店、川沙县店、南汇县店、奉贤县店、金山县店、松江县店、青浦县店、崇明县店。

1962 年 12 月 15 日，根据国务院文化部《关于调整新华书店省以下各级机构管理体制的通知》，自 1963 年起各区县店直属市店领导。

1969 年 1 月 1 日，经上海市革命委员会批准，郊区各县店下放各县管理。其中，上海、宝山、松江、崇明四个县店由县委宣传部领导，嘉定、青浦、奉贤、金山四个县店由县文教局领导，川沙、南汇县店由县文化局领导。

上海新华书店／新华书店上海发行所办公楼

1979 年 1 月 3 日，市店经上海市出版局同意，重组为 16 个市区基层店。包括区店 10 个，分别为黄浦、卢湾、南市、徐汇、长宁、静安、普陀、闸北、虹口、杨浦区店；专业书店及独立核算基层书店 6 个，分别为科技书店、音乐书店、延东书店、金山卫书店、吴淞书店、闵行书店。

1980 年 8 月，上海市人民政府批复同意恢复郊区各县新华书店由市、县双重领导的管理体制，即县新华书店的人事、财务、业务，收归市店领导管理，党、团、工会关系及思想政治工作仍由县领导管理。截至 2022 年，青浦、金山、奉贤、嘉定、崇明店的党、团、工会组织关系仍为属地化管理。

## 点位的演变

上海新华书店从 1949 年 6 月临时第一、第二门市部开业起步，经历了所属上级领导机构的变动，与国际书店上海分店等发行企业的分分合合，以及自身的改制、上市，成为全国新华书店首家改制上市企业，至 2006 年全市已开设门店 174 家。

1949 年 9 月，上海分店成立后迅速组织全市同业（如时代出版社、群益出版社、华夏书店、联营书店、商务印书馆、中华书局、开明书店等 93 家书店，以及永安公司、大新公司图书专柜等）经销新华书店的出版物。上海分店最初的销售部门有：福州路支店，即临时第一门市部（福州路 679 号，1950 年 3 月迁入福州路 390 号）；南京路支店，即临时第二门市部（河南中路 170 号）；流动支店（原为流动供应队）。

1949 年 11 月 1 日，经上海市人民政府财贸办公室（以下简称"市财贸办"）同意，南京东路 364 号天宝成银楼的房屋拨归新华书店使用。上海分店将临时第二门市部迁入，组建新华书店南京东路门市部（以下简称"南东书店"）。二开间门面，左右两侧是小型橱窗，为上海分店首次使用橱窗进行图书宣传。1956 年 3 月 8 日，南东书店扩大门面，在原来的基础上向两旁及纵深发展，营业面积扩大至1100 平方米，改称"第一书店"。该门市部全部采用玻璃柜陈列（即闭架售书），备货 2 万余种，是当时国内最大的综合门市部。

1954 年 1 月，经出版总署批准，中国图书发行公司（以下简称"中图公司"）与新华书店合并，其上海分公司与新华书店上海分店合并，对外仍称中图公司。

1954 年 4 月 20 日，上海分店古籍门市部在福州路 519 号（实用书店原址）开业。8 月，国际书店上海分店与新华书店上海分店合并，其门市部改为上海分店外文门市部，对外仍称国际书店。9 月 1日，私营通联书店、连联书店和童联书店在进行社会主义改造的基础上，合并成立公私合营的上海图书发行公司。

1954 年 8 月，上海分店已有书亭 24 个，分布在各公共场所、交通要道及学校、工厂等单位内部，后来改由大专供应部负责。书亭除经营书刊外，也兼办缺书登记和代订杂志的业务。书亭建制如下：

第一书亭　复兴中路复兴公园门口

第二书亭　上海第二医学院内

第三书亭　文庙路沪南文化馆内

第四书亭　通北路劳动公园门口

第五书亭　华东师范大学内

第六书亭　同济大学内

第七书亭　上海第一医学院内

第八书亭　淮海中路襄阳公园门口

第九书亭　南京西路人民公园门口

第十书亭　胶州路康定路口

第十一书亭　瑞金二路永嘉路口

第十二书亭　愚园路长宁电影院门口

第十三书亭　江湾五角场

第十四书亭　淮海西路天平路口

第十五书亭　岳阳路枫林桥附近

第十六书亭　市工人文化宫内

第十七书亭　复旦大学内

第十八书亭　新泾区程家桥

第十九书亭　杨树浦路临青路口

第二十书亭　上海站大厅内

第二十一书亭　交通大学内

第二十二书亭　中华路小南门

第二十三书亭　虹桥路交通大学分部内

第二十四书亭　平凉路临青路杨浦电影院内

1954 年 10 月，上海分店所属机构如下：

中图公司（河南中路 221 号）

第一门市部（福州路 390 号）

第二门市部（南京东路 364 号）

第三门市部（东大名路 1160 号）

第四门市部（四川北路 856 号）

第五门市部（南京西路 1533 号）

第六门市部（长寿路 291 号）

第七门市部（淮海中路 717 号）

第八门市部（中华路 1520 号）

第九门市部（东门路 26 号）（属第八门市部领导）

第十门市部（南京西路 771 号）

第十一门市部（长阳路 1239 号）（属第三门市部领导）

第十二门市部（西藏南路 24 号）

第十三门市部（衡山路 944 号）

第十四门市部（长宁路 19 号）（属第六门市部领导）

古籍门市部（福州路 519 号）

第十五门市部（梵皇渡路 18 号）

第三十一门市部（东昌路 251 号）

第三十二门市部（江湾万安路 588 号）

第三十三门市部（漕河泾镇 97 号）

第三十四门市部（吴淞外马路 529 号）（属第三十二门市部领导）

第三十五门市部（高桥北街 190 号）（属第三十一门市部领导）

第三十六门市部（曹杨新村合作社内）（属第六门市部领导）

第三十七门市部（大场西街 537 号）（属第三十二门市部领导）

少年儿童读物门市部（南京西路 780 号）

1955 年 4 月，上海分店根据中央对私营工商业"统筹兼顾、全面安排"的方针和新华书店总店的指示，改造私营图书发行业，组织安排上海市图书市场，领导监督和改造全市私营图书发行业。1956 年 1 月，上海私营图书发行业被批准全行业公私合营。参加合营的私营书店共有 129 户，从业人员共有 444 人（其中新书业 73 户，322 人；古旧书业 56 户，122 人）。

1956 年 5 月 20 日，上海图书发行公司设立古籍书店（福州路 424 号），新华书店上海分店古籍门市部并入该店。7 月，上海分店外文门市部迁入福州路 390 号，扩建为上海外文书店。10 月 7 日，上海旧书店在福州路 401 号开业。1958 年 8 月，古籍书店与上海旧书店合并，成立上海古旧书店（仍保留上海图书发行公司总管理处）。9 月 21 日，上海古旧书店期刊门市部（福州路 338 号）开业。

1958 年 9 月 1 日，上海新华书店对本市担负的任务被明确为："对全市发行网的规划、基建和计划数字的建议、平衡和调整工作；全市销售业务的辅导，先进经验的总结交流；配合全国和本市各项政治运动的图书发行工作的布置和辅导；必须统一的业务章则制度的颁发和修订；各销售单位订货数字的审核与货物的平衡调度工作；业务干部的培养与训练。"

1959 年，全市图书发行网点已发展到综合书店 57 个，专业门市 9 个，大专、工厂、机关书亭 24 个，上海邮购书店 1 个，上海古籍书店和上海旧书书店门市 11 个，荣宝斋门市 1 个，上海外文书店门市 2 个，书亭 8 个，科学出版社门市 1 个，集体书亭 34 个，合作旧书店 9 个，个体书报摊 31 个，群众发行网点 850 个，共 1063 个。

1960 年，上海新华书店区县各销售部门地址一览：

市店　四川中路 133 号

　中图公司　河南中路 221 号

　图书馆供应科　河南中路 221 号

　内部发行科　河南中路 221 号

黄浦区店　南京东路 360 号

　第一书店　南京东路 360 号

　图片书店　福州路 310 号

　上海古旧书店　福州路 338 号

　西藏中路门市部　西藏中路 365 号

大世界门市部　西藏中路 489 号

虹口区店　四川北路 856 号

四川北路门市部　四川北路 856 号

读者书店　四川北路 2017 号

提篮桥门市部　东大名路 1160 号

提篮桥科技门市部　东大名路 1178 号

长治书店　东长治路 599 号

课本门市部　四川北路 847 号

闸北区店　天目路 173 号

宝山路门市部　宝山路 174 号

天目路门市部　天目路 173 号

北站门市部　北站大厅

大达书店　大统路 267 号

彭浦门市部　共和新路 2814 号

彭浦新村门市部　彭浦新村

杨浦区店　平凉路 1437 号

通北路门市部　通北路 192 号

长阳路　长阳路 411 号

新建书店长阳路 1239 号

平凉路门市部　平凉路 1467 号

控江新村门市部　双阳路控江新村 1 号

卢湾区店　淮海中路 717 号

淮海中路门市部　淮海中路 717 号

南市区店　中华路 1520 号

老西门门市部　中华路 1520 号

大兴街门市部　大兴街 90 号

中国图书社　东门路 26 号

徐汇区店　衡山路 944 号

徐家汇门市部　衡山路 944 号

常熟路门市部　淮海中路 1310 号

长宁区店　华山路 42 号

静安寺门市部　华山路 42 号

中山公园门市部　愚园路 1408 号

静安区店　南京西路 781 号

南京西路门市部　南京西路 771 号

图片书店门市部　南京西路 1591 号

少年儿童书店　南京西路 770 号

康定路门市部　康定路 615 号

科技门市部　常德路 711 号

石门一路门市部　石门一路 4 号

普陀区店　长寿路 291 号

长寿路门市部　长寿路 291 号

长寿路科技门市部　长寿路 318 号

曹家渡门市部　长宁路 19 号

曹杨新村门市部　曹杨新村

浦东县店　浦东县东昌路 249 号

东昌路门市部　东昌路 249 号

洋泾门市部　浦东县洋泾镇路 156 号

高桥门市部　浦东县高桥镇北街 381 号

吴淞区店　吴淞镇淞兴路 255 号

吴淞门市部　吴淞镇淞兴路 255 号

张庙路门市部　吴淞镇张庙路一条街

宝山县店　宝山县西大街 69 号

五角场门市部　江湾邯郸路 584 号

江湾门市部　江湾镇万安路 588 号

宝山门市部　宝山县西大街 69 号

罗店门市部　宝山县罗店镇

大场门市部　宝山县大场镇

闵行区店　闵行区闵行镇

闵行镇门市部　闵行镇新安路 3 号

一号路门市部　闵行镇一号路

二号路门市部　闵行镇二号路

吴泾门市部　闵行镇吴泾

上海县店　闵行区闵行镇（暂在）

虹桥路门市部　虹桥路 2324 号

漕河泾门市部　上海县漕河泾镇 97 号

嘉定县店　嘉定县城中街

嘉定门市部　嘉定县城中街

南翔门市部　嘉定县南翔镇

南汇县店　南汇县惠南镇东门大街

南汇门市部　南汇县惠南镇东门大街

大团门市部　南汇县大团镇

周浦门市部　南汇县周浦镇

松江县店　松江县中山西路 654 号

松江门市部　松江县中山西路 654 号

佘山门市部　松江县陈坊桥

崇明县店　崇明县桥镇东河沿

桥镇门市部　崇明县桥镇东河沿

堡镇门市部　崇明县堡镇

城内门市部　崇明县人民路

川沙县店　川沙县城内中市街

青浦县店　青浦县马头街 66 号

青浦门市部　青浦县马头街 66 号

奉贤县店　奉贤县南桥镇中街

奉贤门市部　奉贤县南桥镇中街

奉城门市部　奉城镇东街

金山县店　金山县米泾镇中街

金山门市部　金山县米泾镇中街

吕港门市部　金山县吕港

张堰门市部　金山县张堰

1961 年，全市国营网点共有 101 个，人员共有 2328 人。

1971 年 2 月，上海书店（上海古籍书店、上海旧书店）、上海外文书店并入市店。

1971 年 2 月 13 日，上海新闻出版工人毛泽东思想宣传队和中国人民解放军毛泽东思想宣传队（以下简称"工、军宣队"）向上海市革命委员会报告，申请在南京东路扩大新华书店经营场地。1972 年 2 月 15 日，南东书店由南京东路 364 号搬至南京东路 327 号至 345 号（门牌号定为南京东路 345 号）东海大楼开业，使用面积为 3650 平方米，营业面积为 2200 平方米。因销售《列宁回忆录》《李白与杜甫》《晶体管收音机》而人潮拥挤，后因发生抢书导致挤破多个玻璃柜台而短暂停业。2月19日，南东书店重新营业。据统计，每分钟涌进读者超过110人。3月，南东书店开始建设人防工程，三分之二职工维持门市营业，三分之一职工投入人防施工。

1971年6月29日，全市主要新华书店统一在上午9:00发行四部古典小说《红楼梦》《西游记》《水浒传》《三国演义》，早上5:00就有读者在南东书店门口排队，四部古典小说各到货500多套，书店规定每人只能挑选一套，结果购书现场发生混乱，书店最终不得不关上铁门停止营业，改为"内部发行"。

1978年9月5日，上海市出版局决定将上海书店（1985年改名上海图书公司）、上海外文书店（1984年改为上海外文图书公司）从市店划出，直属上海市出版局领导。1979年上海新华书店编印的一份《读者之友》中刊载了本市市区书店地址一览表，其中上海书店、上海外文书店的地址如下：

上海书店

福州路门市部　福州路401—411号

收购处　福州路415号

四川北路门市部　四川北路1269号

收购处　四川北路1318号

南京西路门市部　南京西路1086号

收购处　南京西路1042号

淮海中路门市部　淮海中路624号

收购处　淮海中路729号

朵云轩　南京东路422号

上海外文书店　福州路390号

业务科　福州路390号

进口科　福州路 390 号

发行科　福州路 390 号

门市部　福州路 390 号

科技图书门市部　山东中路 201 号

旧书门市部　福州路 380 号

收购组　福州路 385 号

1984 年，上海新华书店及所属基层书店一览：

市店　四川中路 133 号

黄浦区店　南京东路 345 号

南东书店　南京东路 345 号

发行组　南京东路 327 号

东昌路门市部　东昌路 251 号

崂山新村门市部　崂山西路 7 号

乳山路门市部　乳山路 73 号

市工人文化宫书亭　西藏中路 120 号

南市区店　中华路 1520 号

发行组　大兴街 55 号

批发、课本组　大兴街 55 号

图供组　中华路 1520 号

省版图书门市部　中华路 1520 号

旅游书店　九狮路 12 号

小东门门市部　东门路 26 号

大兴街门市部　大兴街 55 号

南码头门市部　南码头路 231 号

十六铺客运站门市部　中山东二路十六铺客运站内

卢湾区店　淮海中路 713 号

　　发行组　淮海中路 713 号

　　课本组　淮海中路 713 号

　　图供组　淮海中路 713 号

　　淮海路门市部　淮海中路 707—721 号

　　教育书店　淮海中路 701—705 号

　　鲁班路门市部　鲁班路 359 号

　　文化广场书亭　陕西南路文化广场内

　　江南造船厂书亭　高雄路 2 号

　　社会科学院书亭　淮海中路 622 弄 7 号

徐汇区店　衡山路 944 号

　　发行组　漕溪北路 33 号

　　图供组　漕溪北路 33 号

　　科技发行组　衡山路 944 号

　　学校课本组　中山南二路 909 号

　　徐家汇门市部　衡山路 944 号

　　常熟路门市部　淮海中路 1310 号

　　武康路门市部　淮海中路 1881 号

　　宛平路门市部　中山南二路 909 号

　　艺术书店　衡山路 952 号

　　上海体育馆书亭　漕溪北路上海体育馆内

长宁区店　愚园路 1360 号

　　发行组　愚园路 920 号

　　中山公园门市部　愚园路 1408 号

　　天山新村门市部　天山路 828 号

愚园路门市部　愚园路 920 号

新华路门市部　新华路 419 号

静安区店　南京西路 771 号

　发行组　南京西路 769 弄 2 号

　图供组　南京西路 771 号 2 楼

　南京西路门市部　南京西路 771 号

　少年儿童书店　南京西路 772 号

　华山路门市部　华山路 42 号

　工业展览会书亭　延安中路 1000 号

普陀区店　长寿路 242 号

　发行组　长寿路 137 号

　图供组　长寿路 137 号

　科技发行组　长寿路 232 号 2 楼

　课本组（中、小学）　长寿路 291 号

　课本组（大、中专）　长寿路 232 号 2 楼

　长寿路门市部　长寿路 242 号

　曹家渡门市部　长宁路 19 号

　武宁路门市部　武宁路 104 号

　曹杨新村门市部　枣阳路曹杨四村 161 号甲

　宜川新村门市部　宜川路 79 号

　科技门市部　长寿路 232 号

　文教门市部　长寿路 291 号

　华纺分院书亭　新村路 401 号

闸北区店　共和新路 710 弄 1 号

　社科发行组　共和新路 710 弄 1 号

科技发行组　共和新路 710 弄 1 号

课本发行组　共和新路 710 弄 1 号

图供组、批发组　共和新路 710 弄 1 号

共和新路门市部　共和新路 682 号

宝山路门市部　宝山路 178 号

北站门市部　天目东路 240 号（上海站广场内）

彭浦新村门市部　闻喜路 22 号

虹口区店　四川北路 856 号

发行组　四川北路 847 号二楼

图供组　塘沽路 623 号

四川北路门市部　四川北路 854 号

上海工具书店　四川北路 856 号

山阴路门市部　四川北路 2056 号

广中路门市部　广灵路 24 号

杨浦区店　平凉路 1467 号

发行组　平凉路 1467 号二楼

图供组　平凉路 1467 号二楼

平凉路门市部　平凉路 1467 号

科技门市部　平凉路 1471 号

通北路门市部　通北路 192 号

宁国路门市部　宁国北路 597 号

教材课本门市部　长阳路 1239 号

双阳路门市部　双阳路控江一村 1 号

鞍山路门市部　鞍山路 67 号

敦化路门市部　敦化路 28 号甲

四平路门市部　四平路 930 号

复兴岛门市部　共青路 457 号

上海机床厂书亭　军工路 1146 号

沪东造船厂书亭　浦东上川路八号桥

吴淞区店　淞兴路 255 号

发行组　淞兴路 255 号

淞兴路门市部　淞兴路 255 号

友谊路门市部　友谊路 55 号

发行组　友谊路 55 号

泗塘新村门市部　长江西路 644 号

海滨新村门市部　海滨二村 55 号

上钢一厂书亭　上钢一厂一号门

上钢五厂书亭　同济路上钢五厂三号门

丁家桥书亭　丁家桥

上海科技书店　河南中路 221 号

上海新华书店服务部　河南中路 221 号

上海新华书店图书馆供应部　河南中路 159 号

上海科技书店门市部　河南中路 221 号

上海科技书店教材门市部　河南中路 221 号二楼

发行组　河南中路 221 号二楼

上海工业展览馆技革分馆书亭　南京西路 1376 号

上海科学技术协会书亭　南昌路 47 号

上海第二医学院书亭　重庆南路 280 号

上海第一医学院书亭　医学院路 138 号

上海化学工业专科学校书亭　上海县漕河泾镇漕宝路 120 号

上海海运学院书亭　川沙县洋泾镇浦东大道 1550 号

上海铁道学院书亭　嘉定县真南路 1 号

上海工业大学书亭　延长路 149 号

上海机械学院书亭　军工路 516 号

华东纺织工学院书亭　延安西路 1882 号

同济大学书亭　四平路 1239 号

同济分校书亭　赤峰路 71 号

华东化工学院书亭　上海县梅陇镇梅陇路 130 号

上海交通大学书亭　华山路 1954 号

华东师范大学书亭　中山北路 3663 号

上海体育学院书亭　宝山县清源河路 650 号

上海大学政治学院书亭　宝山县三门路 610 号

上海建筑材料专科学校书亭　宝山县武东路 100 号

复旦大学书亭　邯郸路 220 号

上海外国语学院书亭　西体育会路 110 号

第二军医大学书亭　翔殷路 699 号

上海师范学院书亭　上海县漕河泾镇桂林北路 10 号

上海中医学院书亭　零陵路 530 号

上海水产学院书亭　军工路 334 号

上海财经学院书亭　中山北一路 369 号

上海对外贸易学院书亭　古北路 620 号

华东政法学院书亭　万航渡路 1575 号

上海音乐书店　西藏中路 365 号

发行组　西藏中路 365 号

门市部　西藏中路 365 号

新华书店延安东路书店（上海版图书门市部） 延安东路 489 号

　　门市部　延安东路 489 号

新华书店闵行书店　闵行新安路 83 号

　　发行组（社科）　闵行新安路 31 号

　　发行组（科技）　闵行一号路 250 号

　　新安路门市部　闵行新安路 83 号

　　一号路门市部　闵行一号路 250 号

　　吴泾新村门市部　龙吴路吴泾二村

　　东川路门市部　东川路华宁路口

　　重型机器厂书亭　闵行昆阳路昆阳新村

上海石油化工总厂金山卫新华书店　经一路 211 号

　　发行组　经一路 211 号

　　经一路门市部　经一路 211 号

上海县店　莘庄镇莘建路 28 号

　　莘庄门市部　莘庄镇莘建路 20 号

　　漕河泾门市部　漕河泾镇 97 号

　　北新泾门市部　北新泾镇北翟路 101 号

　　龙华门市部　龙华镇龙华路 2840 号

　　上海中学书亭　上中路 400 号

嘉定县店　嘉定镇清河路 56 号

　　嘉定门市部　嘉定镇清河路 56 号

　　南翔门市部　南翔镇解放街 261 号

　　安亭门市部　安亭镇昌吉路 20 号

　　真如门市部　真如镇穿心街 45 号

　　西门路门市部　嘉定镇西大街 38 号

上海科技大学书亭　嘉定城中路上海科技大学内

宝山县店　友谊支路 4 号

　图供组　友谊支路 4 号

　发行组　友谊支路 4 号

　五角场门市部　淞沪路 25 号

　江湾门市部　江湾镇万安路 588 号

　大场门市部　大场镇西街 373 号

　罗店门市部　罗店镇塘西街 85 号

川沙县店　城厢镇新川路

　城厢镇门市部　城厢镇新川路

　少儿门市部　城厢镇中市街

　洋泾门市部　洋泾镇 156 号

　高桥门市部　高桥镇东街 11 号

　杨思门市部　杨思镇上南路 3088 号

南汇县店　惠南镇东门大街

　惠南镇门市部　惠南镇东门大街

　周浦门市部　周浦镇中大街 59 号

　大团门市部　大团镇蟠龙街 70 号

　新场门市部　新场镇新场大街 248 号

奉贤县店　南桥镇人民中路 46 号

　南桥门市部　南桥镇新建西路 18 号

　奉城门市部　奉城公社十字街口

青浦县店　青浦镇城中东路 30 号

　青浦门市部　青浦镇城中东路 30 号

　朱家角门市部　朱家角镇北大街 144 号

练塘门市部　练塘镇

松江县店　松江镇中山北路 242 号

松江门市部　松江镇中山中路 228 号

泗泾门市部　泗泾镇大街 95 号

方塔门市部　松江镇中山东路 166 号

金山县店　朱泾镇东风路 29 号

朱泾门市部　朱泾镇东风路 29 号

西林街门市部　朱泾镇西林街

张埝门市部　张埝镇大街

枫泾门市部　枫泾镇中大街 216 号

亭林门市部　亭林镇中山街

崇明县店　城桥镇八一北路 54 号

城内门市部　城桥镇八一北路 54 号

堡镇门市部　堡镇大街

庙镇门市部　庙镇大街

新河镇门市部　新河镇东街

陈家镇门市部　陈家镇

上海开办专业书店起步较早，至 1985 年底已有专业书店 14 家。大致可按三种类型划分：以图书门类划分的有中国科技图书公司、上海音乐书店、少年儿童书店、教育书店、上海工具书店、上海旅游书店、艺术书店、法学书局、南东书店学术专柜；以图书版别划分的有省版门市部、上海版图书贸易中心等；以服务形式划分的有上海邮购书店、批发书店、特价书店（上海书刊服务公司）等。

1985 年 9 月，闵行区店率先在南方商城开设店中店。10 月 1 日，市店在上海第八百货商店开设新华书店门市部。1996 年，市店在各大商厦超市内共开设书店20家。根据超市的地理位置、客流结构，在品种上增设专业图书，以此吸引读者。

1999年，全市新华书店通过购买、租赁、联营等方式新开设的网点多达16处，新增营业面积超过4000平方米。2000年，上海新华发行集团全年发展各种图书类型的销售网点31处，加上改扩建的网点10处，新增营业面积达11000平方米，这一年是上海国有书店有史以来网点发展最多的一年。

2000年6月10日，上海新华发行集团挂牌成立。由市店及各区（县）店、上海书城、中国科技图书公司、上海音乐图书公司等24家法人企业经资产重组后组建。

2001年10月23日，第一家新华社区书苑在浦东新区浦兴街道文化中心建立，集团召开现场推广会，要求各区（县）店积极推进"社区书苑"建设。2001年，浦东、南汇、长宁、徐汇、黄浦、嘉定、闵行、宝山、崇明、金山、奉贤、青浦、松江等区（县）建成35家"社区书苑"。

2001年，上海新华发行集团新增图书销售网点43处，改建网点17处，新增营业面积15634平方米，主营销售额达到26.9亿元。

2001年12月2日，上海东方音像连锁有限公司挂牌。2002年12月30日，第188家连锁店在上海农工商第112号店开业（上海市浦东新区季景北路185弄7—9号）。经过两年的快速发展，上海东方音像连锁公司的网点已遍布上海地区的各区、县商业中心，以及社区、学校等，营业面积达到12000平方米。

2002年，上海新华发行集团出版物销售网点的总面积首次突破10万平方米，达到10.5万平方米。2005年，集团合并后的销售净收入为11.85亿元，利润总额为5240万元。

2006 年 4 月，上海新华传媒股份有限公司（以下简称"新华传媒"）、上海新华传媒连锁有限公司（以下简称"新华连锁"）工商登记注册成立。新华传媒收购上海联市文化发展有限公司、上海久远经营公司，参股上海炫动卡通卫视传媒娱乐有限公司、上海故事会文化传媒有限公司和上海东方书报亭有限公司。上海新华发行集团将发行业务转入新华传媒。

2006 年 10 月 17 日，新华传媒借壳上市，成为中国出版发行第一股、全国新华书店首家改制上市企业。

2006 年，新华传媒新开门店面积为 8000 多平方米。全市共开设门店 174 家。实现销售净收入 98794.33 万元，净利润 1743 万元。

2006 年，上海新华书店所属区（县）店及近两百家分支机构全部工商注销。没有了区店建制，也就没有了区店经理等岗位，从而只有区级店长了。

## 杰出的员工

每个企业在每个历史时段，都会涌现一批先进人物，正是由于这些先进人物的传帮带，企业才能够继续前行。

1952 年 7 月，新华书店华东总分店和上海分店在上海所有门市部推广服务工作规范化，抓业务基本功训练和树"新华书店服务第一线的标兵"等活动，使各门市部服务水平明显提高。上海分店进行推荐积极工作者活动，俞福寿、汪轶千、蒋炽青、张剑峰、董孝登、夏耀庭等被推选为上海分店模范工作者。俞福寿是其中的典型，他在福州路门市部当营业员，刻苦钻研，在短短几个月内就熟悉和掌握了几千种书的书名、著译者、出版者、内容、定价和读者对象。由于俞福寿对业务尤其是图书十分熟悉，能主动向读者推荐、介绍书的内容，很多读者把他当作朋友，请他介绍图书，当购书参谋，并称赞他是书店的"活目录"。上海分店及时总结、推广了俞福寿的工作方法，组织全店营业员学习，开展大练基本功活动，全面提高了门市部的服务水平。

1954 年 6 月，南东书店社科组夏耀庭获得上海分店一等奖（两次）、华东一级机关优秀党员，当选第一届黄浦区人大代表、第一届上海市人大代表。1955 年 9 月 20 日，夏耀庭出席中国共产主义青年团中央委员会在北京召开的全国青年社会主义建设积极分子大会。

1955 年 4 月 23 日，新华书店上海发行所徐竹筠出席文化部在北京召开的全国文化先进工作者代表会议。会议期间，毛泽东、刘少奇、周恩来、朱德、彭真、邓小平等中央领导同志接见了与会代表。1956 年 4 月 30 日，其参加国务院委托全国总工会召开的全国先进生产者代表会议，并荣获全国先进生产者称号。

1959 年 10 月 23 日，谢翠凤、吴训亨、沈光炎、冯德胜作为书店系统市级先进生产者，出席全市表彰大会。10 月 26 日，谢翠凤赴北京参加全国财贸群英会。11 月 3 日，谢翠凤与导演崔嵬、越剧演员吕瑞英在文化部召开的欢迎大会上分别汇报了参加群英会的体会。11 月 20 日，首都图书发行工作者掀起学习谢翠凤先进思想和先进事迹的热潮。

1960 年 3 月 8 日，谢翠凤荣获全国妇联颁发的全国"三八红旗手"称号。1961 年，南市区店营业员麦静瑜被评为上海市先进工作者。1962 年，黄浦区店营业员沈文凤当选上海市人大代表。

1965 年 8 月 16 日，市店举行基本功汇报大会，在大会上进行业务基本功比赛，内容包括熟悉主管图书、主动介绍、接待读者和销售技术等方面。长寿路新华书店李明娥 50 本书连续计算两遍用时 1 分

19 秒；淮海中路新华书店何东升熟悉主管图书的存放、陈列位置达 1800 种；徐家汇新华书店解复生 50 本书的连续操作（计算、开票、包扎）用时 3 分 47 秒；南东书店黄月兰计算 30 本图书定价用时 1 分 3 秒；张桂宝、王金凤、徐瑞珍、沈琴娥、张美兮等熟悉的主管图书都超过 600 个品种。

1978 年 4 月，上海市出版局评选出版系统 1977 年先进单位、先进集体和先进工作者。周义芳、周群钗、蒋长明、陈传生、陆贵琴、徐芳元、王志康、胡芳、谢翠凤、胡贤铭、徐从律、曹佩娟、蒋葆逸、叶秀娣、程尚懋、顾嘉瑾、赵传纤、崔绍荣、洪建强、张祖谦、刘祖秀、汪养和等 22 人被评为先进工作者。

1979 年 4 月，谢翠凤被评为全国图书发行系统"先进工作者"。1979 年 7 月，谢翠凤、吴慧芬、张海滨被评为上海市财贸系统先进工作者。1980 年 8 月，沈文凤被评为上海市劳动模范。

1982 年 4 月，青浦县店王寄根被评为上海市劳动模范。1982 年 11 月沈文凤、王寄根、李守常、沈桂珍、李登发被评为上海市财贸系统"六好职工"。

1983 年 3 月 25 日，经文化部批准，全国新华书店表彰先进大会在北京召开。会议评选宝山县店张文豹、上海音乐书店陈奖生、上海科技书店李守常、黄浦区店沈文凤、青浦县店王寄根、储运部李登发和徐其生为先进工作者。

1985 年 12 月 3 日，市店组织黄浦、南市、普陀、闸北等区店及中国科技图书公司举行基本功汇报表演赛。其中，南东书店吕瑜以 4 分 28 秒获逐笔结算盘存表 30 笔一等奖；闸北区店潘月珍获"售书连续作业"一等奖；南东书店严钟麟在答问熟悉 600 余种学术著作类图书时得到在场人员的赞叹。

1987 年至 1997 年，王持芬、孔庆豪、周礼华、蔡建新、宋志良、马黎梦、唐莹、高明霞、韩露、周颖、沙菲、张颖、吴军、阚梅兰、凌申宇、潘月珍、叶韵、孔捷、沈婷等同志在全市、行业等业务技能竞赛中屡次获得好名次。

1992 年，许鸣同志荣获"全国新闻出版系统先进工作者"称号。1993 年，高级经济师汪天盛获国务院特殊津贴（专家）。

1997 年至 2003 年，上海新华书店、新华书店上海发行所经理张金福，黄浦区店副经理王锦华、王高潮，徐汇区店史再裕，宝山区店张文豹，嘉定区店许鸣，上海书城赵建平，浦东新区店杜士衡先后荣获"中国书刊发行奖"。

1998 年 4 月 20 日，普陀区店尹鹏被评为上海市劳动模范。2000 年 4 月 27 日，尹鹏被评为全国先进工作者，赴北京参加全国劳模大会。2001 年 6 月 10 日，上海新华发行集团召开精神文明建设表彰大会，授予全国先进工作者尹鹏价值 20 万元商品房的金钥匙。2001 年 5 月，徐汇区店黄琦玉被评为上海市劳动模范。

2001 年至 2005 年，新华书店上海发行所陈木林、上海新华音像和音图公司党总支书记陆介蓉、上海新华发行集团西区分公司总经理史再裕分获第三至第五届"全国百佳出版工作者"称号。

2003 年 5 月，南京西路新华书店经理王菊敏被上海市妇女联合会授予 2001—2002 年度上海市"三八红旗手"荣誉称号。

2006 年 3 月，上海书城杨芸娣被上海市总工会授予 2004—2005 年度"上海市五一巾帼奖"。

## 可以记载的若干事例

随着时光的流逝，曾经发生的，甚至是初创时期的或其他有趣的事情都会模糊。于是，作些记录，温故而知新。

　　1949 年，新华书店华东总分店和上海分店的职工待遇分别为：南下干部和专业人员是供给制；接管留用人员维持原来的薪金制。两者分别开办了职工食堂，对职工实行就餐补贴，发给就餐券。1951 年 12 月，华东总分店和上海分店接收位于广东路 543 号的中央旅社 1 楼至 4 楼，用于开设招待所、提供职工集体宿舍和提供职工婚房等。1953 年，华东总分店和上海分店在宝山县江湾镇斗台街 41 号开办休养所，提供 30 多个床位供患肺结核病的员工疗养。1958 年，卢湾区政府号召开展全民体育活动，淮海路门市部男女青年每天 6:00 至 8:30 到淮海体育场晨练。1971 年 3 月 27 日，市店组织职工进行拉练（一天 29.5 公里，从市店至西郊公园再返回）。

　　1951 年 2 月，新华书店上海分店成立读者服务科，开始为读者专项办理邮购书刊、电话购书、发行业务咨询等服务项目。这是新中国成立后最早为读者提供多种服务的国营书店。11 月，上海分店在铁路上海站设立无人售书处 2 处（1953 年 9 月撤销）。

　　1954 年 1 月，华东总分店发出《关于取消门市每周停业一天，并研究试验"连带上班制"的通知》。此后，全华东区新华书店门市部逐步取消每周停业一天的做法。

　　1954 年 5 月，上海分店根据总店《关于在大城市门市部进行门市改革的通知》，对全市门市部进行改革，包括变开架售书模式为专柜专责制。1965 年 12 月，市店根据读者的要求，在市区 8 个门市部实行开架售书（其中 2 个门市部开架销售科技图书），但不久即实行了全面闭架售书。10 个门市部设置了平摊书柜，16 个门市部采用了架上平摊的形式，12 个门市部改进了开单收银工作。

　　1954 年 6 月，上海分店改变"劳动结构不合理""人浮于事"的局面，向各方面共输送干部、职工 347 名。1956 年，由于业务发展，上海分店增加工作人员 507 人。1958 年 1 月，上海分店、上海发行所的干部、职工等 160 余人下放农村劳动。

1957 年 8 月，文化部发文通知各地文化局、出版社、新华书店，提出关于改进社店经销关系的三个方案（原则规定），由出版社任择其一，与书店就实施细则订立合同。三个方案的要点为：（一）社定印数，店定订数，出书后基本上由发行所包销；（二）社定印数并直批给各地书店；（三）社定印数，发行所包销 60%，其余部分按实销情况分期结算。通知还规定，出版社可在其所在城市开设门市或邮购科销售出版的图书。上海实行"出版社决定印数，书店提出订数，出书后由上海发行所包销"原则。

1961 年 4 月，全市书店四个月共回收图书 24.92 万册，共计 7.24 万元，售出 11.68 万册，共计 3.39 万元（6 月在单位回收 13.89 万册，比 5 月回收册数增长 95%）。5 月，各区、县新华书店根据文化部、商务部《关于加强旧书回收工作的联合通知》精神，先后设立了专业或兼营专柜，办理旧书收售和图书出租业务。11 月 25 日，市店召开旧书收集专业会议，明确经营思想，将过去提出的"不赔不赚"经营原则修正为"买卖公平，略有盈余"，经营毛利暂定在 20% 以内。

1967 年 1 月 15 日，全国交通运输部门免收毛泽东同志著作包件运费，毛泽东同志著作的定价标准随之降低，发货店向出版社进货的折扣及发货店向销货店发货的折扣亦相应调整。2 月 23 日，上海市财政局通知：党政机关、事业单位可按实际需要，并经群众讨论，免费发给本单位职工《毛泽东著作选读》（甲种本）或《毛泽东选集》（普及本）一套，费用由各单位在行政或事业经费中开支。1968 年 5

月 16 日，新华书店向市郊贫下中农（包括上中农）、军烈属赠送毛泽东同志的"老五篇"和毛泽东同志画像（带镜框）。8 月 12 日，上海市革命委员会文教卫生组决定向小学一、二年级学生每人赠送毛泽东同志的"老五篇"一本，向小学三年级以上学生每人赠送《毛主席语录》一本。1970 年 10 月 16 日，南东书店、淮海中路新华书店、华山路新华书店增设外宾供应专柜。1970 年 5 月 13 日，日本内山书店内山篱先生到南东书店参观。1972 年 8 月 17 日，日本中岛健藏一行到南东书店买书（半小时），公检法和属地居委会动员了保卫力量加强保安。

1973 年 5 月 23 日，南东书店二楼设立阅览室，开放阅览部分紧俏图书。7 月 5 日，南东书店底层实行早 8 点到晚 8 点营业及租书业务，文艺柜试行当天销售盘点、取消收银员制度。

1977 年 10 月 13 日，南东书店开始销售《斯巴达克思》（Spartacus）等中外名著。1978 年 5 月 1 日，全市主要新华书店开始发行 35 种中外文学名著。5 月至 6 月，全市新华书店发行 35 种中外文学著作，共计 150 万册。其中，南东书店排队购书的读者最多一天达 1.6 万人次。

1978 年 8 月，南东书店、上海科技书店实行科技图书开架售书，是全国新华书店系统实行开架售书最早的书店。

1978 年 10 月，上海发行所对涉及"四人帮"的图书进行了清理，先后向各省、市店发出停售通知 51 期，涉及书、画 1643 种，各地书店结算报废书款 833.41 万元（7836.99 万册）。

1979 年 9 月 15 日—10 月 15 日，市店与上海人民出版社、上海教育出版社、上海文艺出版社、上海科技出版社在上海市工人文化宫联合举办庆祝中华人民共和国成立 30 周年图书展览会，展出新中国成立三十年来上海各出版社出版的优良图书，同时供应全国各地出版的图书，参观的读者达 12 万人次。

1980 年 1 月 1 日，市店编辑出版的沪版图书宣传报——《书讯报》（后更名为《读者导报》）创刊，由上海发行所发往全国大中城市新华书店。从第 7 期起，该报刊交由上海市邮政局向全国公开发行，单期最高发行量达 18 万份。1980 年 5 月，市店编印《每月新书》创刊，系介绍本市各家书店当月上架供应的全国各出版社出版的初重版图书目录。1983 年 1 月 10 日，《上海新书目》创刊。1984 年 9 月 13 日，上海市新闻出版局批复同意《上海新书目》自 1985 年 1 月起由内部发行改为公开发行，每月出版两期（10 日、25 日出版）。1997 年 10 月 6 日，新闻出版署批复同意市店主办的《上海新书目》更名为《上海新书报》。

1980 年，南东书店实行查岗制度，营业员开始统一服装、佩戴服务标志。

1980 年 5 月 29 日，市店经上海市出版局批准，将内部书店扩建为服务部，服务对象扩大为局级以上党委，区（县）党委宣传部，高校党委宣传部，新闻出版、文艺、文教社团单位党委，师以上部队政治处，以及行政 14 级以上干部等个别读者。

1981 年 9 月 6 日—9 月 20 日，市店主办，上海书店、上海外文书店协办的 1981 年上海书市在上海工业展览馆（北馆）举行。展销总面积约 3500 平方米，分设文史哲图书综合馆、科学技术图书及各类教材馆、上海版图书馆、省版图书馆、音乐图书及有声读物馆、古旧图书馆、外文图书馆等展馆，共展销图书、期刊 2.2 万余种。接待读者 24 万人次，来自各地的团体单位 2400 多家，兄弟省市出版部门 45 家共计 95 人，省、地、市、县书店 58 家共计 206

人；销售图书 400 多万册共计 240 万元（其中古旧、外文图书 40 万元）。

1982 年 7 月，南东书店成为全市首家使用电子收款机收款的书店。

1983 年，上海邮购书店有正式职工 31 人，隶属上海科技书店管辖。该店共收到各地邮汇票 117635 件，信件 108191 件，销售图书 63.09 万元，邮购的满足率达 84.9%（按邮汇票发书和退回计算，一张邮汇票发一本即算满足）。

1983 年，卢湾区店的第三产业（以下简称"三产"）卢湾科教文综合服务社开业，经营工具书、磁带、洋娃娃、宜兴瓷器、衣服及电视机、冰箱、贺卡等，成为各区（县）店文教用品的主要批发点之一。

1984 年 4 月，市店成立上海有声读物公司，1985 年 1 月独立建制，由上海市出版局直接领导。

1984 年 7 月 1 日，市店和上海人民出版社协商决定：上海人民出版社图书（除大中专教材、学习文件及内部发行、控制发行的图书外）在本市试行全面寄销。

1984 年 8 月 14 日，南京东路、南京西路、淮海中路、延安东路新华书店实行夜市服务。

1984 年 12 月，黄浦区店扶办的"三产"上海科教文设备总公司开业，后于 1990 年 12 月，因经营严重亏损，无力清偿到期债务（债务总额 2542.69 万元）而破产。

1985 年 9 月 8 日—9 月 10 日，首届教师节期间，全市新华书店门市部实行 9 折优惠 3 天。

1988 年 10 月 20 日，受中国图书贸易进出口总公司委托，中国科技图书公司举办"海峡两岸图书展览",展出各类台湾版图书3000余种,接待读者1.2万人次,售出各类图书5000余册。

1989年10月19日—10月24日,为庆祝市店成立40周年、上海发行所成立35周年,市店在徐汇文化馆举办"上海新华书店职工艺术作品展",这是市店成立40年来首次向社会展出职工艺术作品,共展出136件作品,吸引了3000余人次参观。

1989年,市店为改善职工居住条件取得阶段性成果,自1977年以来的十三年中总共投资1236万元,在市区22个基地建房35240平方米,包括购进商品房25套在内,总计解决住房困难的职工达500多户。

1989年12月,市店职改工作基本完成,有838人获得各类专业技术职称,其中获得高级职称者8人,获得中级职称者186人,获得初级职称者644人。

1989年,市店职工总数为3200多人,销售网点有120个,年图书零售额共计1.37亿元。

1990年7月,南东书店开发的"新华书店图书业务微机管理系统",获得上海市科学技术委员会颁发的"上海市科技成果证书"。1997年1月,南东书店与"上海公共信息网"签订合同,将该店图书信息加入社会网络,建立了全国新华书店系统最早的"网上书店"的雏形,为外地特别是海外读者购书提供了方便。

1993年5月7日,市店举行全员劳动合同、上岗合同签约仪式。

1994年3月,上海版图书贸易中心(延安东路新华书店)因筹建上海书城进行网点置换而歇业。

1995年2月13日,中国科技图书公司和德国贝塔斯曼股份有限公司合资经营的上海贝塔斯曼文化实业有限公司,经国家工商管理局批准正式开业。

1995 年 4 月 20 日，市店主办的上海书香读者俱乐部成立并开始运转，是全国同业中首创的以规模型、会员制、直销形式进行运营的图书直销网络，以快捷、准确、便利的特点服务读者。

1997 年 8 月，上海发行所、市店业务部（除教材部门外）全部由四川中路 133 号搬迁到沪太路并成立发行中心、储运中心和物业开发中心。9 月 3 日，上海新华书店、新华书店上海发行所发行工作委员会成立。

1998 年 12 月 30 日，上海书城开业（福州路 465 号）。第二届上海书市同时拉开帷幕。国内首家获得国际 VISA 组织认证、可以直接进行网上结算的上海书城网上书店同日开通。

1999 年 4 月 23 日—4 月 25 日，为庆祝联合国确立的第四个"世界读书日"，上海书香读者俱乐部与上海书城特别推荐 8 种励志类图书。书城在大堂进行集中宣传，读者选购可获赠书签。4 月 23 日，在上海书城购书满 100 元的读者可获赠玫瑰花一支。当天，上海书城共赠出 1000 支玫瑰。

2002 年 5 月，图书零售业质量管理体系读本——《书城管理模式》由上海人民出版社出版。该书由上海新华发行集团总经理哈九如任主编，新闻出版总署石宗源署长作序。

2004 年 4 月 2 日，《人民日报》第一版以《让书香飘向街区田野——上海新华书苑见闻》为题，详细报道了上海新华书店探索"老店新开"，在上海的社区、乡村开办新华书苑的情况。同期，《光明日报》、中央人民广播电台、中央电视台，以及上海主流媒体也相继对上海新华社区书苑服务"三农"的情况进行了集中报道。经过三年努力，上海新华发行集团已开设新华社区书苑 43 家。

2001 年 12 月 28 日，中国出版交易网正式开通，为发展电子商务迈出了关键的一步。

2002 年 1 月 4 日，上海新华发行集团举行所属 200 余家书店全线进入东方出版交易中心网上采购仪式。

2002 年 1 月 31 日，上海新华发行集团举行工作会议，提出全年工作基本思路。着力构建四大操作平台：服务平台、交易平台、连锁平台、管理平台；推进四项工程：满意工程、改制工程、人才工程、创新工程。

2005 年 8 月 22 日，新华社以《要发展，更要社会和谐》为题，对集团在改制为全国首家混合所有制文化发行企业的过程中，始终将保障职工权益放在首位，改制不是走人、而是留人，注意人性化操作，以及化解各种矛盾的做法进行了详细的报道。中央电视台、《人民日报》《光明日报》《解放日报》等主要媒体均作了报道。

2005 年 9 月，上海书城网上书店完成了与上海书城的分离，并按企业管理方式由集团信息中心负责运作。

## 2007 年开始的一些说法

我自 2007 年元月离开新华书店，于是，对于之后发生的事情就知之不详了，但还是记录一些，作为补充。

2007 年 3 月 21 日，《全国地方版科技新书目》改版为《新华书摘》（2015 年底停刊），2008 年 1 月，《上海新书报》休刊。

2007 年 3 月 31 日，上海书城南东店告别读者。同年 6 月，上海书城科技店（河南中路 221 号）开业（2009 年 9 月 10 日歇业）。2012 年 2 月 13 日，上海书城淮海店（淮海中路新华书店）停业。

2007 年 4 月，上海书城赖友炯被授予"新华书店系统全国先进个人"称号。东方书城周平被授予"上海市劳动模范"称号。2010年1月，新华传媒董事长哈九如荣获"中国百名优秀出版企业家"称号。2012年2月，上海书城总经理沈勇尧荣获全国新闻出版系统"劳动模范"称号。2012年4月，新华连锁副总经理赵建平被授予"上海出版人奖"称号。2015年，东方书城店长赵锋荣获"上海市劳动模范"称号。

2007年，全市网点数为160家，销售净收入共计16.1亿元，净利润共计6990.91万元。

2012年4月，上海新华发行集团、新华传媒、新华连锁先后迁至上海市徐汇区漕溪北路331号新华中心（中金国际广场A座）。

2022年，全市网点数为52家，营业收入共计11.75亿元，共有职工1069人。

2023年12月25日

南京东路新华书店

黄浦区店

# 纪事

1949年6月5日　新华书店临时第一门市部（福州路679号中国文化服务社原址）、临时第二门市部（河南中路170号正中书局发行所原址）同时宣告成立，开始向上海广大读者供应进步书刊。

1949年11月1日　经市财贸办同意，南京东路364号天宝成银楼的房屋拨归新华书店使用。上海分店将临时第二门市部迁入，组建新华书店南京东路门市部（即南东书店）。

1950年2月　在世界书局（原址福州路390号）实行军管后，新华书店临时第一门市部迁入，改称新华书店福州路门市部（原址福州路679号临时第一门市部改设国际书店上海分店）。

1951年2月　上海分店在上海市工人文化宫开设门市部。

1954年4月20日　上海分店古籍门市部（福州路519号）开业后并入古籍书店。

1956年3月8日　南东书店扩大门面，在原来的基础上向两旁及纵深发展，营业面积扩大至1100平方米，改称"第一书店"。该

第一书店铭牌

门市部全部采用玻璃柜陈列（即闭架售书），备货 2 万余种，是当时国内最大的综合门市部。

**1959 年年初**　黄浦区店成立，下设南东书店、上海古旧书店、图片书店门市部、读者服务部、中图公司门市部（上海邮购书店）及发行科等。发行科（中图公司二楼）下属计划发行组、内部书店、大专供应部、图书馆供应部。

**1960 年 4 月**　邑庙区撤销，原属邑庙区的大世界门市部划归黄浦区店。浦东县店（1958 年 4 月成立）撤销，东昌路门市部划归黄浦区店。

**1965 年 5 月**　大世界门市部改为独立核算店。

**1968 年**　中图公司改名为河南中路新华书店。

**1971 年 2 月 13 日**　上海新闻出版工宣队、军宣队团部向上海市革命委员会"一办"报告，申请在南京东路扩大新华书店经营场地。

**1972 年 2 月 15 日**　南东书店由南京东路 364 号搬至南京东路 327 号至 345 号（门牌号定为南京东路 345 号）东海大楼开业，使用面积为 3650 平方米，营业面积为 2400 平方米。

**1980 年 4 月**　延安东路门市部划归黄浦区新华书店。

**1981 年 6 月**　黄浦区店乳山路门市部开业。

**1981 年 12 月 5 日**　南东书店在二楼设立文史哲学术专著柜，备有各类学术专著、学术性期刊共 500 多种。

**1981 年**　延安东路门市部从黄浦区店划出，重新实行独立核算。

**1984 年 12 月**　"三产"上海科教文设备总公司开业。

**1985 年 1 月**　浦东洋泾门市部划归黄浦区店，由黄浦区店浦东地区门市部管理。

1987年　南东书店文史哲学术专著柜改名为"学术书苑"。该书苑从二楼搬至夹层，其面积扩大为160平方米，拥有40只书架，涵盖图书品种5000余种，成为南东书店的店中店（营业额1990年为115万元，1991年为149万元，1992年为189万元，1993年为218万元）。

1990年12月26日　南东书店扶办的上海科教文设备总公司破产。

1992年9月18日　上海新华书店浦东分店成立，由原黄浦区的浦东部分和川沙县店组建。

1994年3月12日　南东书店因所在的东海大楼即将改造为东海商都，与东海商都筹建处商定，根据"平等有偿，拆一还一"原则，将千余平方米的营业面积在商都内进行调整和重新布局，双方就经济损失补偿、拆除面积偿还、营业场地调整、空调设备安装等具体条款初步达成协议。

1998年1月1日　南东书店和淮海路新华书店并入上海书城。

南京东路新华书店

# 我的南东情怀

## ——记忆中的点点滴滴

◎ 梁爱玲

## 南东助我成长

1979 年 1 月，调入南东书店的我被安排到美术图片柜组，成为一名与读者面对面打交道、为读者服务的营业员。

刚上岗还不到三个月，就遇上全店营业员考核，而我竟被安排在 20 世纪 60 年代参加书店工作的员工一组进行考核。尽管我于 1968 年进新华书店，已有 10 年书店工龄，可在营业员岗位上我还是个新兵，这真是把我急坏了，幸亏有同组的老美术陈润茂老师及陆正行、张美兮等同事的指点与帮助，我才能通过考核。但也正是这次考核与两个月的营业员工作经历，让我意识到要当一名合格的营业员并不易，要学习的东西还多着呢！

1979 年的五六月，市店举办了"文革"后的第一期业务骨干培训班，我与阚梅兰同事很幸运地被推荐上了，记得当时参与培训的还有黄健龙、杨鹤伟、徐国柱等二十几位同学。在为期三个月的脱产培训过程中，我学了很多，从进、销、调、存到各个类别图书的基础知识及基本的业务技能等。徐通国、孙鉴昌等十多位老师为我们上过课。每堂课，我都认真听、认真记，笔记本都用了好几本，生怕漏掉了什么，培训结束考核时，我得了优（门门考核都是优）。这些笔记本伴随了我好多年，也让我受用了一辈子。

我所在的美术图片柜组在二楼，楼梯（楼梯在店堂中央）右手边全是美术图片组，班组的西边一排全是抽取式的图片柜，柜上也堆了许多图片，出样的图片贴满了整面墙，最高处还得靠一把梯子才能够得着。东边则是玻璃柜及展台，陈列着许多精美画册，摆满各种美术资料，俨然就是一个浓缩的美术书店。

1972 年 3 月 5 日，市店撤销了福州路上的美术书店，大部分人员随即被调入南东书店。

那个年代，图片柜的年画、年历片、挂历等特别受欢迎。改革开放后，柜台上又多了贺年卡、生日卡、婚礼卡等。每逢年底、春节前，这里就会排起长队，人们争相购买，以讨个好彩头、图个吉利，喜迎新的一年到来。这时的我们，个个都像是上足了发条的陀螺，不停地搬运、点数、卷画、包扎、收款，忙得不亦乐乎。年画、宣传画的版面大，且多是 500 张一包，很重，无论是归入抽取式的图片柜，还是搬上柜面点售，都挺累的。老美术的同事们操作起来都是那么轻盈、熟练，只见他 / 她们在一叠图片面前，用右手将图片翻成扇形，用左手按着扇面，用右手轻压并按顺序推出图片，一五一十地点数；或是用右手将图片原地翻起，用左手帮着将翻起的图片一五一十地按次序点数，同时用左手将点过的图片悬空托起……动作利索、既快又准，看得我心痒痒的，真希望我也能像他们那样为读者服务，可我怎么也学不像样，那右手就是不听使唤，后来一想，既然我是左撇子，为什么就不能以左手为主学着做呢。还真行，不久我也会了，尽管在他人看来我的操作有点别扭，但是只要能派上用场就行了。

光顾我们柜组的读者，尤其是到美术柜台来的读者，大多是专业读者，若是我们没点专业知识，还真无法做到精准地"为书找读者，为读者找书"，这也促使我下定决心要好好地学习专业知识。我开始了对美术基础知识、画法、流派、知名画家、书法家、历代中外名作相关知识的学习，柜台里的书就是我的第一老师，那里有取之不尽、用之不竭的知识在等着我。同时，一有机会我就抓紧向同事及前来购书的专业读者请教，许多专业读者后来都成了我们的基本读者，有的还成为我们的好朋友。我们会有针对性地为他们介绍即将出版的新书，推荐、预留好书。而他们也反馈了许多信息给我们，如上海美术展览馆的老师来购书时，经常会带些画展的参观券给我们，让我们有机会从画展中增进对画家、画作、画派及美术市场行情的了解；又如工艺美术学校的老师及印染厂的工艺师等前来购书时，又会拿着刚从我们手中购买的美术资料、画册为我们讲解一些专业知识。

尽管我书法、画画都不行，却也慢慢地学到了一些美术基础知识，对中外美术史也有了一定的了解，慢慢地学会了一些欣赏与辨识画作的技巧。

就拿年画来说，年画历史悠久、流派众多，但因为其内容通俗、普及度高，所以在那个特定的年代里一直盛销不衰，深受老百姓的喜爱。天津的杨柳青年画、江苏的桃花坞年画、山东潍坊的杨家埠木版年画和四川绵竹木版年画，被誉为"年画四大家"。当对年画有了一定的了解，再加上在销售过程中对读者喜好的进一步了解，我们就会在订货方面更有针对性，订数也更具准确性，我们柜台基本上没有什么积压与报损。

我们对一些历代知名画作，如"清明上河图""韩熙载夜宴图"等，只要瞄上一眼，哪怕只是画作的一部分，都能立即辨认出来。又如，通过对具有鲜明个性、特点的画家作品的学习、了解，我们一看到画作就能一眼辨别出（应该说八九不离十吧）是齐白石的还是李可染的，又或是林风眠的……

慢慢的，我积累了不少资料，以至于后来有能力应市店教育科之邀，自编讲义为市店举办的多期营业员培训班讲解美术基础知识。

南东书店给了我学习、成长的机会，让我爱上了书，更爱上了图书发行事业。

知识的学习是无止境的。1983年，上海电视大学招生，我与陈木林同事都报了名，但经理室表示，两人中只有考分高的那位能上。可就是那么巧，考试成绩公布的那天，大家都看傻眼了，我俩的成绩竟然一模一样，半分都不差，给经理室出了个难题。后来，市店组织科科长殷树屏发话了，既然两人考试成绩一样，那就两个都上吧！就这样，我如愿地上了电大商业企业管理班，也圆了大学梦（我是66届高中毕业生，恰逢"文革"开始，终止了升学梦）。

1985年5月，我被提拔到店领导岗位，任黄浦区店副经理，开始了门市管理的学习……直到1997年8月调离南东书店履新职。

南东书店是我书业生涯中经历最多，学到最多，也是工作时间最长，结交朋友最多的地方。我怀念南东书店的过去，如今虽然南东书店已不复存在，但每每路过繁华的南京路，我都会情不自禁地停下脚步，抬头望望曾经为之努力工作过的南东书店，这也许就是我的南东情怀吧。

## 别样的签名售书——签出了社会责任，倡导了社会新风

1988年，南东书店开启了签名售书活动，开创了图书销售新模式，发挥了书店与出版社、书店与读者、书店与作者、作者与读者之间的纽带作用，得到了社会各界的赞美与好评。

这样的签名售书活动，每年都要举办几十场，且常办常新，取得了很好的社会效应。

记忆中印象深刻的有以下两场。

1991年五六月间，我国共有18个省、自治区、直辖市发生水灾，华东地区尤其严重，受特大洪灾影响，安徽、江苏两省各项直接经济损失高达160亿元，受灾人口达几千万。

面对特大灾害，全国各地纷纷伸出援助之手，捐款捐物。为支援灾区，中国作家协会上海分会与上海新华书店想到了一起，决定以义卖签名本的活动来筹款。于是就有了1991年8月30日"上海百名作家赈灾义卖签名本"活动。

那天，上海的一大群作家都拿出了自己的著作，签上名送到南东书店义卖，还有不少作家直接来到现场为读者签名售书。徐中玉、白杨、秦瘦鸥、王安忆、叶辛、陈村、王小鹰、赵丽宏、叶永烈等都来了。二楼营业大厅挤满了热情的读者，读者与作家在热烈的气氛中交流情感，可谓盛况空前。当天的售书款达到24697.42元，仅巴金的《随想录》一书就义卖了近万元。我在大家的见证下，代表南东书店将这笔善款交给了中国作家协会上海分会。

这次的签售义卖活动，不仅筹得了支援灾区的善款，更是签出了出版人、发行人、读书人的一份社会责任感。

1994年2月2日10点整，"让我们与爱同行——田永昌、栗玲签名售书婚礼"随着庄重而优雅的《婚礼进行曲》在南东书店二楼大厅热烈的气氛中进行着。

新郎田永昌、新娘栗玲都是报社记者，又都是作家。他们俩是通过书走到一起的，不约而同地想到了每人出版一本书（新郎田永昌《飘出心灵的歌声》、新娘栗玲《寻找自己的世界》），携手并肩在新华书店举行婚礼。

那天，我还代表书店为他们的婚礼致词呢！

人们边吃着喜糖，边排队买书……此情此景，至今记忆犹新。

这不仅是本市首例具有特殊纪念意义的签名售书婚礼，更赋予了签名售书活动以新的含义，倡导了社会新风。

## 科学电脑管理第一家

南东书店创建于 1949 年 11 月，原址在南京东路 364 号（原天宝成银楼），1972 年迁入对面 327—345 号东海大楼（原友谊商厦）。南东书店坐落在上海最为繁华的南京路上，建筑面积为 4000 平方米，实际营业面积为 2400 平方米，经营文、史、哲、科、教图书及音像制品、电脑软件等，是上海最大的以销售文史哲图书为主的综合性书店。

图书销售额年年在增长，1977 年为 266 万元，1988 年为 2225 万元，1996 年已达 3581.06 万元；经营的品种增长到 43000 余种。当时的收银员一天的收款额可高达 1 万元。

如此庞大的经营规模，光靠人脑管理，凭借老一套的卡片等管理手段已无法适应了，必须有所改变、有所创新。

同事王锦华于 1976 年调入南东书店，先后当过营业员、业务员，之后又当了办公室主任……他的工作经历使他全面熟悉全店的管理工作。基于此，他率先提出了借助计算机进行管理的设想。凭着强烈的求知欲、刻苦的自学精神、自觉的动手能力，凭着对书店各流程的熟悉与了解，他成了南东书店计算机开发应用最早发起、参与、设计的人员之一。

1988 年 10 月，他与上海石化研究所计算机室共同开发计算机图书管理系统。1990 年 1 月，通过技术鉴定，他们进一步开发应用了管理图书业务中的订货、添货、进货及仓库管理功能。1990 年 7 月，上海市科学技术委员会给南东书店颁发了《上海市科技成果证书》，证书上标明项目名称为"新华书店图书业务微机管理系统"。

与此同时，南东书店的计算机室（电脑房）也建起来了。王锦华等人带着一批小青年于 1993 年建立了企业内部网络管理系统，使数据可以共享。他们重新编制了原有程序，增加了工资、人事变动、财务、发票单据等新功能的开发应用。1995 年底，他们开始建立包括销售系统在内的全新管理网络。

1996 年 10 月 1 日，南东书店历时两个月耗资 2000 万元装修竣工，实行了全方位开架、大型超市式的售书方式；此外，实行"零库存"的图书管理方法，新建配送中心负责统一配送，投资 40 万元建立全市新华书店系统内的第一个电脑管理网络，对全店实行科学电脑管理。

1997 年 1 月，南东书店与"上海公共信息网"签订合同，将南东书店的图书信息加入社会网络，方便南东书店在网上与读者交流，将最新的图书信息传递给读者，让"上海南京东路新华书店"通过网络走向上海、走向全国，汇入信息大潮。

在计算机的开发、设计、运用过程中，王锦华等在经理室的支持下，通过有针对性的培训，传、帮、带，培养出了一批基本力量，电脑房人员也由最初的 3 人发展到 10 人。当时在电脑房工作过的青年，之后有的调入市店计算机室，有的从事财务管理，有的从事人事管理……基本上都成为各个岗位的骨干力量。

王锦华在 1997 年荣获"首届中国书刊发行业最高荣誉奖"（全国100 人，上海仅 2 人）。

## 暖心的食堂

成为南东书店的员工是幸运的，因为这里有一个几乎全天候为大家提供后勤保障的食堂。

记得每到星期六，食堂就会挂出一块小黑板，上面写满下周的菜单、点心，每天都不重样。它总会吸引着大家的目光，众人驻足观看，兴奋地议论。

食堂工作人员通常是六个人，分早班（5:00—13:00）与常日班（8:00—18:00），据曾在食堂工作过六年半、担任采购与点心师的王彩妹回忆：早上5:00去三马路（汉口路）采购肉禽类，四马路（福州路）采购水产品，五马路（广东路）采购蔬菜，回来就忙着准备早点。

为了让员工们吃得好，吃得满意，他们常常下了早班就到外面饮食店去"偷师"，回来就凭着记忆，反复揣摩上手做，如糖糕就是经过多次努力才终于做成的。他们还去粮食局食堂学做鲜肉月饼，去市店食堂学做"划水"……他们的辛劳付出换来了员工的"口福"。

食堂的工作人员与大家的关系非常融洽，经常下班组听取意见，改善伙食。而当听说食堂今天要包馄饨、饺子时，各班组也都会主动派员到食堂帮忙。

遇到文件发行人手紧缺时，食堂工作人员也会利用业余时间随同发行组一起下单位分发，有时回到店里已是半夜，顾不上喝口水、歇一歇，他们又忙着为大家煮宵夜。菜汤面是南东书店食堂的一大特色，好吃！

想当年（1978年5月），恢复供应35种中外名著时，如"醉"如"狂"的读者，为了能得到这些"精神食粮"，宁愿饿着肚子，不惜花上好几个小时去排队，队伍沿着山东路、汉口路、山西路，一个拐弯接一个拐弯，拐到根本望不到书店，形成蜿蜒长阵，最多一天排队者多达1.6万人次。这时，常常能看到食堂工作人员抬着淘米箩筐，为排长队的读者送上点心、馒头，这也成了长队边的一道独特风景。

每年的辞旧迎新联欢会上，几十桌色、香、味俱全的菜肴、点心，全都是由他们精心准备、烹制而成。记得有一年的晚会上，王彩妹还为大家演唱过一曲《我为革命下厨房》。

每每回想起南东书店食堂曾经给予我们的关怀，心里总是暖暖的，忍不住感叹有食堂就是好！

## 竭诚为读者服务

在书业，南东书店就是上海最大的一家以销售文史哲图书为主的综合性书店，且地处繁华的南京路，平均每天的读者数量在 2.5 万人次以上，1996 年平均每天的销售额为 10 万元。可南东人却总是"不安分"，凡是与书搭上一点边且读者喜欢又需要的，就要去尝试做，并且想方设法去把它做好。

除了通常一直在做的新书预订、缺书代办、拆零配套、送书上门、邮购服务、出门搞流动供应外，南东人还于 20 世纪 50 年代在上海市工人文化宫设书亭，于 60 年代在市青年宫建代销点。此外，由最早的代读者摘抄资料到 70 年代在二楼设立阅览室，开放阅览部分紧俏图书，再到在底层实行早 8:00 到晚 8:00 营业及租书业务，南东书店是上海新华书店系统中实行租书业务时间最早、规模最大的一家书店。虽然代摘抄资料、提供阅览室与租书业务都不赚钱，可是读者欢迎、需要呀！而且好口碑为我们赢得了一批新的潜在读者。

改革开放后，对外交流增多，南东书店顺势设立了外宾供应部，之后又增设了户田书店专柜。

为满足人们日益增长的精神文化需求，南东书店又适时开出音像部，增设文房四宝、陶瓷工艺品等专柜，设立了由黄浦区店扶办的"三产"上海科教文设备总公司，专售收录机、录像机、电视机、洗衣机、冰箱等当时颇为紧俏的家用电器。

那时，设立在南东书店底层东西两边的"科教文"与"音像部"可真是场面火爆，柜台前经常挤满了读者，人头攒动。这边正在抢购双卡收录机、录像机，那边又开售了新磁带、录像带，尤其是卡拉OK、VCD非常好销，销售时就像发扑克牌一样，当时店堂里放什么音乐，什么样的音像制品就好卖。

20世纪80年代初期，南东书店的期刊柜也有着不少值得回忆的趣事。

当时正逢出版业复苏，许多期刊获准出版，但是期刊取得刊号后有一个试刊过程，要听取市场、读者的反应，只有在取得一定的发行效果后，才能决定是否可交由邮局发行。

书刊市场这一变化的信息被南东书店及时捕捉到了，同时考虑到期刊大多是16开本，且很薄，在一般书架上难以陈列，为解决此难题，期刊柜应运而生。最初期刊柜设在二楼，此时正逢《书讯报》创刊不久，于是《书讯报》就放在期刊柜销售，每期至少可销500份。当时进柜的第一种期刊是《科技导报》（美籍华人科学家主办，大陆印行）。

期刊柜在二楼试点几个月后搬到楼下西侧，南东书店西南侧折角处约有十个书架、玻璃柜。南东书店从门市部各柜组收罗了令大家都头疼不已的16开本、少量32开本的期刊和连续出版物（即有期次的图书），其中有《世界之窗》《文化与生活》《视野》《百科知识》《飞碟探索》《中国烹饪》《考古》《紫禁城》《世界美术》《美术译丛》《书法》《世界摄影》《中国摄影》《时装》《文献》《诗探索》《中华文史论丛》等。另外，各地作协均有大型文学作品的期刊，或双月或季刊不下 30 种，如《十月》《花城》《百花洲》《春风》《江南》等。当时月均供应各类期刊至少 200 多种，吸引了大批读者，导致柜台附近拥挤不堪，为安全起见，书店特地在玻璃柜前加装很粗的铁栏杆。为了满足读者需求，也为了提高销售量，南东书店经常从邮局、杂志社、出版社和上海书店进货。记忆中最深的是，时值世界杯足球赛期间，得知《体育报》编印《足球》杂志自办发行，时为期刊柜营业员的严钟麟凭着敏感的嗅觉，立即通过业务组联系直接进货 20000 册，在足球迷中引起轰动，20000 册杂志被一抢而空！当时柜台上只有两三名营业员，可月营业额却在 25 万元左右，销售之旺、工作之繁忙，可以想象。期刊流转很快，约半月一次，从无积压。两三年后，随着市场的变化，绝大部分期刊改由邮局发行，期刊柜也完成了它的历史使命。

至今仍为学术界读者眷恋的学术书苑就是在 20 世纪 80 年代初创立的。改革开放后图书品种激增，市场空前繁荣，但学术专著因其受众面窄、品种多、批量小而凸显出版发行难、读者购买难等问题。学术界、知识界对此批评很多。在这样的背景下，学术书苑为缓解矛盾而设立。1981 年 12 月设立时，其名为"文史哲学术专著柜"，1987 年扩建为由上海市老市长汪道涵题写匾额的南东书店的店中店学术书苑。十多年间，学术书苑建立了一批以专家学者为主的基本读者，在努力为专家学者服务的过程中，融洽了出版社与专家学者、书店与专家学者之间的关系，并得到了社会的认可与好评。

顺应市场变化、适时调整经营，使南东书店的经营服务面进一步得到拓展，成就了一家名副其实的综合书店。浓浓的书香文化气息，随着南京路上熙熙攘攘的人流而飘向远方。

## 扬"双凤"精神，抓队伍建设

只要提到南东书店的服务，人们就会想到"双凤"——谢翠凤、沈文凤，"双凤"是南东书店的骄傲，也是全体南东人，尤其是年轻人学习的榜样。

谢翠凤"热心为读者服务"的精神与沈文凤"忘我工作"的精神，也就是我们惯称的"双凤"精神，教育并帮助着大家确立全心全意为读者服务的信心与理念，努力使"双凤"精神成为全店员工的共同精神。南东书店在 1980 年实行查岗制度，营业员开始统一服装，佩戴服务标志；1989 年更是在全市新华书店首创"青年示范营业员"的服务方式，佩戴标志，亮牌为读者服务。学"双凤"、赶"双凤"，涌现了一批青年优秀营业员、先进工作者（如马黎梦、奚恒蔚等），还有市三八红旗手（阙梅兰）等，使"双凤"精神得到发扬，并且后继有人。

竭诚为读者服务，必须具有过硬的基本功。为此，对内狠抓业务训练，做到天天有要求、月月有安排、定期有考核，使业务培训经常化、制度化。曾经的训练内容有：根据书店自编字帖，每天练习一页字，每星期交一次；50 张销售发票计数考核；盘存表结算；售书连续作业；开具 8 种业务单据；四角号码的运用；制订熟悉书记录本，坚持每天熟悉一本书，提高营业员专业知识等。从 20 世纪 50 年代开始，无论在市店、出版局，还是全国新华书店系统举行的各项技能竞赛中，都有南东书店的员工参加，并且屡屡取得好成绩，如 1985 年全市区店基本功竞赛中南东书店的员工取得 5 个单项中的 3 个第一名，1987 年全市书店系统基本功竞赛中南东书店的员工又争得团体总分第一名。

随着书店管理逐步数字化，员工分工也越来越细化，有些基本技能已有所淡化，但不管怎么变化，熟悉图书始终是营业员的必备技能。当年"双凤"就是凭着对图书的熟悉赢得了读者，书店还由此在熟悉图书业务方面开展了营业员争当"活目录"的活动。

20世纪60年代的张桂宝、倪竞芬，70年代的王惠娟、邵杏生，80年代的严钟麟等同志屡次在市店举行的基本功汇报表演中，以"熟悉书籍存放位置及定价（750种）""为读者介绍图书""应答美术方面基本知识""应答业务基本知识""答问熟悉600余种学术著作类图书"等示范，得到在场人员赞叹。《新民晚报》还以《主考官接连出难题，售书人个个问不倒》为题作了报道。

业务培训方式也在与时俱进。为保证电脑管理系统的有效运行，在电脑管理、开发、设计过程中，南东书店组织店内部分骨干分批参加师大一附中计算机基础培训班，第一批二十余人由副经理（戴玉楠）带队，完成了计算机简易编程、汉字五笔输入及文章表格版面处理等内容的学习，又参加了全市计算机等级统考，取得了《上海市计算机初级考试合格证书》。此后南东书店又组织了第二批培训班，为计算机全面进入图书的进、销、调、存等书店全网络管理打下基础。

业务技能、业务知识要提高，文化知识学习也很重要。南东书店提倡，凡是有学习机会，都要努力争取。如员工中专教育等，只要是符合条件的员工，即使岗位人手再紧缺，也要想办法让他们去。我还记得有人嫌学习太难，学不进，因而打退堂鼓，偷偷溜回来上班，被我发现了，又被赶回学校……南东书店有六位学员（吕瑜、戴雯华、王侠、蔡玉珊、孙超、王萍）先后取得了武汉大学"图书发行管理学"专业毕业文凭，他们都成了图书发行业的骨干力量，走上了不同的管理岗位。

若干年后，大家聚在一起，谈起这些人和事，都非常感慨。南东书店的学习氛围确实好！

我们还不断地加强与外界的学习交流，以促进队伍建设。

早在 1978 年，北京、上海、天津三市新华书店签订协议互换竞赛书，开展三市店五个对口店的友谊竞赛。南东书店与北京王府井新华书店对口，为开拓营业员视野，提高员工队伍的业务素质和服务水平，双方决定进行定期人员交流，互派干部、员工到对方站柜服务、考察、调查，吸取对方的长处，弥补自己的不足，取得了显著效果。

记得 1986 年 5 月中旬，我与严钟麟、王锦华、何爱珍、马黎梦、党俐一行六人作为其中的一批学习交流人员来到北京王府井新华书店，以营业员身份出现在柜台前，我们操着上海腔的普通话接待读者，引起了读者的好奇……在那几天，我们的任务主要是学习交流门市服务规范。只见营业员全部站立服务，店堂纪律严明，不抽烟、不吃零食、不扎堆聊天，接待读者语言亲切，售书时做到双手托书轻轻递到读者手中，每售一本书都进行包扎，每种图书的流转都建立卡片……该场景给我们留下了深刻的印象，使我们学到了不少。从北京回沪前，我们又去了天津，参观学习天津书店的图书预订部的工作流程，深受启发。回沪后，严钟麟同事设计了"收款预订单"，上面列出的项目可以详细记录各项数据，一目了然。

1984 年 5 月，科技部的陈振邦与学术书苑的赵莉萍作为南东书店代表远赴西安，与鼓楼新华书店同行开展为期两周的营业员岗位对口交流。

虽然上海与北京、西安所处的地域、文化情况大不相同，所接触、服务的读者对象也不尽相同，但是"为书找读者，为读者找书"的新华人精神却不分东西南北，始终如一。

我们还积极地参与市区各类活动，如上海市财贸系统"创新风柜组活动"，市三街一场（南京路、淮海路、四川路、豫园）的"双佳"服务竞赛活动，以及黄浦区的一系列活动，使南东书店更好地融入南京路一条街的创新、优质活动中。在1993年10月15日黄浦区商务委员会召开的拜师会上，上海市三八红旗手阚梅兰以签约的形式，跨行业拜马桂宁（全国劳动模范、全国商业特级劳动模范）同志为师，使跨行业的学习、交流活动更具体、更务实，也为提高队伍素质注入了新的内涵。

# 继承传统，创新发展
## ——忆学术书苑

◎ 严钟麟

    至今，人们谈起南东书店往往会提到学术书苑，尤其是学术界的读者更以眷恋之情回忆她。

    学术书苑不过是南东书店的一个营业部，虽然存在只有十四年，但供应了无数高品位的精神食粮，特别是许多印数少的冷僻专门的学术著作，因而深受海内外读者的欢迎。

    学术书苑的雏形是文史哲学术专著柜。南东书店根据市店的指示于 1981 年 12 月 5 日在二楼原外宾接待室设立"文史哲学术专著柜"以期缓解图书市场繁荣，但学术著作出版发行难、读者购买难的矛盾。刚开始柜台只有三位同志，我被任命为柜组长，另两位是进店不久的孔庆豪和赵莉萍。从其他柜组、市店、出版社调入中华书局的《廿四史》（不全）、商务版的"汉译世界学术名著丛书"（约 50 种）、上海古籍出版社的《说文解字注》等四百多个品种，陈列在九个书架、五个玻璃柜中。这些图书尽管品种单薄不成气候，还是引起了学术界、知识界的关注，大家对新华书店的这个举措寄予厚望。专柜的员工从具体工作的一点一滴做起，真是"积跬步于千里"，所做的一切逐步为社会认可，并获得好评。

    文史哲学术专著柜第一年的营业额即达 80 万元，之后几经扩大，于 1983 年改为开架售书。1987 年秋搬到夹层后，面积扩大至 160 平方米，涵盖 5000 余个品种，填满了 40 只书架，文史哲学术专著柜改名为"学术书苑"，成为南东书店的店中店。书苑的常客、上海市原市长汪道涵题写匾额。学术书苑升格为书店的营业部，陈木林同志兼主任，我为副主任。内设三个柜组：哲社政经教柜，组长蔡玉珊；文史柜，组长陈政。这两个柜组实行开架售书。闭架柜由赵莉萍负责，主要销售大型资料书、线装书，价格昂贵。学术书苑共18位员工，不是独立核算，业务、财务仍由南东书店管理。自我1994年调离后，学术书苑由陈政接手负责。

根据记载，学术书苑营业额为：1990年115万元，1991年149万元，1992年189万元，1993年218万元。

1985年，国务院古籍整理规划小组组长李一氓先生在《人民日报》上撰文评述古籍整理出版成果时，详列了百余种已出版的古籍典要。我当时据此一一核对备货，其中90%有售，其余在添货途中，或已重版订货。我想这也可以说明学术书苑备货品种之全。

学术书苑的特色主要体现在两个方面。

一方面，备货面广而精，不是以是否热销、定价高低作为取舍标准，而是以是否具备学术价值所定。虽不出售文学作品，但学术书苑搜罗了许多文学理论、评论及文学史料，十分关注交叉学科、边缘科学的专著。如《新文学史料》《中国土地资源人口承载研究》《长江中下游产业密集带遥感论文集》《普利高津与耗散结构理论》《软科学》《中国古代基督教与开封犹太人》《明代版刻综录》等，从上万元的《中华大藏经》到低至二角八分的《语言与社会生活》等都有供应。

另一方面，读者非但能买到许多别处无法寻觅的好书，还可以通过学术书苑不断提供的最新出版信息，查到同类书的情况。

员工都不是专门的学问家，除陈木林、蔡玉珊是大专学历，大多数员工都是初高中文化，我也不过是上海出版学校毕业的中专生。但为什么我们能够把学术著作的销售做得有声有色呢?

回顾往事,学术书苑的工作继承了新华书店乃至上海商务印书馆、中华书局、上海生活书屋等优秀出版发行企业的传统,员工从书中吸取养分,恢复了许多被"文革"中断的服务工作,并脚踏实地地追求创新、创造。

细细想来,学术书苑做了几件有意义的事。

第一,认真做好图书发行卡的记录。学术书苑创办开始时就给每一种进销书建立发行记录卡。卡片是"文革"前新华书店普遍使用的版本。当时电脑还未普及,全凭手工操作,十余年从未间断过,一种书只有一张卡(与过去不同的是不分订货卡、缺售卡),统一按四角号码排序。卡上详列书名(含所属丛书名)、定价、出版年月、著译者、出版社、装帧等内容。如是繁体字或影印本,一定加注说明每次的订添货时间、数量、订单号、到货时间及数量,以及特殊的销售记录(如作者购买××本)、出版变更情况(含通知号)。卡片上均有从订单上剪贴的内容提要。卡片前置该书的读者订购单,一俟书来就可以及时检出邮寄,通知读者前来购取。这套卡片在管理上至关重要,也是员工学习业务的主要依据。通过对卡片记载的数据分析,可以极大避免进货的盲目性。《廿四史》各史的销售量参差不齐,从发行卡可清楚了解:《史记》等前四史每季销 100—200 套,《宋史》《清史稿》则在 15 套左右。依此可决定正确的进货量,《廿四史》全套常年有售。十余年来学术书苑共建发行卡 10 万余张,放满四个卡片柜。有出版社对此很感兴趣,曾派编辑细细查阅了三天,以从中了解同业的选题和销售数据。卡片积累的一些数据真有些惊人:《史记》累计销售 5000 余套,《中国历史地图集》(全八册)为 1700 套,《软科学》为 9700 册,《十三经注疏》《全唐诗》《全宋词》均过千套大关,连几千元的《甲骨文全集》《殷周金文集成》都售出百余套。

卡片记录越详细越有用。学术书苑曾经发生一件趣事。《辞海》资深编辑杨希祖先生于1985年来信云："曾向商务印书馆邮购《词典学概论》,得知该书已售缺,特向你们求购一册⋯⋯"我查了发行卡记录,发现曾报订30册,后接通知"延期出版",另一次接通知"暂不出版",后再一次重新征订(仍报订30册)。我就回告杨先生实情,请他耐心等待,数月后到书,我即送书到杨先生在铜仁路的寓所,他对我们工作的评价可想而知。

第二,重视出版信息的传播。与往昔的做法不同,学术书苑不是被动地接受读者预约登记,而是主动把出版信息广而告之,通过读者的预订了解市场反馈,这种方法实际上是最有效的市场调查,为进货提供确切的依据。学术书苑每月从各种图书订货目录中筛选出近百种(每月订货品种约400种),用32开卡纸手工书写,除著者、定价等要素外,着重介绍内容及评价。特别要感谢周祥根、王以薪两位同志,他们总是书写得工整漂亮,及时赶在订货上报之前公布。张贴预告的墙面前总是挤满了读者,丰富的信息使他们流连忘返。1987年,我根据缴纳的订单工本费统计,累计受理订单25万份。人民文学出版社的《艺术哲学》一书在《社科新书目》(第48期,1981年)中征订,南东书店总共只订了50本。专柜开张之初,学术书苑就预告该书,读者的反响强烈,短短两个月内学术书苑就收到2500份订购单。我们就追加订数至4000册,后来实际到书4800册,于两个月内销售一空。此类例子不胜枚举。一般低定价的图书,读者只要付5分邮资即可;高定价的资料书,根据读者的意愿适收定金或预付全额书款。全额预付者给予5%的优惠,如《中华大藏经》《道藏》《古今图书集成》《古逸丛书三编》等。付定金者,履约率在95%以上,未付书款的信用预订购买率为 35%—40%。这不仅有效保证了进销平衡与畅通，方便了读者，还给书店积累了资金。1987 年余存的预付书款达 37 万元，在当时可不是一笔小数额。

第三，从细节处做好服务，方便读者，也扩大了销售。我们请人用英汉日三种文字写了一块小小的告示，上书"在本店购书，可以代客寄往世界各地，仅按邮局标准收取邮费"，结果收到了意想不到的效果，海外学者纷纷成批购买。香港某报副主编竟在学术书苑选购每种一册（套）不论定价，且委托学术书苑代送。

第四，为作者受理寄售代销。那时兴起作者出版的图书由作者自行设法销售之风。许多学者花费多年心血，一朝著作付梓出版，非但没有稿酬，反而要为堆在家中的几百上千册书发愁。这些出版物往往未经征订，而读者确有需要。我们就为他们排忧解难，沟通销售，经与业务、收发、财务协调制定了一套可行的手续制度，有条不紊地受理寄售代销。十多年中，我们累计接受了作者 150 种 2500 册图书的代销。仅吉春著的《新编司马迁年谱》（三秦版）就销了 800 册。

第五，有些书滞销了，我们不是干着急，而是下功夫研究书的内容，根据市场分析做好宣传。1986 年，《第三次浪潮》《大趋势》等关于新技术革命的图书热度渐渐退潮，恰恰经济科学出版社的《硅谷热》在误期一年的情况下姗姗来迟，3000 册订货到了之后却卖不动，眼看要积压。经仔细阅读该书，我们做了块广告牌："《第三次浪潮》《大趋势》从宏观分析了新技术革命给当代经济社会带来深刻的变化。而《硅谷热》从剖析美国加州腾飞的典型案例，指出现代地区经济发展的必由之路。"由此，3000 册图书在三个月内全部销完。可见真正了解书、熟悉市场有多大的意义。

第六，学术书苑还建立了一批以专家学者为主的基本读者。其中有市委市政府的领导，高校教授、著译者总数则有百余位。根据基本读者的专业，我们常常一一提供手工抄写的相关书目。在市店图书宣传科的支持下，每隔三四个月编印一次的《文史哲学术图书》的可供书目实行免费赠送（在《书讯报》上刊登广告，欢迎外地读者免费函索并供邮购，由此扩大了影响）。《欧洲共同体经济学》由上海译文出版社于 1985 年 11 月出版，学术书苑将此信息及时告知复旦大学经济系主任夏裕德先生，他买到后说："欧共体经济区成为一门学科引起学术重视，我一定要了解研究。你们的工作真做到家。"学术书苑十分关注基本读者的专著译著宣传推荐。中年学者彭恩华的《日本俳句史》《日本和歌史》，老作家黄裳的《清代版刻一隅》，意识流文学专家瞿世镜的《伏尔夫研究》，杨博文教授的《诸蕃志校释、职方外纪校释》都是经我们的宣传介绍后在读者中留下好口碑。我们的努力，融洽了书店与专家学者的关系。韩国历史学家金钟润先生在《高丽图经》的出版前言中专门讲述了在学术书苑买书的经过，赞叹学术书苑给他留下的美好印象。

# 黄浦区店浦东地区网点简说

◎ 郭琴龙

　　1952 年，新华书店华东总分店成立浦东支店。浦东只有东昌路门市部（东昌路 251 号，称三十一门市部）、洋泾门市部（称十六门市部）和高桥门市部（高桥北街 190 号，称三十五门市部，属三十一门市部）。高桥、洋泾门市部于 1961 年划归川沙县店，东昌路门市部则划归黄浦区店管理。

　　黄浦区店当时包括南东书店和浦东地区门市部。1982 年我从杨浦区店调入黄浦区店时，浦东地区门市部有东昌路门市部、崂山新村门市部、乳山新村门市部，工作人员为 20 名，销售额为 18 万元／年，人均劳动生产率为 0.9 万元。1984 年，洋泾门市部由川沙县店划入黄浦区店，由浦东地区门市部管理，当时随入员工有 12 名。

　　1985 年—1986 年相继由政府配置给黄浦区店浦东网点的有梅园新村门市部、潍坊新村门市部和泾东新村门市部。泾东新村门市部为五开间，两开间为政府配置，三开间为黄浦区店出资五万元购置，政府配置的网点面积约为 200 平方米。当时，浦东地区门市部已有七处，包括东昌路门市部、崂山新村门市部、乳山新村门市部、梅园新村门市部、潍坊新村门市部、洋泾门市部和泾东新村门市部，总面积在 1600 平方米左右。

　　黄浦区店浦东网点的销售额由 1982 年的 18 万元，增至 1990 年的 280 万元，人员由 20 名增至 43 名，劳动生产率由 0.9 万元增至

6.5 万元。取得这样的成绩，除了受益于网点增多外，主要依靠的是同事们吃苦耐劳的工作精神和多种多样的销售手段。流动供应是我们常常开展工作的方式之一，比如于"六一"儿童节在公园设摊流动供应、到大型企业送书上门、开展科普节送书上门、扩展科技图书的对口征订工作、扩大社科类图书的征订工作、为单位图书室送书配书等。

我们在"为书找读者，为读者找书"的过程中作了积极的努力，如加强重点图书的征订、发行工作，向学校推荐适宜学生阅读的英雄人物事迹图书，以及提供劳技类动手制作用品。例如，上海船厂组织部领导找到我们，表示由于他们要参加交通部举办的理论学习班，需要一天内备齐有关邓小平理论的书籍。当时店内正好售缺，我们马上通过市店开单后自取，再骑自行车送到该厂。礼尚往来，后来上海船厂把预订几千本学习资料的业务给了我们。通过不懈的努力，他们所需的学习资料、有关图书、科技资料都在我们浦东门市部进行订购。

"浦东飞虎队"是三仓（市店大名路仓库）给我们的"美名"，当时三仓只要听到五六辆自行车的大板铃声一响，就会说：浦东飞虎队来了，要自取书了。我们当时就是这样，碰到数量大、单位急需的情况，就不等储运部发货，直接骑着几辆自行车到仓库去取货，直送所需单位，既抓了销售，又使单位满意。但人是很辛苦的，每个人都要骑带五六只大包过江，轮渡上下坡是非常吃力的。

1990 年，上海开始加快浦东地区的开发。1992 年，国务院设立上海市浦东新区，撤销川沙县，浦东新区的行政区域包括原川沙县、上海县的三林乡，以及黄浦区、南市区、杨浦区的浦东部分。1992 年 9 月 18 日，上海新华书店成立浦东新区店，由原黄浦、杨浦、南市区店的浦东部分（泾东新村门市部仍归黄浦区店）和原川沙县店组建。市店副经理陈致远兼任浦东分店经理，杜士衡、丁爱玲、郭琴龙为副经理。

为了销售，为了服务好读者，为了使单位满意，当时的我们就有那么一股劲，脚踏实地，苦干加巧干，只为努力做好图书发行工作。

# 挖防空洞二三事

◎ 姚德令

　　1971 年 4 月，为落实"深挖洞、广积粮、不称霸"的号召，上海市人民防空（以下简称"人防"）指挥部统一规划在南京东路（江西中路至山西中路）沿街商场修建人防工程，并由区人防指挥部负责。我们南东书店接到这个指令后，立即召开动员会布置停业、货物搬迁（部分货物寄放在储运部海宁路仓库），并安置人员进行后续工作。区人防指挥部还要求南东书店抽调部分同志参加其他商场的人防工程，待全面停止营业后立即全力以赴投入人防工程，将人员分三班制（除老弱病孕以外），并指挥各班班长负责每天的任务安排。每天的工程进度有专人与人防办条块组联系。经过全体同志们的辛勤劳动、克服困难、日夜奋战，我们终于在 7 月中旬完成了人防工程。在人防工程结束大会上，南东书店受到了区指挥部的表扬。

　　在四个月的人防工程劳动中，我不能忘怀的有以下两件事。

　　第一件事是当我们挖到中间时，由于挖掘跨度大、支撑设备忍受能力有限，而工程还要继续延伸，如果不采取措施加大支撑力度，很可能出现塌方，不但会前功尽弃，更会危及人身安全。在大家正在讨论如何解决这个问题时，支撑着的木板不断向坑内倾斜，眼看就要发生塌方，正当千钧一发之际，一位老同志（名字由于年代久远已经记不清了）立即提出，赶快把后栈房的长木板及仓库里的长木头搬来。这时，不分男女老少，大家都很快地把这些平时不引人注目的木板木头统统拿来作支撑。在共同努力下，我们终于制止了坑壁继续向内倾斜，避免了一场可能发生的塌方。当人防办条块负责人赶到现场时，我们已经排除了险情。大家都松了口气，原先没下班的同志也放心地回家去了。

第二件事大约发生在 1971 年 6 月，一天晚上下着雨，同志们按当天布置的任务各自劳作着，运土的运土，挖土的挖土，一切都在正常运作。不知不觉到了晚上十时左右，雨越下越大，风也变大了，地下水开始不断从地道里涌出来，一台抽水机已不能解决问题。外面的雨也没有停的迹象，水一直往上涨。如果不及时把坑道里的水往外排，后果不堪设想。

我们一边向区人防办报告这里的险情，请他们调用抽水机，一边让发行员打电话到消防队、海运局、长航局、边防支队等单位的值班室求援，甚至到商店求购抽水机，都没有成功。最后，我们只能硬着头皮直接派人到河南中路的消防总队求援，把我们的险情向值班领导作了详细的汇报。了解了我们的紧急情况，对方表示由于天气剧变，附近凡是人防施工的单位都遭受了同样的险情，备用的抽水设备都已借出，队内确实没有多余的抽水机，正常的消防设备按规定也不能随便调用。在我们感到非常失望的时候，他看在眼里也急在心上，表示帮我们再联系附近的消防队看看是否有备用的机器。他联系了几个单位都未果，直到江湾镇的消防队来电表示他们那里有备用的潜水泵可以借，但要区人防办开具介绍信。听到这个好消息，我们马上冒雨到人防办开好介绍信回到单位，周晨钟同志自告奋勇愿意前去。为了安全，店里决定由我和一位会踏三轮车的同志与周晨钟一同前去。我们三人趁着马路上车少人稀，拼命地往江湾镇驶去。到了那里，队里的同志已经把潜水泵准备好了，他们迅速帮我们装上车并对我们的行为表示敬意，而我们除了感谢还是感谢。随即三人马不停蹄地往回赶，不顾雨水汗水浸透全身，只盼着早点回到书店把水抽掉以保证大家的安全、保护劳动的成果。当我们三人赶回单位时，同志们一切都准备好了，大家把抽水设备从车上卸下来，电工忙着接电源，年轻力壮的忙着吊装潜水泵，有的同志帮着衔接消防水管。经过协同作战，机器很快运转起来，看着水从消防水管中涌出，大家都笑开了。

1972 年 2 月，我们刚刚完成人防工程的店堂装修一新，新店在开业后不久，突然接到上级通知，要在短期内从原地搬到对面的 345 号（东海大楼，原友谊商店）……在完成了这一艰巨的任务后，我们在 3 月又接到了市人防办南京东路一条街人防办即将开工的通知，这次的工程比上次更大，每户商店都要连通，一直通到人民广场、人民公园，时间又比较紧迫，而且按照通知要求不能影响营业。根据书店的情况，我们当然希望抓革命、促生产两不误，市店领导和市财贸办提出在不影响人防工程的前提下，继续开门营业。在得到各级领导同意后，我们领导班子对人员进行了相应的调动。三分之二的人员集中精力抓好图书发行工作，三分之一的人员参加人防工作，过一段时间进行轮换。整个门市为配合人防工程进行了调整，把底层的少儿连环画柜组搬到二楼，把服务台设在二楼楼梯中的空地处，为读者提供方便，其他地方则大部分为营业场地，少部分作为仓库。

得益于之前挖防空洞的经验，加上这次人防工程由东海大楼工程部全面负责，我们只是配合完成分配的任务，其中遇到的困难和问题在及时与他们汇报联系之后均能较好地得到解决。这次人防工程中，我们领导班子的担子比较轻，除了安排好劳力、注意人身安全外，没有上次担惊受怕、提心吊胆的感觉，比较顺利地完成了第二次人防工程。

在东海人防工程中有件事是我记忆犹新的：在挖到一定的深度

时，我们突然发现了坚硬物体而无法再挖下去，便向工程部汇报，在得到允许后继续开挖，直到终于看到露出约厚五六公分、宽五十公分的经过处理加工的柚木包裹着的几根柱脚，工程部研究决定改道。后来经过询问和对比设计图纸，我们才知道整个大楼的柱脚都是如此，柱脚不但基础深而且都是用很粗的螺纹钢浇注，柱脚的外围一律用优质的柚木经桐油浸泡后再涂上柏油，这样处理的好处是不会因年久而腐烂，从而确保柱脚的牢固，即使受到很大的外部冲击力，大楼也不会轻易倒塌，当时设计者和施工者的用心真是良苦。

事情已经过去了四十余年，现在想来真是感慨万千。当时，人们的思想觉悟普遍比较高，组织观念强，工作积极性高，忘我劳动不计回报。这种在困难面前勇往直前、抢挑重担、不怕苦不怕累的精神是值得传承的。

# "痛心"的往事

◎ 戴玉楠

二十多年前，上海科教文设备总公司（以下简称科教文）被黄浦区法院宣告破产。当时，我以清算组组长的身份在法院裁定书上签了字，成为此案的见证人。

20世纪80年代初期，长期被计划经济困扰的中国大陆下了一场改革开放的春雨，社会上开始涌现大办"三产"的浪潮。南东书店扶办的南东书店科教文经营部也破土而出。开业后，其利用南京东路的经营场地及其社会关系，经营科教、文化设备等相关商品，几年间经营业绩可以说十分红火，为南东书店员工提供了不少福利，在书店行业内也十分显眼。之后，科教文的经营者又大胆进取，进口了冰箱、空调的散件，在内地组装销售，以争取利润最大化，"经营部"也因此变更为"公司"。

但市场不总是风调雨顺的。组装冰箱的合作伙伴与科教文发生纠纷并诉诸法律，科教文败诉，其冰箱被停止销售。大批组装冰箱、空调积压，公司经营陷入困境。至20世纪80年代末，虽然经营者几经努力，但形势仍无实质性好转，最为关键的是，贷款还款期届满。债权人嗅到了企业危机的气味，纷纷上门索债，由此又危及债权担保人南东书店自身的安危。几经权衡，南东书店对其实行破产清算，经市店批准后安排张金福同志前来主持工作并具体操作破产清算。

这一状况犹如一颗炸弹被引爆，员工的情绪异常激动。他们既担心自己的投资要打水漂，又害怕日后债务沉重员工待遇要受影响。新的领导班子积极应对该局面。对内加强南东书店的经营，调整了部分场地进行租赁经营，让场地产出效益；对外则依靠法律努力维权，清仓核资，最大限度减轻南东书店的负担，保障南东书店员工的利益不受影响，稳住了员工思想，保住了南东书店的生存。直至法院最后裁定，南东书店共承担债务一千多万元，分期归还，至 1999 年年底全部还清。

科教文案虽然尘埃落定，但给南东书店员工留下了难以理解的遗憾。

这是我职业生涯中最"痛心"的一件往事。

# 南市区店

新华书店省版门市部

# 纪

## 事

———————

1953 年 12 月　老西门门市部（中华路 1520 号）开业。

1960 年 6 月　南市区店建立。

1972 年 1 月　豫园门市部开业。

1980 年 5 月 1 日　南码头门市部开业。

1983 年 1 月 20 日　省版门市部开业（中华路 1520 号老西门新华书店改建）。

1984 年 1 月 20 日　上海旅游书店在豫园开业。

1985 年 1 月 1 日　南市区店南码头门市部率先试行"国家所有，个人经营，定额承包，超额分成，亏损自负"的经营承包责任制。

1988 年 1 月 20 日　省版门市部改名为上海省版书店。

1992 年 10 月 9 日　市店携上海省版书店联合在上海市工人文化宫举办全国地方版图书大联展。

1994 年 8 月 8 日　上海旅游书店迁址开业。

1995 年 4 月 28 日—5 月 7 日　上海旅游书店举办 1995 全国地图旅游教材展销。

1983 年 1 月 20 日，省版门市部对外营业第一天

# 我记忆中的新华书店

◎ 谢惠忠

　　新华书店在我们这代人的前一代及后一代人的记忆中是非常深刻的，那时人们买书的地点主要是新华书店，新华书店成为汲取知识的标志性地方。在新华书店工作的人也感到这份工作十分体面，且有意义。

　　我是 1983 年 6 月从农场顶替我父亲到上海新华书店南市区店工作的。南市区店坐落在老西门一块船型地块上，地址是中华路 1520 号。它东邻中华路，西挨方斜路，南靠复兴路，北边则是方斜路和中华路并成的一条中华路。南市区店省版门市部有六开间门面，楼上是区店所在地，经理室、财务室、业务组等行政机构设在这里。南市区所在地段非常繁华，这里有乔家栅、老同盛、冠生园、大富贵、中百八店等中华老字号企业，公交车线路也有很多条，真是车水马龙、人来人往、十分繁华。

　　我报到后分配在省版门市部的京沪柜当营业员。省版门市部是南市区的一个中心门市部，有一段特别的来历。省版门市部以前不叫省版门市部，牌子挂的是新华书店。20 世纪 80 年代，中国正处在改革开放初期，百业待兴，出版业和其他行业一样开始了大发展。全国各地出版社出版了许多好书。外省市的出版社想让他们的书更多更便捷地进入上海市场，而南市区店当时的领导也想扩大市场，就尝试直接从外省市出版社进货，几次协调下来效果都很好。于是出版社和书店双方逐渐萌生了在上海开设专门经营全国地方版图书的特色书店的想法，上海省版门市部便应运而生。之后，上海省版门市部又在上海工人文化宫举办全国地方版图书大联展，社会影响很好，当时上海市市长汪道涵曾几次到书展，充分肯定了外省地方版图书的质量，肯定了上海南市区店的做法。以后便有了为上海省版书店题写店招的佳话。

我在京沪柜干了一个月，店里要搞特价书展，领导便把我抽调去特价书展帮忙，书展的生意很好，那时书便宜，一本书几毛钱到几元钱，打了三折则更便宜，吸引了人们一捆一捆地购买图书。特价书展结束后，我又去课本组帮忙。我记得书店借了文庙小学一间体操房以作临时办公之用，储运部卡车把书运来后，经理室几位经理都到场和课本组、从门市部借来的几位同志及储运部同志一起把书卸在操场上。当时正值8月盛夏，骄阳似火，大家就在太阳底下分书，薛月生经理和曹海舫副经理已经50多岁了，还坚持带头干。那时候的干部就是这样。

配发课本结束后，经理室安排我到发行组工作，主要负责区域内党政机关、企事业单位的图书发行。发行组有内勤和外勤分工，我是外勤。外勤工作比较辛苦，春夏秋冬都要外出，单位为每个外勤人员配备了一辆载重型自行车，车子后面载物架很结实，前面三脚架上安装了一块黄色的铁皮牌子，上书新华书店四个红字。刚开始我跟着我们的组长跑单位送书以熟悉情况，主要是熟悉路线和具体经办人员，过了一年左右，原来两位组长先后离开发行组调至出版社，我便担任了发行组组长。我们负责的单位有几百家，和我们打交道的主要是这些单位的党办、组织科、宣传科的负责同志。每当中央布置的学习活动开展了，我们就发征订单，有时没有铅印的征订单，我们就自己编写、刻蜡纸、用油印机印，然后写信封通过邮局寄到单位去，等征订单回收上来了，统计好数字，再根据情况酌情增减数字，上报市店。等书来了后，我就去送书，书多的时候用一辆机动车送，但大多数情况下都是用自行车送。当时浦东部分地区也属于南市区，如万人大厂上钢三厂，以及一些规模比较大的厂，如耀华玻璃厂、新建机器厂、港机厂、章华毛纺厂等都是我们负责发行的。去浦东送书要过江，我骑着满载着书的自行车从周家渡轮渡渡江，有时潮水低，轮船和岸上落差大，上下船时要特别小心。在发行组工作这段时间，我学会了如何做好单位发行工作，为以后在书店做好团购工作积累了经验。

1985 年，新华书店总店为适应图书发行事业的需要，在北京文化管理干部学院开设图书发行大专班，要求学员通过全国成人大专院校招生考试，并脱产学习两年。南市区店为我报了名，经过几个月的复习，我通过了全国成人高考，被录取了。这是新华书店总店开设的第一届大专班，之后其又在武汉大学开设图书发行大专班。1985 年 9 月，我离开上海到北京文化管理干部学院学习。当时我妻子刚产下女儿 23 天，很需要我照顾，但她为了我的事业和学业，支持我去北京读书。

文化管理干部学院开设在北京大兴县黄村，是文化部办的，现在改名为中央文化管理干部学院。学院主要为文化系统培养干部。我们班一共有 45 名学员，来自全国各地的市、区、县一级新华书店，还有北京、天津、重庆发行所的同志，大家的年龄参差不齐，最大的 48 岁，最小的 20 多岁。

通过两年的学习生活，大家都结成了深厚的友谊，毕业典礼后要分手时，大家都依依不舍。学业结束后，1987 年 8 月，我回到南市区店，由经理室安排到上海省版书店负责工作。两年的时间里，南市区店变故不小，原任经理被免职，已经离开了书店。这时候的图书市场外部环境发生了很大变化，中国出版业在 20 世纪 80 年代初已经启动了发行体制改革，政府提出了"一主三多一少"改革的方向，即以新华书店为主体，多种经济成分，多条流通渠道，多种购销形式，少流通环节，主要解决出书难、买书难、卖书难问题。新华书店面临的竞争压力很大。民营书店大量涌现，间隔上海省版书店不足一公里的文庙图书批发市场规模很大，且批发零售都搞，各出版社也纷纷搞起了自办发行，新华书店几十年来"一统天下"的局面被很快打破，优势已不存在。在这种情况下，我们也无法对抗市场的力量，只能顺势而为。我们能做的就是做好门店的服务工作，做到品种丰富、到书速度快、服务优良。我在上海省版书店工作期间和赖友炯两人团结合作，带领门市部全体同志做好各项工作，使门市销售保持一定增长。

1989 年 2 月，经理室又把我调到上海旅游书店任门市部主任，希望我把上海旅游书店的销售额搞上去。上海旅游书店的地段非常好，在豫园的中心区域，就是现在豫园老庙黄金所在的地方，它的门前有一个小广场，广场虽然不大，但对于豫园寸土寸金的地方而言已是很难得的。我在上海旅游书店工作了两年多，和大家一起努力，根据豫园的特点，多进适销对路的品种，如地图、旅游书、明信片、小工艺品等，上海旅游书店的销售额每年都有较大的增长。

1991 年 10 月，南市区店领导班子发生调整，经理是徐亢宗，仇养喜和我担任副经理。当时南市区店有上海省版书店、上海旅游书店，以及大兴街、小东门、洪山路、昌里路共六个门店，还有一个"三产"门店，一个批发部。人员共有 130 多人。徐亢宗全面负责，仇养喜分管财务、业务、基建，我分管门市、基建，我们三人通力合作，遇到工作上比较大的事就拿到经理室商量，集体作决定。

当时南市区店销售情况一般、门面陈旧、设施老化。经理室在调整后把如何提高销售额作为中心工作。围绕这个中心工作，经理室决定对上海省版书店进行整体装修改造，从 1992 年 3 月起酝酿方案，初步设想扩大营业面积、开架售书，在一楼设多种经营柜、一部分图书柜，把二楼仓库改建成开架售书的卖场，把办公场地搬到三楼，加高楼层，把经理室、业务科、总务科搬到加出来的四楼。我们将设想上报市店，市店同意了装修改造方案。我们找了一家比较好的设计单位进行设计，由我具体负责装修工作。其中加层是一项难度很大的工程，牵涉方方面面，尤其影响到相邻的居民。设计方案出来后，我们多次拿着设计图纸到区规划局去进行沟通，规划局刚开始不同意，我们便几次三番说明情况。最后我找区长进行汇报，他对我们新华书店遇到的困难很体谅，并指示规划局：新华书店也是为区里作贡献的，请给予支持。之后，我们再同规划局进行沟通，保证在确保安全的前提下，做好居民工作，规划局最终同意了我们加层的方案，加层面积大约有 80 平方米。上海省版书店底层的楼上一部分是民居，那里的居民曾和书店有矛盾，为使装修顺利进行，我走访了几户人家听取意见，将居民提出的诉求反馈给经理室，经讨论后部分采纳居民意见，并针对部分居民适当作一些补偿，在后来装修时，没有一家居民前来影响装修。装修工程于 1992 年 7 月初动工，到 11 月底基本完工，经过一个星期的紧张筹备，上海省版书店以全新的面貌出现在大众面前。1992 年 12 月 8 日上午，南市区店举行上海省版书店装修竣工暨建店十周年庆典，我们邀请了市店领导及兄弟区店领导参加庆典。下午我们又邀请了《解放日报》《新民晚报》《文汇报》，以及上海人民广播电台、上海电视台等十多家新闻单位记者，召开新闻发布会。第二天上海各大报纸和上海电视台、上海人民广播电台都发布了上海省版书店开业的消息。

上海省版书店装修加层总费用经专业审计为 65.88 万元。书店经过装修后面貌一新，销售额也大幅上升，二楼原来是仓库，经过改造后变成开架售书的卖场。书店实现了社会效益和经济效益双丰收。

1992 年，南市区店还将中华路 1245 号一间仓库拆除重建，这间仓库原属南市区教育局，区店经课本组忻师傅牵线搭桥，并通过置换，最终取得了这间房子的产权，其面积大约有 200 平方米，共一层。当年，南市区店经过区规划局同意，落地重建一幢二层楼的房屋。房屋在建造时遇到了居民的阻挠，他们到规划局去诉说，把新砌的墙也推倒了。这是因为原来的建筑是一层，现在要造二层，会影响居民的采光。我在当时负责基建，就与居民协调，反复沟通。经过协商，我们修改了原建造方案，东面墙址退进一米，二楼房子进深向西缩进两米，同时对相邻的居民作了一些补偿，此事才算平息。造好后房屋对外出租，一年租金收入有几十万元，造房的成本几年内就回本了。

1993 年 1 月，南市区对商场内的商店进行统一整合，将上海豫园商场升级改造为上海豫园商城，并准备上市，区店所属的上海旅游书店在城隍庙内，所处位置在今天的老庙黄金处。商城筹备组上门来同我们商量搬迁事宜，我们明确表示上海旅游书店决不能搬离豫园商城。几轮谈判后，经过市店同意，南市区店于 1993 年 10 月 5 日同豫园商城签订协议，前者让出原来的经营地方，后者则拿出豫园老路 39 号豫园商场里的晴雨伞和春花商店进行置换，我们原来的房子和置换的房子都是房管所的房子，我们只需再付一笔钱给房管所把房子的产权买下，即可对房屋进行改建。改建工程由南房二队承包，样式按照豫园商城要求，呈现古建筑风格，很漂亮。著名书法家胡文遂为上海旅游书店题写了店招。原来上海旅游书店底层面积为 100.19 平方米，二楼面积为 24.62 平方米，阁楼面积为 12.12 平方米，加上放出来的 20 平方米，共有 156.93 平方米，新造的房子于 1994 年 7 月 30 日验收，底层面积为 100 平方米，二楼面积为 100 平方米，三楼我们利用尖顶做了一个仓库。上海旅游书店移地重建总费用为 100 万元多一点，加上买下房屋产权花了 30 多万元。旅游书店于 1994 年 8 月 8 日开张，上海市新闻出版局局长徐福生，南市区文汇局、新闻出版局发行处处长，市店领导，以及各区店领导和豫园商城领导都出席了开业仪式，那天我们还邀请媒体进行了采访。

1993 年，我们还做了一件好事，当时上海的住房普遍紧张，南市区店有许多员工面临住房困难。经理室得到一个信息，即浦东南码头地区桂家宅有一些民房要出售，而那里过几年可能会拆迁。居民出售的房子价格比较便宜，于是经理室经过研究决定买一些房子，分配给住房困难的员工。仇养喜和我，以及有关同志一起进行了实地考察，觉得此事可行。征得市店同意后，我们便开始实施这一方案。我们一共买了六间房子，通过分房领导小组调查打分，评出六位住房困难的员工，分配给他们。过了几年，桂家宅拆迁，六个员工都通过拆迁分到了新房子。至今他们说起这件事，仍十分感谢当时的南市区店领导。

从 1992 年到 1995 年，南市区店在基础建设上投资力度空前，装修改建上海省版书店，移地重建上海旅游书店，对其他门市部也不同程度进行了装修，装修后销售额大幅度增长，税利也大幅增加，由 1991 年的 36 万元增至 1994 年的 128 万元。员工收入也每年递增。仇养喜和我共同负责各项工程，在工作中我们十分注重廉洁，找的设计单位都是正规的设计所，找的工程队基本都是南房六队、二队，工程完工后邀请正规的会计师事务所进行审计。我们真正做到两袖清风、问心无愧。1997 年 8 月 13 日，仇养喜调任市店物业中心经理，南市区店由我主持工作。和徐亢宗、仇养喜一起工作的六年是我在新华书店工作期间最舒心、最有成就感的一段时光。徐亢宗工作认真、作风正派、严于律己，仇养喜勇于探索、敢于开拓、很有魄力，同时严于律己、作风正派，并关心群众利益。

　　我主持工作后，市店又从南东书店调来一位同志任副经理。这时的图书市场竞争更加激烈，城市更新改造加快推进，老西门地区周围大面积拆迁重建，为拓宽复兴路，许多商店都被一一拆迁。在经营中，我们做了许多工作，包括调整奖金分配方案、调动员工销售积极

上海旅游书店

性、增加新的多种经营品种扩大销售、实行干部竞聘上岗、调动干部积极性……1998 年 9 月，我调任南汇区店副经理兼任党支部副书记，开始在一个全新环境下工作。

随着上海新华发行集团的改革推进和城市改造步伐的不断向前，昔日的南市区店和上海省版书店已不在了，南市区并入黄浦区，上海省版书店因地铁 8 号线建造，于 2006 年 3 月正式停业，昔日的上海省版书店所在地成了地铁 8 号线老西门站 6 号口。每当我乘地铁 8 号线经过老西门站，都会不禁想起昔日老西门南市区新华书店；每当我来到豫园九曲桥，总要到昔日的上海旅游书店看一看，上海旅游书店已经在 2010 年 4 月底停止营业、整体出租了。

现在，这些都已成回忆。

淮海中路新华书店

# 纪
# 事

**1953 年 11 月** 淮海路门市部（淮海中路 501 号，后迁至淮海中路 717 号）开业。

**1959 年 7 月 5 日** 科学出版社在淮海中路 611 号开设门市部，销售该社出版的中文图书，由中科院上海分院领导。

**1967 年 5 月** 鲁班路门市部开业。

**1970 年** 淮海中路新华书店联合房管部门帮助淮海中路 713 弄居民搬迁，弄内七间房屋由新华书店独用。同时将淮海中路 721 号至 727 号楼上的集体宿舍调入淮海中路 721 号店面，使淮海中路 701 号至 721 号店面全部成为新华书店营业用房。

**1981 年 11 月 4 日** 教育书店开业，面积近 200 平方米，经营品种约 1300 种。

**1983 年** "三产"卢湾科教文综合服务社开业，经营工具书、磁带、洋娃娃、宜兴瓷器、衣服、电视机、冰箱、贺卡等。1989 年上半年迁入淡水路 231 号，成为各区（县）店文教用品的主要批发点之一。

**1991 年 2 月** 卢湾区店配合春节喜庆活动，推出"压岁钱礼品书专柜"。

**1993 年** 卢湾区店与上海鼎鑫实业有限公司签订"投资合同计划书"，双方合作改建淮海中路新华书店。

1994 年 5 月　淮海中路新华书店停业改建。

1998 年 1 月 1 日　淮海中路新华书店和南东书店并入上海书城。

1998 年 1 月 23 日　上海书城淮海店开业，营业面积为 1440 平方米。

2012 年 5 月　上海书城淮海店停业。

教育书店

# 卢湾：激情随记

◎ 李庙林

1953 年 11 月，淮海路门市部（即新华书店上海分店第七门市部，位于淮海中路 501 号）开业，刁彭年任副主任（主任缺）。原址是商务印书馆淮海路支店，后为中图公司上海分公司下属门市部。中图公司与新华书店合并后的店堂是一开间门面，面积不足 100 平方米，前后直通，无库房和办公室。初期，通过向卢湾区宣传部汇报，卢湾区店陈述困难，争取政府支持。1954 年 11 月，卢湾区政府将第七门市部从淮海中路 501 号迁至淮海中路 715—719 号（三开间门面，原建华百货店）。通过近二十年的不懈努力，书店规模于 1970 年发展成 500 多平方米十开间的店面，淮海中路 701—721 号十开间店面全部成为新华书店营业用房，淮海中路新华书店也由此成为全市中心地段的第二大书店。

1978 年 5 月，卢湾区店发行三十五种中外文学名著，读者情绪高涨，深夜零点就开始在书店门口通宵排队，队伍从淮海路一直排到隔壁弄堂直通南昌路。卢湾区店动员全体员工做到新书一到就连夜加班分发、成套配好，做好准备工作，确保第二天一早即可供应。公安派出所也经常派出警力帮助维持秩序。

《东方早报》的"寻找 60 年（1949—2009） 国庆 60 周年特别报道"专辑第 16、17 页拼接的四开大篇幅刊登了一张恢复高考之后读者在书店门口"等开门"的照片。

这幅照片是上海的老摄影家薛宝其拍摄的（当时是卢湾区工人文

化宫摄影师）。那是 1979 年 3 月的一个星期天的早上，书店还没有开门营业，而书店门口已经聚集了很多青年人。他被年轻读者欲购数理化丛书的激情震撼了，随即进入店堂，由内向外拍摄了"等开门"的难忘瞬间。落地玻璃门从反面映着"卢湾区新华书店科技门市部"字样，门外簇拥着一群青年读者，有四名知青的画面特别清晰。门外左起第一位是一名工人，他身穿标有"安全生产"的工作服，左右手贴握在门沿上，从表情可看出，他有信心能买到丛书；左起第二位的知青，戴着当时流行的军帽，戴着围巾，左手拎着工具包，双眼凝视殿堂内；第三位双手紧握卷缩着的报纸，潇洒地微笑着，似乎在想象买到书的那一刻。站在最右面的知青，为使自己看得更清楚一点，右手遮在右额上作"手搭凉棚"状，双目专注地看着店堂内忙碌的书店员工和成堆的丛书。

随着恢复高考后掀起的教育热潮，副经理胡鼎馥的提议设想迎合了社会和教育部门的呼声和需求，上海市人大代表、上海市第三女子

淮海中路新华书店

中学校长薛正曾在上海市人大会议上提案开设教育书店。1981 年 11 月 4 日，营业面积近 200 平方米的教育书店开张，该书店是上海新华书店继科技、音乐、少年儿童书店之后的又一家专业书店，教育书店请上海美协主席沈柔坚书写店招，沈老欣然提笔一挥而就，他所题店招也为教育书店提升了品位。

1991 年春节前夕，副经理史再裕在与区政府的工作联系中受到启发，与区店同志商量开辟一个压岁钱礼品专柜。年年过年家长、长辈都要给孩子"压岁钱"，书店要引导孩子们多读书、读好书，选出文艺、文教、少儿、自然科学等知识性书籍及部分磁带、智力玩具、文教用品等共同组成压岁钱礼品专柜。自一月中旬推出后，专柜礼品深受家长及孩子们的欢迎，《解放日报》《文汇报》《文汇读书周报》《劳动报》《生活周刊》《中国教育报》等纷纷进行专门报道。

在 20 世纪 80 年代改革开放初期，多种经营蓬勃发展。上海各区县店都兴办了集体所有制的"三产"，以增加企业的活力，形成新的经济增长点。卢湾区店也在淮海中路 721 号挂了"卢湾区科教文综合服务社"（以下简称"服务社"）招牌，先后经营过磁带、洋娃娃、宜兴瓷器、衣服，还有电视机、冰箱等，后来转型销售贺卡、文教用品等，把多种经营和图书业务紧密联系起来，生意越做越大。最终，服务社成为各区县新华书店文教用品的批发点之一。

那时流行贺卡，仅在江苏启东地区制作贺卡的作坊就有 100 多家，但色彩单调。服务社从香港威龙贺卡公司引进色彩鲜艳、质量保证的新品种，填补了大陆市场的空白，销路极好，服务社成为该公司上海市场业务总代理。服务社又从上海外文书店引进舒美、拾风、日生等贺卡公司的产品，把精美新颖的贺卡推向市场，还从香港地区进口世界各国的邮票，这些文教用品在市场上疯卖一时。

贺卡市场打响后，服务社又不断挖掘潜力，在进口圆珠笔上做文章。原先市场上流行的仅是丰华圆珠笔，服务社开拓了市场，从汕头市批发市场引进泰国、日本的圆珠笔和水笔，从香港公司引进子弹头铅笔、双色笔，从广东新代公司引进"多层铅笔匣""卷笔筒"……服务社几乎包揽了各种文教用品，收获了广大学生喜爱，同时向各区县新华书店提供批发，从而做大了市场。

服务社从卖衣服、电视机转到经营文教产品，积极开辟货源，以丰富多彩、式样新颖的多品种经营赢得了市场的认可，并于每年举办两次订货会，红红火火、热闹非凡。参加订货会的除了各区县店外，还有江浙两省的新华书店，不少系统外的文教用品商店也前来参加，规模达 100 人，最多的一年销售额有近 900 万元。既满足了市场的需求，又增加了员工的收益。

1989 年 3 月，李根宝调任卢湾区店经理、党支部书记。1992 年，卢湾区店抓住了卢湾区政府对淮海路商业街沿街商铺进行改造的契机。根据淮海路商业街改造指挥部的总体要求，书店改造时不仅要适应淮海路的整体布局，还要提高商圈的文化品位。经过班子成员的研究，卢湾区店通过招商引资解决自筹资金的困难，报请市店、出版局、市委宣传部同意，通过市、区招商办协力，以"新华书店"名义为扩建改造列项。

1993 年年底，卢湾区新华书店与上海鼎鑫实业有限公司签订了投资合同计划书，经市店、出版局审定批准，最后经市公证处公证。项目历时四年，于 1998 年 1 月 1 日建成上海书城淮海店八层大楼。

为配合上海书城建成后的运作，1997 年，淮海中路新华书店与南东书店、延安东路新华书店整合并入上海书城管理体系，淮海中路新华书店更名为"上海书城淮海店"，并承接上海书城管理模式、业务配送流程试运作（试验地）的任务，为 1998 年 12 月上海书城开业打下了基础、提供了保证。

# 淮海路新华书店扩建纪实

◎ 李根宝

　　淮海中路新华书店地处淮海中路 701—721 号，店面宽度为 45 米。

　　1992 年起，卢湾区在两任区长周禹鹏、韩正的带领下对淮海路商业街进行了前所未有的改造，并成立了淮海路商业街改造指挥部。改造指挥部对淮海路新华书店改建的总体要求是：不仅要适应淮海路的整体布局，还要提高淮海路商圈的文化品位。指挥部针对历史性建筑的四层楼房书店（二楼以上是居民）改建的出资提出两个方案：一是由卢湾区政府投资，新华书店经营面积由原 500 平方米增加 500 平方米，即改建为 1000 平方米；二是由新华书店自行投资，但时间上有限制，不能影响淮海路商业街改建整体形象。

　　1992 年 9 月，卢湾区店向市店提出书面申请，要求市店出资改建淮海路新华书店。市店未书面批复，而是口头回复要求卢湾区店自行筹资解决。

　　1992 年 10 月，卢湾区店经理室李根宝、史再裕一致认为，要坚持"发展是硬道理"的原则和以"摸着石头过河"的方法去努力开拓。最后经市店、出版局、市委宣传部同意，卢湾区店决定用招商引资合作的办法来实施改建。由此，卢湾区店拟写了"淮海中路新华书店招商引资意向书"，通过市、区招商办进行派发。

　　书店出土地，投资方出资金，改建后投资方对所属面积拥有 20 年使用权。前来洽谈的单位主要对意向书中的门面长度的分配有异议

（书店占 30 米，投资方占 15 米）。最后，上海民营企业鼎鑫实业有限公司诚意接受意向书方案。

1993 年底，卢湾区新华书店与上海鼎鑫实业有限公司签订了投资合同计划书。

投资合同计划书内容包括：

总建筑面积 6000 平方米，书店 2700 平方米，投资方 3300平方米。

店面宽度 45 米：书店 30 米、投资方 15 米。

动迁 60 户，平均每户补偿 25 万元左右。

扩建期间，投资方每月支付书店 15 万元（补贴书店经营损失）。

总投资最后经核算为一亿人民币。

成立淮海中路新华书店工程指挥部。

新华书店：李根宝（经理）、王国成（工会主席）、俞培良（工程顾问）。

鼎鑫公司：成启康（董事长）、周鼎雄、王文根。

新华书店中期参与工程人员包括：陈夫年（副经理）、诸希敏等。

1994 年年初，扩建改造依次进入审批、动迁、图纸设计、"三通一平"阶段，用时两年多。

扩建改造是以"新华书店"名义列项的，从此，书店开始了无穷无尽的申报手续的历程。土地局、规划局是首要政府机关，王国成、诸希敏一次又一次地到这些单位奔波，每次起码要站上两个小时。每一个项目，从市店、出版局、宣传部到各配套设施单位，从申请到批准，单政府部门就用到了三百到四百只图章，申报过程犹如马拉松式长跑，最终扩建改造的所有项目都得到了批准。

1994 年 5 月，书店停业、搬迁，75 位员工待岗，只能发给生活费，其中小青年 500 元，中青年 600 元，有孩子的 700 元，夫妻两人留用一人。书店员工为书店的扩建作出了牺牲、贡献。同时，60户居民的动迁工作由卢湾区市政工程负责办理，仅用 45 天就动迁完毕。这是卢湾区商业街改造中最成功一例，受到了区政府表扬。此时，整个基地被铲为平地。由于投资方花了 2000 万元用于动迁的前期工程，之后工程资金调动出现困难，整块地皮被太阳晒了近一年。在此期间，淮海中路新华书店工程指挥部筹建人员抓紧办理水、电、煤三通工程的审批工作。由于淮海路一条街都在改建中，本来容易办成的事，也成难事了。考虑到新华书店扩建后可以提高淮海路商业街的文化品位，成为繁华商区的文化标志，审批工作得到了区政府韩正区长的大力支持。当时，淮海路商业街改造指挥部每月召开协调会议，会议由韩正支持，韩正经常对主持工作的副区长说，各个配套工程要为新华书店开绿灯。这使我们的各项工作得以比较顺利进行，加上后来资金到位，挖基坑、打维护桩、造地下室等工程进度都得到了保障。

工程于 1996 年九十月开工。施工阶段中，投资方曾拿着图纸称规划局急着要加盖图章，李根宝发现投资方私自修改图纸，加了两个楼面（原来六层，投资方图纸上改为八层）。经指正，双方协商加层部分书店占 40%，折合人民币 300 万元，后用于装修。

地面外壳的土建部分进展甚快，一个星期盖一个楼层，看着大楼节节升高，卢湾新华人心中无比欣喜、无限感叹。

1997年底，市店领导以强强联合为由，将淮海中路新华书店并入上海书城（以下简称"淮海店"），在审计时，将积存于账面的约400万元和中国农业银行预付的后十年租金300万元全部划给市店（投资方将门面15米和地下室租赁给中国农业银行，为期30年，投资方收入二十年租金，后十年归新华书店，中国农业银行预付了300万元租金给卢湾区店）。

1998年1月1日，淮海店的八层大楼建成，高高竖起了宽两米、长十八米的店招，一面是"新华书店"，另一面是"教育书店"，成了淮海路繁华商业区内一个明亮的文化标志性建筑。

店堂内宽敞明亮，地下室经营音像制品，一楼经营文、史、哲图书，二楼经营文化教育图书，三楼经营科技卫生图书，四楼是办公室。大楼沿街立面为幕墙玻璃，店面为大理石，营业面积为1800平方米，颇为壮观。而且20年后，投资方的2700平方米也归还书店，至此，6000平方米的房产全属新华书店所有，这块寸土寸金之地于书店而言是一笔可观的资产。

市店俞培良同志也是淮海店扩建的有功之臣。他不但与区店负责人一起草拟、设计、申办，而且在施工时给以具体指导。特别是他在对设计好的地下室图纸进行重新审核时发现地下室通道没有标明，及时修改了图纸、改善了施工，避免了第二天浇灌地面混凝土时出现问题。

淮海路新华书店的员工为淮海路书店大楼的建成作出了贡献。卢湾区店原设想员工待岗三年半，开业以后要改善员工民生：增加工资；改善几年来没有分房、居住中的困难，准备购买几套住房置换；与有关房产公司接触联系购买居住房……这些都因卢湾区店的资金全部划归市店，而未能实施。

# 徐汇区店

新华书店港汇店

# 纪事

1953 年 1 月　龙华支店（漕河泾镇 97 号）开业。

1954 年 9 月　徐家汇门市部（衡山路 944 号）开业。

1958 年 7 月　常熟路门市部（淮海中路 1310 号，淮海大楼底层）开业。

1975 年 10 月　徐家汇新华书店、徐汇区图书馆联合在上海教育学院会堂举办张抗抗《分界线》读书报告会。

1980 年　徐汇区店向设在交通大学附近（康平路）的自立书店（个人经营）供应货源。

1981 年 8 月 10 日　宛平路门市部（中山南二路 909 号）开业。

1982 年 11 月 23 日　艺术书店（衡山路 952 号）开业，四开间门面，营业面积为 120 平方米，经营品种约 2500 种。

1984 年　大木桥路门市部（大木桥路 490 号，后改为徐汇区店"万象综合经营部"，2005 年 12 月歇业）开业。

1990 年 12 月 19 日　徐家汇门市部、艺术书店因上海地铁工程建设需要而被拆除歇业。

1992 年 12 月　常熟路门市部（淮海中路 1310 号）因市政工程停业。

1994 年 4 月　常熟路门市部迁至复兴中路 1254 号—1256 号，改名复兴中路门市部。

1997年7月 徐汇区店门市部（南丹东路265号）装修开业，营业面积为750平方米，首创"西区图书超市"，形成图书零售连锁。

1999年3月 徐汇区店推出"书虫之家俱乐部"，发展基本读者。

1999年7月 宛平南路特价书店（中山南二路909号至913号）开业。

1999年8月28日 教材书店开业，营业面积为350平方米，品种为4000多种。

2001年1月22日 在徐家汇港汇广场开设新华书店，面积为1000多平方米。开业首年，销售额达到400万元。

2001年8月18日 浦东教材书店、浦东特价书店（昌里东路655号）开业，面积共716平方米。

2002年3月28日 集团成立西区图书发行分公司，由徐汇、闵行、长宁、普陀、卢湾等区店组成。

2002年10月 港汇店扩大营业面积，达到2000平方米。

艺术书店

# 记忆中的徐汇新华三十一年

◎ 钱永林

　　我是 1952 年在福州路文化街进入中图公司的，于 1954 年 4 月从新华书店上海分店第二届干部训练班结业后，我被分配到漕河泾龙华支店报到。时年，我刚满 17 岁。当时徐汇区仅有两个书亭，其中一个就在徐家汇，我在这里担任发行员，负责区内的团体单位图书发行工作。

　　当时徐汇区域内有六多：市级机关多，文化艺术团体多，学校单位多（仅上海交通大学等大专院校就有近 10 所），市级医疗机构多，科学研究部门多，居住名人多（如巴金、柯灵、张乐平等名家 84 位）。因此，图书发行工作的任务比较艰巨和繁忙。随着岁月的变迁，徐汇区新华书店不断发展壮大，区域内相继开设了常熟路、武康路、复兴中路、宛平南路、田林新村等多家门市部。

　　1985 年，我从徐汇区新华书店调任静安区新华书店经理直至退休。我在新华书店学习和工作先后历时 45 年，其中的 31 年在徐汇区新华书店度过。在记忆里，徐汇新华的 31 年给我留下了很多难以忘怀的人和事，也留下了几处情景深深地埋在心底，使我偶尔想起时，感动依旧。

## 发行《毛泽东选集》纪实

　　1960 年国庆节，当人们沉醉在举国欢腾的气氛中，《毛泽东选集》第四卷开始在各地新华书店发行，真是双喜临门。作为在徐家汇店直接担负发行任务的一员，每当把散发着领袖光辉的红书送到读者的手里，我都感到无比光荣和幸福。

在这不平凡的日子里，我的心情是兴奋的、紧张的、喜悦的，我时时刻刻想到区店党支部书记冯士芬所嘱咐的话："要用高度的政治热情、认真严肃的态度来发行《毛泽东选集》第四卷这部伟大的著作。"

为了出色地完成这次发行任务，我和大家一样，忙得顾不上吃饭。当我把第一根鲜红色的缎带系在这部著作上的时候，我非常激动地说："毛主席啊！毛主席！人们读了您的著作后，将会汲取多么无穷的力量，受到多么大的鼓舞呀！"当我把"高举毛泽东思想的旗帜前进"的横幅挂在墙上（徐家汇新华书店正中充满阳光的天窗下的社会科学书架上面）时，仿佛全身的血液在沸腾，我确实有这样的感觉，整颗心都在发热。

广大读者对这部著作更是翘首以盼，最令人感动的是，他们宁愿排队守候，也要先睹为快。国庆节那天，我们上午休息、下午营业（按上级规定，中心门市下午一时整营业），我早早地在开门前赶来就看到，书店门口已排起了一列长长的队伍。

读者买到《毛泽东选集》以后，真是如获至宝，有边走边读的，有相互拥抱的，总之在当时情况之下，涌现了很多动人的场景。有一位已退休在家的房地产公司老年员工拿出他保存了八年依旧崭新的购书证说："我要买《毛泽东选集》，已经到书店来了四次啦！现在终于盼到了。"上海科学教育电影制片厂一位值夜班的杨姓工人下班后没有回家，就急忙赶到书店等候，当买到后，笑容满面地说："我一定组织小组里同志，一起学好这本伟大的著作。"华山路上的一家盲人工厂也派来了盲人代表，他们虽然已失去了视觉，但有着学习毛主席著作的强烈愿望，想要买一本回去组织集体朗读，我们热情地满足了他们的要求。

我被人们争购《毛泽东选集》第四卷的热情所感染，内心激起澎湃的浪花，久久不能平静。这件事情给予我极大的鼓舞和教育。

还记得 1960 年 11 月 27 日、12 月 4 日、12 月 11 日，柜台对《毛泽东选集》零售进行了读者对象（八种身份）的调查，连续三个星期天共计 2235 人次。

还记得 1961 年 1 月 7 日上午，我参加了上海市出版局在大光明电影院召开的《毛泽东选集》第四卷发行总结大会，从中获悉国庆节期间本市供应《毛泽东选集》第四卷共计 534000 册，新华书店上海发行所还承担了全国 11 个省市的发运任务，工作质量完全符合党对书店提出的要求，这是发行工作者的光荣感和责任心的体现。

"文革"开始不久，《毛泽东选集》第四卷主要是为了供给团体单位而计划发行，其门市供应数量有限。某一个星期天，徐家汇新华书店很快就售完了《毛泽东选集》第四卷，排队的读者一下子涌进了店堂，把我们团团围住，还说魏文伯（时任华东局书记）让他们过来的。有人提出要当场清点该书的拆封包装纸，营业员听了很焦急并坚持不声张，还有人提议要我出去向读者解释清楚，在如此混乱的情况下，我请他们留下地址一一作登记，以便下次通知供应，局面总算平息了下来。

1966 年 7 月，书店发行了四卷合订本。

## 巴金信赖的店经理

我自 1954 年 9 月从漕河泾书店调至新开设的徐家汇书店，就与顾轶伦先生相遇。他从上海图书公司副科级干部调任徐家汇书店副主任。他平易近人、善待员工，我们员工平时不称他为顾主任，而常叫他老顾。老顾除了分管中心门市部，还负责整个进销业务的管理工作。在我印象中，他在处理上述事务时，总是笑眯眯地用商讨的语气进行沟通，由于当时书店实行三级订货制，由第一线门市部计划发行组填报图书订数，经业务组汇总，最后由分管主任审核签名盖章，才能报市店和发行所。他总是手捧一沓订单往返于各销售部门，跟柜组长面对面商榷，并达成共识。他业务水平高，有魄力有见解，在进销平衡方面做得较好。我还发现他打算盘也很熟练，能手指夹着笔杆拨动算盘珠，且分毫不差。

老顾不但分管业务工作，还直接进行销售服务和图书推荐工作。例如书店内部发行组设立了巴金的专人专架，由老顾亲自负责作家巴金的服务工作。由于他与巴老长年相处，对巴老的图书需求了如指掌，每到新书，他都会直接配留，并按惯例每月挑选20—30种新书配送一次。他不会骑自行车，结算包扎后，总是随手提上公交26路电车，乘两站到天平路站，再跨过淮海中路，绕过武康大楼，送到巴老手里。他为名人名家读者服务也颇有成就，代购代送做得很周到。很多翻译家都把自己的签名本赠予老顾。还有医学名家如荣独山、董承琅、李国衡等也不同程度地得到老顾的服务并与之长期交往，彼此间结下了深厚的友谊。

老顾早期还有一个职能是与徐汇区各部门协调落实有关事务。他经常去区文化科、财贸办、规划办等有关单位探信息、提需求、搞公关。他总是起早摸黑地工作，致力于徐汇区店网点建设。徐家汇门市部于1954年9月开业，其所在地衡山路944号两开间原先是西公茂煤油店，该店三名员工被老顾吸收到后来的书店工作。

随着形势的变化和发展，顾轶伦先生凭着自己的智慧和才能，不辞劳苦地与区财贸办的领导协商书店网点扩张事宜，常常在区财贸办干部上班前他已候在门口了。功夫不负有心人，我们终于迎来了徐家汇门市部不断扩大的喜讯，其中我亲身经历的就有三回：第一次是左首的鞋帽店让了出来（1957 年 12 月 4 日）；第二次是右边的衡山路 952 号开设了少儿和图片门市部（1956 年 3 月，原来是一家南货店），中间隔断的是地区粮管所和药房；第三次是 1958 年以少儿和图片门市部置换粮管所与药房，使黄金地段的徐家汇新华书店成为连成一片的八开间门市部（楼上为居民）。新华书店与中百六店遥相呼应，颇有气派。这都要归功于老顾的劳心劳力。

1956 年，老顾千方百计在区里得到坐落在襄阳南路乔家栅旁的一幢三层里弄楼房（西式弄堂房，产权属房管所）。该楼房有三室，每室 21 平方米，有两间各 10 平方米左右的亭子间。老顾将其办成了区店员工集体宿舍，在底层新造了洗浴间，使一些单身员工享受了温馨实惠的住宿生活。我和解福生、潘包正等同事患过肺结核病，这里的二楼亭子间就供我们住用。

书店员工平时只知道他是无党派民主人士，曾是平明出版社巴金的资方代理人。他在"文革"期间离开了区店领导岗位，下放到常熟路门市部当营业员。即便如此，他仍能积极做好各项工作，直至 1978 年年底退休。因业务能力强，人缘也好，之后他又被继续返聘原营业员岗位发挥余热。他的儿子从崇明跃进农场顶替其进入常熟路门市部工作，子承父业，同在科技柜工作。几年后，受其他单位邀聘，老顾先后去了汉语大辞典出版社、艺术书店、上海教育出版社读者服务部、上海教育会堂图书馆等，一直服务至 1992 年年底。

为了了解老经理的生平经历，近期我向他的儿子顾以平同志（是我 6 年的老同事）作了专题采访，揭开了封尘多年的顾轶伦先生作为"资方代理人"的谜底。他于 1952 年在巴金先生的平明出版社担任副经理，负责发行工作，是没有资产的高级职员。直至 1984 年，他才收到补发的员工退休证，1985 年改发干部退休证。老顾当学徒时的师傅是北新书局的老板李小峰。老顾那时曾送书到鲁迅家，并与翻译家傅雷，作家曹禺、王西彦，演员金焰、秦怡等都很熟识，与巴金先生关系更是非同一般。他俩相识于 20 世纪 30 年代末的北新书局，相知相交于 1942 年抗战时期的桂林，后又转到重庆、成都。老顾于 1952 年进巴金先生创办的平明出版社工作，他们的关系从此更加密切。无论巴老住淮海中路淮海坊，还是武康路 113 号，老顾始终是其"半个家人"和知心人。正如顾以平所说，小时候父亲不大管孩子们，他平时早出晚归，星期天除了搞好个人仪容，就是去巴金先生家。巴老和夫人萧珊有事也会托他去办理。1972 年，萧珊女士病重住不进医院，也是老顾通过朋友找医生帮忙住了进去。但因病耽搁时间太久，医院最终未能挽回她的生命。萧珊女士不幸去世后，老顾又帮其料理后事。巴老是很重感情的长者，老顾与他有知心朋友之情，这是巴老在赠予其的《巴金对你说》的签名中题写到的内容。随着共同度过艰难岁月，他们的友情不断加深，直至终于迎来了改革开放的春风。党的十一届三中全会后党的政策全面落实，他俩情谊更为深厚。巴老每逢宴请友人，都会着他陪同。20 世纪 90 年代初，老顾陪同翻译家夫妇（记不起名字）与巴老及巴老的妹妹合影。巴老对老顾的评价是"经历磨难的朋友，才是真诚的朋友"。

## 营业员周丽珠的服务艺术

做了 37 年文艺读物柜台营业员的周丽珠同志（曾任书店美工）也值得推介。她曾在 1983 年业务考核中，将为读者服务的接待艺术总结为六个"心"：

一要耐心。同济大学土木建筑系一位教授住在同济新村，很喜欢建筑造型艺术大型画册，经常来艺术书店预订或现购。每次新书到后她就会通知老教授来购取，还特别提醒老人把预收款的收据带来。教授每逢星期天就来门市，并带一只大布袋装书。周丽珠常常耐心地陪送其前往徐家汇26路站台，并拜托售票员关照老人下车。

二要专心。门市经常要接待小朋友，这些孩子比较好动，也喜欢画画，她经常按照小读者的爱好向家长推荐不同的图书，如动画、卡通画、各种动物造型的画册，以及描红图册等，成交率也较高，有的品种销售了600多册。

三要诚心。周丽珠经常研究读者的购书需求，她有句口头禅："人在柜台要不断注意读者的心理动向。"一次有三位读者伏在柜台上抄录书目，于是她主动关心，得知他们是华东纺织学院分院的教师，准备抄点书目回去让领导批准购买。于是按照其单位的需求，她一口气连续介绍了两个半小时。三天后，该单位就买了近两千元图书。

四要热心。某天，一位香港商人（曾是漕河泾顾村人）说要捐献几万元文艺方面的图书给家乡的顾村中学。周丽珠怀着满腔的热情，在书架上进行配拣，结算成交后用牛皮纸扎成几十只大包，虽然脸上淌着汗珠，心中却是暖暖的。她还热心当好读者的参谋，在接待中特别注意到丝绸厂、地毯厂、印染厂、手帕厂、毛巾厂、被单厂的产品设计特点及其内、外销的各自要求，为其推荐不同的书籍。

五要贴心。除了在柜台接待本市读者外，周丽珠还注重对外地读者的服务。外地读者来上海一次不容易，要尽力满足他们的需求。有的老人手上还捎着写有书目的纸条，如遇售缺时，周丽珠就给其介绍同类相关的品种，使读者满载而归。营业员要学会听懂南腔北调，以解决购书需求。周丽珠还略懂一些哑语，在接待被单厂、龙华毛巾厂几位聋哑文艺爱好者时，她也能得心应手地进行沟通，从感情上拉近距离。

六要恒心。周丽珠多年来与读者保持来往，彼此间建立了持久的"基本读者关系"。这些基本读者有专业人士，也有业余文艺爱好者，她经常为基本读者提供邮寄新书目、发送代购通知、帮助电话购书等服务。还经常送书上门，使社会效益和经济效益实现了双丰收。

周丽珠的服务接待艺术，贯彻了新华书店的服务宗旨，即"为书找读者，为读者找书"的理念，这是难能可贵的品质，也是新华书店千百个普通营业员的真实写照。1965 年 8 月，周丽珠被区店选拔参加市店举办的基本功汇报"为读者介绍图书"项目的比赛。

## 热火朝天的业务技能演练

1965 年，在市店统一部署下，新华书店各区店开展了苦练内功的基本功演练活动，徐家汇书店也不例外。实践出真知、出快手、出能手，店堂里呈现出一派红红火火的景象。白天读者稀少的时候，营业员们纷纷抄书名、记定价、背版别、阅图书内容简介，有的拿起算盘"16876"的嗒、的嗒不断地拨动着。夜间，有的营业员推迟下班，取下书架上的图书，放在柜台上练习图书计算，训练开票、包扎连续操作。在灯火通明的店堂中，社科读物柜台营业员在相互提问《毛主席语录》（内部发行简装本，首次基本功汇报时有熟悉毛主席语录出处的项目）；科技柜营业员在繁忙地计算 50 本图书定价；文艺柜台老组长架起了老花眼镜揪着秒表，为年轻艺徒计算配取书籍存数位置的速度；在门市角落的图片柜旁，一位老营业员在训练图片整理、点数、开票、包扎连续操作，飞快的手速令人惊讶，原来他是从区里烟纸南货店调来的杨炳松！

我还亲眼目睹刚从区政府调来的一位姓李的文教柜台营业员，她走在马路上，把口袋里装着书目的小本本拿出来，边走边读。

为了迎接 8 月 16 日市店举行的首次基本功汇报，徐家汇书店于一周前先进行了一次基本功汇报现场会。市店周家凤副经理、业务办公室负责人和兄弟店也前来指导。市店业办史秋枫同志根据连环画书架上不同开本的 30 种书开出书单，由柜台营业员按照书单从书架上抽取。

全国劳动模范谢翠凤与选手武红珍在连环画柜台进行了交流，气氛活跃。在此基础上，徐汇区店选派了王元芳、解福生、俞玉梅、赵秀珍、周丽珠等五位同志参加了在长江剧场举行的汇报，他们纷纷取得了好成绩。特别是解福生、俞玉梅分别获得了两个单项第一。俞玉梅同志是中心门市科技柜组长、区店工会主席，干练能干，平时团体单位购书结算有一套独特的操作方法（图书排列方式、算盘位置、搬动手法等），她能做到又快又准，复算结果时很少有差异。在她的领导和熏陶下，我熟悉了医药图书类目，在中医"望闻问切"法、内外科病理等知识方面能与读者有所交流沟通，相关的业务学习摘录资料我至今还收藏着。我先后编写了《文艺营业员业务学习一百题》《同书异名、异名同书资料》等材料。1990 年，市店教育科组织对区县店门市主任和业务员进行培训时，我主讲了"谈门市进货工作与多渠道"的相关内容。

业务技能基本功的现场会和市区大汇演，是新华书店历史上值得铭记的展示，优异的答卷给书店业务活动增添了浓墨重彩的一笔，也推动了全店熟悉书、了解书。为书找读者，为读者找书，一时蔚然成风。1985 年 12 月，由黄浦区店等五个区店参加的汇报表演赛获得了各方好评。《新民晚报》以《主考官接连出难题，售书人个个问不倒》为题进行了报道，上海电视台也报道了这次活动，盛赞参赛者对图书的熟悉程度、了解程度之深。"新华"红火熠熠，靓果永攀枝头！

# 长宁区店

天山路新华书店

# 纪事

1960年　长宁区新华书店由新华书店静安寺门市部和中山公园新华书店门市部合并而成，地址为愚园路 1360 号。

1963年5月　区店改名为中山公园新华书店，所属的静安寺门市部改名为静安寺新华书店。

1964年　静安寺新华书店实行经济独立核算。

1986年1月　原上海县新华书店所属北新泾门市部划归长宁区店。

1988年1月　凯旋路区店新址落成，区店迁至凯旋路 377 号 2 楼办公。

长宁新华书店、
上海医学书店

# 小长宁，大发展

◎ **沈琴娥**

　　长宁区规模比较小，以前都说我们是"小长宁"，就是因为长宁区的面积小、人口少。长宁区新华书店门店比较少，规模也小。当时面积最大的就是中山公园新华书店、天山路新华书店和华山路新华书店，简称"三山"（中山、天山、华山）。1981年，华山路新华书店划归静安区店领导，副经理肖雪梅随同调任。我是1982年从静安区店调入长宁区店的。华山路新华书店划出后，长宁区的销售更少了，经济上十分困难。

　　1997年之前，长宁区新华书店的门市部分布于中山公园、江苏路、凯旋路、新华路、天山路、仙霞路、北新泾等七处，比较分散，面积都比较小，长宁区店一年的销售额除了来自两季课本外，其余的一般图书销售主要靠中山公园、天山路两个门市部，当时的年销售额（课本和一般图书）仅有2300万元左右。

　　1984年，我担任副经理，薛天同志任党支部副书记，班子是全新的（无经理、支部书记）。我之前是政工干事，班子成员也都没做过管理工作，都很年轻，都想把销售额搞上去。于是我们搞了一个"三产"，售卖文化用品、贺年卡等，效益还不错。一点一点地，我们把书店效益搞了上去，从而度过了困难时期。

　　1996年年底薛天同志调离后，我任党支部书记、经理，鲁志敬、王成龙任副经理。

　　1991年11月21日，上海医学书店（愚园路918号，原江苏路新华书店）开业，上海市老市长汪道涵题写店招并到场祝贺。该店营业面积为 120 平方米，经营品种约 3500 种。1992 年 9 月 18 日，上海医学书店联合上海市卫生局、上海市书刊发行业协会和市店在上海市工人文化宫三楼举办首届全国医学图书展销活动，展出来自全国各地的医学图书、音像带等共 3000 个品种，接待个人读者 1 万余人次、团体单位 100 家，实现销售收入 37.5 万元。1994 年 4 月 8 日，第二届全国医学图书展在上海市工人文化宫举行，展出医学图书和医学音像制品 4000 多种，销售收入 32 万余元，副市长谢丽娟等领导也前来参观。

1997 年 4 月到 1998 年 3 月，中山公园门市部、上海医学书店、凯旋路团体发行部及管理部门的办公场地，因地铁 2 号线市政建设而面临拆迁。拆迁前的中山公园门市部包括仓库在内面积为 216 平方米，属使用权房；上海医学书店包括仓库在内面积为 300 平方米，属产权房；凯旋路团体发行部及管理部门场地面积为 1000 平方米（含地下室 500 平方米）。

动迁过程十分艰难，长宁区店动员了各方力量进行了一场前所未有的攻坚战。市委宣传部等六个部、委、局在 1996 年下发的《关于解决新华书店等主渠道书店网点问题的通知》（以下简称《通知》）中指出："新华书店等主渠道书店是社会主义精神文明建设的一个重要'窗口'，承担着为实现党的总任务、总目标及科教兴国、科技兴农、科技兴教等重要国策提供精神动力、智力支持的重要任务。图书发行是党的重要宣传阵地。各区县人民政府、各部门、各级领导都应关心和支持新华书店等主渠道书店网点的建设工作。在安排和布局商业街、商业网点时，应优先考虑新华书店等主渠道书店的网点安置，确保这些文化设施的长期存在。"《通知》还叙述了安置面积的标准、价格及财政贷款贴息等事项。这是一份非常及时、针对性较强且有着权威性的红头文件。但负责动迁的新长宁集团和上海中山建设实业发展总公司（以下简称"中山实业发展公司"）坚持市政动迁不同于商业动迁，必须按产权房每平方米4500元、使用权房每平方米3500元计算，一次性付给动迁费了结。拆迁办不承担安置责任，而长宁区店主张动迁要落实安置网点，双方谈判陷入僵局。

为此，长宁区店领导先后走访了区规划局、区建委、地铁指挥部等职能部门，请他们协调，却仍然没有结果。1997年，我当选长宁区第十二届人大代表（1997—2002），就在人代会上维护书店权益，提出《将书店门店的建设纳入城市建设规划》的议案，得到13位代表的联签。议案引起了长宁区政府的重视，并由冯宝兴副区长两次召集区政府拆迁职能部门协调，市店副经理蒋士唐和我参加了协调会议。通过力争，在区政府的支持下，人代会专题下达了第525号批复，确定了"拆一还一，扩大面积，增加面积以建筑成本价参建"的三项原则，并根据书店的要求把三处书店拆迁面积合并计算，在中山公园商圈中心建成一定规模的书店。区长的协调、人代会的批复为在西区繁华区域建成图书大楼起了决定性作用。由此中山实业发展公司放宽了谈判条件，安置和补贴情况基本上达到了我们的预期。

动迁安置网点的汇都大楼，位于繁华的中山公园商业圈内，交通便捷，如今地铁2号线、轻轨3号线、4号线及多条公交线路在此形成立体交通，使中山公园商业圈成为一个系统化的商业圈，涵盖龙之梦购物中心、来福士广场，拥有庞大的人流……当年这个商圈还没建起来，很冷清，安置在这里我还不太乐意，因为中山公园门市部所在地是当时的长宁区中心，区政府就在附近，客流量很大。针对我的抱怨，长宁区委书记兼区长姜樑说，未来长宁区的中心就在凯旋路。现在看来确实如此，原来的中山公园门市部所在地已经很冷清了。

网点有了着落，长宁区店便力争最佳的部位、最大的面积。经过商议，安置网点设在汇都大楼。当时，新长宁集团已经把最佳的层面1—2楼给了银行，书店只能在3—6楼。长宁区店认为书店安置在3—6层是不适宜的，商议又陷入僵局。为此，长宁区店再次向区政府汇报，姜樑同志对此极为重视，表示一定要妥善安置新华书店的回迁。最后，书店被安置在了1—4楼。这个楼一共有7层，剩下的3层新长宁集团也希望我们买下……如果把整栋楼买下来，到现在应该价值上亿元了吧。

在计算面积时，原凯旋路团体发行部地下室的500平方米要拆半计算，后经力争改为按实计算，增加面积900平方米左右的成本价，每平方米5000元作为参建，最终的面积由原来的1516平方米扩建至2462平方米。

层数、面积争取到了，接下来的任务是筹集600万元资金。长宁区店动员全店扩大销售、开源节流，同时向市店报告、向区财政局申请财政补贴，走访了市财政局，最后市店拨款60万元，区财政局两次从文化发展基金补贴120万元。市财政局以贷款贴息的方法给予支持，从而解决了长宁区店资金短缺的困难。

2000年，在汇都大楼尚未通过竣工验收时，长宁区店即对所属楼层进行全面装修，成为整幢大楼最先落成开业的店面。开业前夕，我邀请了姜樑书记，他说，饭店什么的开业请他去，他都不去，新华书店开业，他一定要去。2000年11月8日，长宁新华书店开业（面积2463平方米），当时店内有5万品种图书，规模仅次于上海书城，长宁区店成为上海西区面积最大的书店，从而改变了市区西部缺乏大型书店的局面，长宁区委、区人大、区政府、区政协四套班子的主要领导出席了开业仪式，对新华书店的工作给予了高度肯定。姜樑同志在开业仪式上对长宁区新华书店在精神文明建设中所起到的积极作用进行了高度评价，称新华书店提早为该地区的繁荣起了带头作用。上海市新闻出版局党委书记钟修身充分肯定了我们对事业的执着，市店总经理哈儿如等领导出席了开业仪式。

在此过程中，员工都能配合我们的工作。动迁前一周，我进行了动员，要求员工用三天时间打包，清空场地准备交房。整整三天，所有员工都来帮忙盘点、打包，从早干到晚，圆满地完成了任务，让中山实业发展公司的领导也惊讶不已。

拆迁给长宁区店带来巨大的压力和困难，妥善安置好拆迁门店的员工是第一件大事。三个门店拆迁造成长宁区店图书销售的流失和 50% 的员工需要重新安置。三个门店的 35 名员工中（中山公园门市部 16 人、上海医学书店 8 人、凯旋路团体发行部门 11 人），除了 8 名待岗外，还有 27 名员工需要安置，于是我们开始四处寻找门店，先后在淞虹路某号、九洲商厦、天天文化用品商店、美天菜场、人民路某号和两个超市中开设书店。部分员工选择了停薪留职，由单位帮他们交养老金。我们还组织了流动供应队伍，赴单位、企业、公园做流动供应，很辛苦，员工配合度也很高。动迁后，长宁区店的图书销售额以每年 10% 的比例增长。

更为欣喜的是我们获得了市教委 500 万元图书的销售订单。长宁区店获悉市教委从 1999 年开始每年投放 500 万元扶贫基金为上海中小学的图书馆配置图书后，即向教委叙述长宁区店的困境，请求教委把这笔订单交给长宁区店承办。教委担心长宁区店人力、货源、场地不足，无法担当这项重任，况且还需要进行招标，因此迟迟未作决定。长宁区店经多次联系后提出先做一年试试。书店的诚意、执着及负责的精神，终于使市教委同意由我们进行实洋 500 万元码洋改为 800 万元的销售任务，这实在是前所未有的喜讯。

长宁区店为完成上述任务，在全店范围进行了动员，指定专人负责，由各部门抽调精兵强将共同实施。从进、配到送货，按时、按质圆满完成任务，从而得到市教委的信任和肯定，为当时完成销售任务起到了重要作用。该图书经费项目一直延续至今，现由普陀长宁店继续每年为上海中小学的图书馆配置图书。

在员工福利方面，长宁区店为员工买了养老金补充保险等多种保险，给予他们一些保障。虽然临时安置网点的效益不好，书店还是给员工发放奖金，使他们的生活没有因为动迁受到影响。整个动迁过程中没有一位员工因不满意而吵闹。我们还利用"三产"的收益，让每位员工轮流去市总工会所属的疗养机构进行休养。

我刚主持工作的时候，长宁区店固定资产只有 105 万元，我退休时，固定资产已达 1063 万元，长宁区店还在市中心拿下了 2462 平方米的产权房，办理了正式的房产手续，没有留下一点点后遗症，为企业的发展奠定了坚实的基础。

2006 年 1 月 26 日，长宁路新华书店经改扩建后并入上海书城，改名上海书城长宁店继续营业。

# 难忘"三山"

◎ 路文彩

    上海新华书店各区县店和专业书店中，有个被人们习惯称作"三山"的书店。市店召开区县店会议时，市店领导点名时也会问"三山"来了没有。其实，"三山"不是一个书店的名称，而是由静安区的华山路新华书店、长宁区的中山公园新华书店和天山路新华书店这三个书店组成。人们习惯并称其为"三山"书店，可能是因为这三个书店中每个书店名称里都有一个"山"字吧。

    我于1975年5月初到长宁区店工作，1976年7月左右调往上海书店。我在"三山"工作虽然只有一年多一点，但"三山"的许多感人的人和事都使我久久不能忘怀。

## 艰苦奋斗的中山人

    中山公园新华书店，位于愚园路与长宁路交叉口，距中山公园正门仅百十米。店堂有一百多平方米，店堂地面高于店外人行道及路面七十多公分，店堂内有一个突出店面六十多公分的下水管道口。每逢下雨，店内总是湿淋淋的，一旦下大雨，店内就有小积水。店堂内突出的下水管道口经常冒出难闻的臭气。1975年夏天的一场特大暴雨中，书店门口路面有了积水，店堂内已是汪洋一片。积水与店外人行道齐肩，水深80公分以上，店堂内原突出的下水管道口也没在水中，不时翻滚出污物。面对此情此景，早上上班的同志都傻了眼。我立即电告市店领导、区委和区环卫所，在解决了眼前的困难之后，一致结论是，只有填高店堂地面才能彻底解决问题。但根据当时的政策，书店门市维修资金最高额是三千元，而这三千元只够买水泥、黄沙及小石子，填高店堂尚需六十立方米的三合土却没钱买，店堂施工工程队也没钱请，在长宁区店办公会上，大家都犯了愁，这时中山公园新华书店的负责人提出了一个大胆的建议：三千元钱买水泥黄沙小石子，我们门市部同志负责到外面去捡用来填高店堂的六十立方米三合土，施工的技术工人请长宁区店解决，搅拌水泥黄沙石子和运送的体力劳动由我们门市部的同志干。党支部立即支持了他们的建议，随后号召长宁区店行政人员、发行组人员，以及天山华山的门市部的人员积极支援。前后五天，六十多立方米的三合土解决了，店堂填高了。接着发行组请来了施工的技术工人，在老师傅的指导下，在店门外将水泥小石子搅拌成混凝土，随后大家用面盆端，用铅桶拎，用垫好油布的箩筐抬，搅拌泥土的同志双手磨出了血泡，抬土的同志压肿了肩，但没有一个人叫苦叫累，三十多立方米的混凝土泥浆在没有运输工具的情况下，硬是用手端、肩抬，由店外运到了店内。特别是中山公园新华书店的周群钗、陈凤珍、王一平等同志穿着雨鞋，用双脚踩踏店堂刚刚倒上去的泥土，泥浆弄得满身都是。请来指导施工的老师傅和我们一起劳动了一天，也被书店同志忘我的劳动精神所感动，他们说：没想到书店的知识分子也这么能吃苦。

繁重的劳动从早上七点持续到晚上七点，大家都累得坐在地上一动也不想动，看到填高的店堂被铺得平平整整时，脸上都露出了兴奋的笑容。

## 坚守岗位的华山人

华山路新华书店地处静安区的中心区域，是三个门市部中图书销售量最大的书店。1975年，由于正在协商划归静安区店事宜，华山路新华书店人员编制冻结。每天下午放学时和星期天，读者流量大，门市部人手显得格外紧张，所以在华山路新华书店工作的同志平时非常辛苦，像老同志余柏静，党支部委员肖雪梅，柜组长徐霞华、顾文娟、陈侠森等经常放弃中午休息顶班在柜台上，还有不少同志生病了依然坚持工作。长宁区店领导陶传蔚同志更是经常到华山路新华书店连环画柜台顶班，被大家称作及时雨和救火车。1975年夏，中山公园新华书店正在进行店堂维修，华山路新华书店也抽出了不少人去支援，因此店内人员显得更加紧张。正在这时，华山路新华书店发生了一件令人难忘的事，门市部负责人方文伟同志在柜台顶班时，突感腹部疼痛，满头大汗，但他一声不吭，坚守在岗位上，直到昏倒在柜台内。待被送到医院后，才知患了急性盲肠炎，而且已经穿孔，经手术后才转危为安。人们都为他这种精神所感动。

## 勤奋好学的天山青年

天山路新华书店是个小门市，全店只有七八个营业员，但七二届小青年就有三名，他们是邢菊芬、唐良平和姜镰泽。就是这三个小青年在门市部老同志的帮助下，在业务上认真好学，在工作上积极进取，经常很早就到店自觉学习业务知识、认真打扫卫生、积极整理书架，自然而然形成了一个学习团体，深得老同志的好评。他们的行动很快在青年中引起了强烈反响，团支部也及时推广了他们的好学精神。正是由于不懈努力，三个小青年很快就成了门市部的学习骨干和业务工作的中坚力量，姜镰泽后来被调到新开张的江苏路门市部担任负责人，在他的努力下，上海医学书店（原江苏路门市部）成为全市专业书店中甚有名气的书店。

## 开拓进取的"三山"人

"三山"人，在危机中开拓，在危机中奋发前进。1975年年底至1976年年初，领导两次找我谈话，要把地处静安区的华山路新华书店划归静安区。华山路新华书店是三个书店中营业员最多、骨干力量最强、图书销售额最大的书店，如果划归静安区店，将引起巨大的震动。当时长宁区店的意见是：一、服从市店安排，创造条件，在适当时间将华山路新华书店平稳划归静安区店；二、向长宁区委、区政府打报告，说明情况，请区委、区政府给予支持，增设新华书店；三、发动发行组的同志收集各方信息，寻找新网点。

苍天不负有心人，发行组的老同志侯正通、任治华、徐衍庆、张长夫等均从不同渠道得到愚园路江苏路的工商银行要搬迁的消息，长宁区店立即打报告给区委和区政府，设想在愚园路江苏路开设新的书店，请求领导支持。随后我又几次向区委领导及有关部门提出申请。1976年的二三月份，申请事宜有了眉目，区委及区有关部门表示会认真考虑书店的要求。1976年7月，我被调往上海书店工作。不久就听说长宁区把这个门面批给了书店，即后来开设的上海医学书店。我虽然没有参加上海医学书店的筹建和开业，但我被"三山"同志们为增设新加网点所作出的努力和体现的奋斗精神，特别是发行组的任治华和侯正通等老同志坚忍不拔的毅力所感动。

时代在发展，昔日的"三山"已不复存在，但"三山"的故事犹在，曾为"三山"工作过的许多同志的事迹是平凡的，但其奋斗的精神、开拓进取的精神、当家作主的主人翁精神是不平凡的。让我们用此处简单的白纸黑字记住"三山"，难忘"三山"。

南京西路新华书店

# 纪事

1953 年 5 月 5 日　静安寺门市部（南京西路 1533 号）开业。

1954 年 9 月　新成门市部（南京西路 771 号）开业。

1956 年 8 月　康定路门市部（康定路 615 号）开业。

1959 年 10 月 1 日　少年儿童书店（南京西路 770 号）开业。

1960 年 1 月　上海行政区划调整，江宁、新成区合并新设静安区，静安区店顺利组建。

1965 年　南京西路新华书店先后在上海展览中心大厅和西厅设立书亭（1979 年 2 月结束）。

1981 年 1 月　华山路门市部划归静安区店。

1985 年　"三产"南华视听教育综合经营部（愚园路 231 号，2000 年 8 月结束）开业。

1987 年 4 月 24 日　上海生活书屋（山海关路 470 号）开业。

1990 年 5 月 21 日　华山路新华书店（华山路 42 号）经过五年重建开业，陈列图书近万种，营业面积为 1400 平方米。

1991 年 4 月 29 日　艺术书店迁至华山路新华书店二楼重新营业。

1992 年 1 月 11 日　南京西路新华书店装修后开业。

1994 年 2 月　静安区店与上海马哥孛罗面包有限公司在华山路新华书店（华山路 42 号底层）合作经营面包房，期限为十一年，营业面积为 30 平方米。

**1996 年 2 月 8 日** 华山路新华书店开设计算机图书总汇，营业面积为 100 平方米，备有各类计算机图书 3000 余种（1997 年 8 月结束）。

**1997 年 3 月** 海防路新华书店开业。建筑面积为 397 平方米，系全市唯一持有房屋产权证的社区书店。

**1999 年 5 月 11 日** 静安区店承租常德路军事书店，约定三年租期，年租金为 15 万元。5 月 28 日，军事书店开业（2002 年 5 月歇业）。

少年儿童书店

# 回忆计划经济时期的书店

◎ 高若仪

　　我于 1976 年进入静安区新华书店工作。当时，静安区店党支部书记、经理李新媛及副经理麦静瑜负责具体管理工作，副经理汪正伟分管业务，副经理黄政敏分管财务、行政，分工明确、主次分明。

　　李书记对每位员工的生活、学习、思想的情况都了如指掌。凡碰到问题及时沟通，由此保持了员工思想稳定，激发了上进心和工作热情，训练了抵制诱惑的能力，培养员工成为堂堂正正、有乐观精神的工作人员。

　　同时，静安区店也抓企业的宣传工作，静安区店的南京西路新华书店处于中心地段，拥有八开间门面的大橱窗，还有两位资深美工（沈敏杰、徐墨）。每当市店有中心宣传任务下达，都会在大橱窗进行展示，并于店堂陈列布置，从而形成了南京西路上一道特殊的风景线！

　　很长一段时间内，我都在南京西路新华书店负责文教柜组，文教柜组分四个子目，包括外语、语言文字、数理化、文化体育，每个子目都有专责营业员管理。当时正兴起学习高潮，很多读者经常来书店请求帮助查阅地图，或帮助查阅某诗篇的作者姓名、生平等，我们都热情帮助，因为有求必应，所以读者感到很方便，我们也为此感到很欣慰。

　　当时也有经济指标的考核，如销售、流转、库存、品种、盘亏数等项目，虽然奖金少，但对管理工作而言也是一种制约，我们经常利用业余时间进行盘点，也没有加班费，但大家一般都不计较，因为书店工作真是一项很有意义的工作。

1985年，钱永林同志任静安区店法人代表（实行经理负责制），直到1997年退休，其在任职十二年间取得了优异的成绩，获得了社会效益和经济效益双丰收。

钱经理到静安区店任职时，正逢改革开放转型期，他带领同事们一起为静安区店工作作出了大贡献。

首先，静安区店实行经理负责制，落实了销售、利润每年递增的指标要求，随着体制的变化，重组静安区店领导班子（黄世钧任支部书记，肖雪梅、黄政敏任副经理），使成员和骨干队伍层层落实。

其次，对静安区店各门市部进行更新换貌，对南京西路、华山路、海防路等门市部及少年儿童书店均进行了装修，实行了全面开架售书、电脑收款，并安装了自动扶梯。门市部在装修后面貌焕然一新，明亮、宽敞、整齐，图书品种丰富、数量充足，各门市部改变了原来闭架格局，扩大了销售面积，同时规范了服务。

再次，开展了一系列签名售书活动，通过读者与作者的近距离接触，扩大了图书的宣传力度，加深了读者对图书的了解，有利于作者、读者、出版社、书店等进一步了解社会动态，更确切了解出书的方向。1995年至1996年间，签名售书种类达55种，深受广大读者的欢迎。

接着，受到签名售书的启发，继续发展专业书店，在原来艺术书店、少年儿童书店的基础上增办了上海全国期刊总汇、上海计算机总汇、人物传记书苑、生活书屋等。

此外，在市店经理室领导的支持下，改进了进货方式，与出版社建立了特约经销关系，参加各类新书发布会、看样订货会、畅销书联展等活动。

同时，根据安置市政建设规范，在五年内搬迁六次，在困境中出奇迹，千方百计筹措资金进行房屋改造装修。

另外，尊重人才，重视员工的职称评定，注重技术培训，合理使用人才，调动所有员工的积极性，通过压担子培养年轻干部（顾恒怡）。

最后，通过三产联营企业的发展（马哥孛罗面包房）以副养主，使员工受益，起到"借船出海"之作用。

# 上海海防路新华书店房屋产权证的由来

◎ 钱永林

　　1997 年 4 月 20 日，《读者导报》刊出以《找机遇借东风，设网点送春风》为题的文章："上海新华书店静安区店最近结合市政建设工程的发展，积极拓展居民密集住宅区的书店网点，新近在静安区的东北角海防路江宁路附近开设了一家综合性多功能的书店，面积达 300 多平方米……"。

　　文章中说的就是开办至今的海防路新华书店（海防路 338 弄 1 号），一家基层新华书店中少有的持有房屋产权的门店。

　　因此，有必要重提生活书屋之渊源。

　　静安区政府在 20 世纪 90 年代中期下达了在 1996 年内完成 39 万平方米危、棚、简屋集中地块改造的任务，静安区店所属生活书屋（山海关路 470 号）租赁的公房就在拆除之列，建筑面积共计 137.54 平方米，该地块属老泰德里弄（武定街道），实施改造任务的是静安区上海达康置业公司。其间，开发商多次与静安区店领导班子接触和联系，静安区店在明确得知店铺参建面积不能"拆一还一"后，认为应从长远看，即使多出些钱也要抓住这一机遇，促进书店发展。经友好协商，双方终于在 1996 年 1 月 18 日达成协议。该协议主要内容有：（一）书店积极配合拆迁，同意安置到海防路铜棒厂改建基地之中，并同意对方提供临时过渡用房后书店在一周内搬离，过渡期为二年。（二）对方提供海防路铜棒厂基地为沿街营业用房，安置面积为使用面积 85 平方米，交付期为协议签订后二年。（三）经双方协商，对书店要求另外参建的面积作了具体协定：（1）在沿街铺面营业用房无偿安置 85 平方米（使用面积），超出部分按每平方米建筑面积 7000 元计价，对方保证同意使用面积达到 130 平方米；（2）半地下室以使用方便、垂直切割为原则，每平方米建筑面积参建价格为 6000 元。双方还在协议中对有关付款方式、期限、支付书店搬迁费、搬迁损失和违约款项作了相应规定。

静安区店和上海达康置业公司又在 1996 年 12 月 6 日签订了动迁安置（含书店参建）海防路用房的未尽事宜补充协议。主要内容有：上海达康置业公司同意将动迁安置（含书店参建）的海防路营业用房（含地下室、铺面）之产权全部归属静安区新华书店所有。其中，针对原动迁安置和无偿安置 85 平方米使用面积，上海达康置业公司免收产权购置费。对于书店参建部分的铺面超面积（59.67 平方米建筑面积）及地下室（约 200 平方米建筑平方米）二项，共计支付 1959990 元整。此外，约定了水、电、煤气、电话等设施配（接）装等有关手续配套事宜。上述两份协议书在双方领导见证下由上海达康置业公司法人代表施和乐、上海新华书店静安区店法人代表钱永林代表各自单位签章生效。

后来，在历任马一勤、黄世钧、黄正敏、肖雪梅、申萍、杨根荣等同志努力下不断进行实施操作，1999 年 4 月 7 日，时任静安区店法人代表申萍终于将海防路新华书店房屋产权证拿到手。房屋产证号为沪房地静字（2006）第 005683 号，房地坐落于海防路 338 弄 1 号 102 室（另有门牌：陕西北路 1028—1032 号），建筑面积为铺面 181.36 平方米、半地下室 215.62 平方米，合计 396.98 平方米。此举赋予基层书店网点建设新内涵，实现了资产增值，回应了新华人的殷切期待。当年这个地方还没有陕西北路，只是海防路上的一条弄堂，即便该楼造好，也只是弄堂房子，多亏了静安区店同志们工作细致、决策前瞻，才使此处增添了一家广受好评的书店。

海防路新华书店地属江宁路街道，紧靠普陀区长寿街道，是中小学校集中的地段，附近有静安区教育学院附属学校、上海江宁中学、上海市第一中学、上海市培进中学、万安中学、静安区第二中心小学等。书店当时定位以销售文化教育图书为主体，涵盖中小学课本、学生参考读物，同时供应其他各类图书、文教用具、工艺礼品等，设立团体单位图书征订供应部，实行一条龙组合服务。另外，书店利用地下室作为营业场所，开展特价书供应。

1997年3月开业后，书店的黄云沼主任兼管团体单位供应和课本预订发行，余信忠副主任兼管门市零售发行。此外，书店人员还有梁杰、刘秀红、莫文彬（兼大中专教材征订发行）、李金福（兼医务单位等团体发行）、李国良、唐玥明（专职中小学课本教材征订发行）等。1997年一般图书零售额达200万元。

# 难忘的静安区店十四个月

◎ 马一勤

　　1997 年春节后，地铁 2 号线静安寺站和南京西路站施工，周边部分道路或封闭或实行单行道，行人骤减，严重影响了静安区店的图书销售。关键时刻老经理钱永林退休了。1997 年 2 月 17 日，市店总经理张金福、党委书记沈烈到静安区店宣布由我任经理，因此我也算是临危受命。不久，我作为代表参加了区政府召开的南京西路沿街单位座谈会，会中各单位纷纷反映生意难做、经营亏损，我也因而更感压力重重。主持会议的副区长要我代表市属单位表表态，我只好硬着头皮说：用积极态度配合区政府克服困难、做好工作。会后，《上海商报》约我写了《市属书店也要注重社区商业文化定位》一文。区财政局根据区政府领导意见主动上门协调，将静安区店的利润指标调整为 50 万元，区里对此相当满意。为了不辜负市店和区政府领导的期望，全店上下团结一致、振奋精神，千方百计扩大销售，主要采取了以下措施。

　　第一，调整门市布局，压缩各门市小栈房，打通华山路门市部三楼会议室，增加营业面积 70 平方米。新增更新书架 496 只，POS 机 4 只，电脑 1 台。同时抓好规范服务达标活动，在改善购书环境同时提高服务质量。3 月 28 日，海防路门市部成立。5 月 8 日，国家新闻出版总署命名静安区店为上海继南东书店后的国家级常备书目定点销售店，由此提高了区店形象。

　　第二，加强业务管理，改革奖金分配，调动各部门积极性，鼓励员工千方百计扩大销售。

第三，开展形式多样的营销活动。先后配合市区二级政府的重要活动组织上门供应、会场设摊，街头展销；深入单位、学校、社区开展流动供应；组织作者签名售书等，共计26次，取得很好效果，吸引了大量读者上门购书。《解放日报》《新民晚报》及静安区有线台对静安区店作了大量宣传报道。

第四，关心员工生活。先后解决6位员工住房问题，开展桥牌赛、乒乓赛，组织员工外出旅游等，丰富员工生活，认真做好凝聚力工程，使全店上下一心、共渡难关。

经过大家的努力，静安区店全年完成销售额3322万元，与上年（1996年）基本持平，实现利润50.01万元，完成预定指标。此外，书店还清了海防路门市部的200万元贷款。以上业绩得到了区政府的表扬，区委书记陈振鸿亲自到静安区店看望员工。经区商委推荐上报，静安区店被评为1997年上海市商业系统优质服务先进集体。区财政局还主动会同市出版局、市店核定增加了人均300元的工资总额。静安区店所有门市部都通过了局、市文明办的考核，如期达标，并光荣地代表全行业在市评估会上作示范，得到了市委宣传部部长金炳华的称赞。

1998年1月—4月，我们再接再厉，继续大力开展各种营销活动28次。其中我印象最深的有两次。1998年春节，我们在华山路门市部举办"以书代压岁钱，书店赠送礼包"活动，在读者中引起很大反响，吸引了很多读者上门。在出版社的大力支持下，我们准备了1000只布老虎，装在小礼包中。虎年送虎，小礼包受到了读者的欢迎。年初一上午活动开始不久，市新闻出版局党委书记郭开荣在市店哈九如总经理陪同下来到现场，电台也闻讯赶来采访报道。有趣的是，我们门口有长长的读者队伍排队进店拿礼包买图书，马路对面也是长长的队伍排队进静安寺烧香拜佛。郭书记感慨称这是两道不同的文化风景线，并鼓励我们做好工作、坚守阵地。4月18日—5月10日，南京西路门市部二楼举办了上海人民出版社全品种图书展销活动。以往图书展销活动都是出版社提出的，这次是我们主动提出，因而引起了上海人民出版社领导的重视。社长陈昕、副社长郁椿德亲临现场了解情况。我们提出了"全品种"概念，让"躺"在出版社仓库里的图书尽量与读者见面。陈社长对此非常肯定，要求出版社有关部门在货源及宣传上给予支持。我们也把展销活动延伸到华山路门市部，进一步扩大影响、吸引读者。此次活动真正体现了社店一家、社店互动。

4月29日，市店党委书记沈烈前来静安区店宣布调我到新组建的市店企业管理部工作。由此，我结束了十四个月的静安区店工作。根据我离任时的审计报告可知，1998年1月—3月的图书销售额为1022.55万元，同比增长10.21%，实现利润19万元，同比增长10%，占全年利润指标的34.5%。

十四个月，在静安区店的历史上是短暂的。但是十四个月里全店员工的攻坚克难的精神是令人难忘的，这十四个月的过往也是静安区店发展史上一段值得记忆的经历。

曹杨路新华书店

# 纪

# 事

1952年　上海分店在普陀区委的支持下，在长寿路291号筹建第六门市部。

1953年1月　长寿路门市部（长寿路291号）开业。

1953年5月5日　曹家渡支店（长寿路291号，后为普陀区店科技门市部）开业。

1953年12月　曹杨新村门市部开业。

1954年7月　曹家渡门市部（长宁路19号）开业。

1961年　武宁路门市部（武宁路98号）开业，三开间门面，总面积为121平方米，营业面积为60平方米。

1964年5月　上海市人民委员会授予长寿路新华书店"1963年五好集体"称号。

1966年　宜川新村门市部（宜川路24号）开业，单开间门面，面积为20平方米。后于1977年迁至宜川路79号，三开间门面，总面积为79.06平方米，营业面积为29.23平方米。

1978年1月　枣阳路50号建起了占地400平方米、建筑面积为600平方米的三层楼房。曹杨新村门市部由兰溪路迁至此地。

1978年　普陀区店对全区中小学图书馆采用了以"学校图书购买证"购书（通称"白卡"）的方式。学校图书馆的购书经费由区教育局每年分两次划入区店，学校则凭卡购书。

1982 年 9 月　普陀区店应黑龙江省大庆市文化局邀请，赴大庆油田进行图书展销活动，销售和预订图书 10 余万元。

1984 年 11 月 22 日　嘉定县店真如门市部（兰溪路 215 号）划归普陀区店，三开间门面，总面积为 93.6 平方米，营业面积为 72 平方米。

1986 年 1 月 1 日　法学书局开业（长寿路 137 号），三开间门面，营业面积为 53 平方米，经营品种约有 1700 种。实行全开架售书，附设上海市第四律师事务所法律咨询室（1989 年 11 月撤离）。

1994 年 10 月 20 日　武宁路门市部经过装修改为"新华书店

1982 年，长寿路新华书店

沪西展销厅"开业。全部实行开架售书,营业面积比原来扩大1.5倍,图书品种为8000余种,比原来增加2.5倍。

**1997年9月5日** 法学书局(面积为100平方米)在新会路282号重新开业。

**1999年12月10日** 普陀区最大的图书零售店——曹杨门市部(枣阳路107号,面积为1162平方米)开业。该店分布在两个楼面,备有各类图书、音像制品及文教用品2万多种。

**2000年4月18日** 新宜川门市部(宜川路210号)开业。原宜川路79号由东方音像经营。

**2000年5月8日** 保健书店(长寿路360号,面积为207平方米)开业。因受长寿路拓宽工程及住宅群改建后人气难聚的影响,于12月11日迁入枣阳路曹杨门市部成为店中店。

**2000年12月28日** 兰溪店(民营翰林店)开业,系一家民营加盟的书店。

**2006年4月** 新华书店曹杨店并入上海书城,更名为上海书城曹杨店。

# 传承始于心　服务始于行

◎ 薛　天

　　1981 年 2 月—2005 年 2 月，我在上海新华书店工作了二十五个年头，不仅在此间度过了人生中最美好的一段时光，还见证和亲历了新华书店的发展过程。

　　回顾我对新华书店的情感及在此处的工作历程，还得从少年时代的一次购书经历说起。我 11 岁那年，是个娱乐和书籍相对匮乏的年代，我要买一本歌曲单行本，须得像觅宝一样到处寻觅，好不容易才在一家新华书店买到了心仪的歌本。记得当时接待我的是一位中年女营业员，她那和善可亲的服务态度，让我感受到无比亲热和贴心，从那以后，"新华书店"就深深地印刻在我的脑海里。

　　人的一生总会遇到各种各样的人和事，好人好事总会让人感念良久。因为对新华书店印象深刻并抱有好感，从学生时代起，我就非常渴望读书，为了满足我的求知欲望，我祖父从就职的学校图书室借来了一大摞书籍，犹如久旱逢甘霖，我如饥似渴地开始阅读。阅读不仅提升了我对文学作品的认知度，更激发了我的读书激情。如果说我与新华书店结缘，是因为幼时购买歌曲单行本，那么，当我踏上社会后，在农场工作及在部队军营生活的日子里，虽然经济条件并不宽裕，但我总会节省下部分生活费，去当地新华书店购买书籍。图书成了我生活中必不可少的良师益友。

　　1981 年 1 月，我退伍回沪后被分配到新华书店工作。对书几近痴迷的我，当得知自己能成为书店的员工时，真是喜不自禁。无巧不成书的是，我居然被分配到了当年买歌本的那个新华书店——中山公园门市部。在营业员岗位上，我以那位中年女营业员（当时年少懵懂，没有记住她的模样，因此遗憾至今）为榜样，工作上兢兢业业、认真负责，接待读者时礼貌热情，久而久之，自己的业务能力和服务水平在工作实践中得到了相应提高。

在新华书店党组织的培养教育下，我从一线营业员岗位走上了区店管理者岗位，于1985年2月起担任长宁区店党支部副书记。1996年12月，我被调往普陀区店担任党支部副书记兼副经理。我在实践中学习，在学习中实践，积极配合李梓樵同志（书记、经理）做好区店各项工作。当时的普陀区店下设枣阳路、武宁路、真如镇、宜川路、长寿路、曹家渡、华池路等综合门市部和法学书店，普陀区店图书年销售总额达3200万元（因长寿路门店市政动迁，区财政同意当年利润为零）。

1997年7月，我接任普陀区店党支部书记兼经理职务，肩上的担子重了，责任也更大了。尤其在竞争激烈的图书市场，"窗口"行业的服务质量，直接影响着读者的忠诚度和满意度，影响着书店的形象和声誉。我在实践中不断探索，并注重研究普陀区店实际情况，把上级要求同本单位实际结合起来，制定目标措施、明确方法步骤、做好决策工作，为发展和繁荣图书发行事业作出了应有的贡献。

在普陀区店任职的4年间，我依靠班子成员余金娣（副经理）、杨根荣（副经理）和工会主席郑海毅的个人智慧，实行责任到人、分工合作机制，发挥他们各自能力，以企业文化建设为切入点，着重加强营业员队伍素质教育和服务意识教育。此外，我通过优化和调整经营、奖励机制，合理利用各种资源提高员工的主人翁意识，着重做了以下三方面工作。

首先，从修订经营指标、销售奖励制度入手，使销售指标与年终考核指标挂钩、人均销售额与劳动生产力挂钩，通过"多劳多得"的激励机制，尤其是在年度大会上对先进个人进行奖励和表彰，来引导和规范员工的行为。通过努力，员工年收入实现翻番。

其次，以《普陀通讯》为宣传载体，开展思想政治工作，倡导健康向上的企业精神，加深领导与员工之间的联系，以发挥潜移默化的思想教育和"上通下达"的舆论导向作用。由此，让员工看到企业切实在为他们的利益着想，从而增加了企业归属感，提高了凝聚力，为区店发展创造了良好的内部环境。

再则，在区店范围内开展"尹氏杯"销售服务劳动竞赛，以先进典型感召全体员工，提高员工爱岗敬业意识。为了提高工作积极性和效率，书店要求员工在日常工作中贯彻"物质文明靠劳动，精神文明靠活动"的理念，两手都要抓，两手都要硬，并让员工真正理解与企业"一荣俱荣、一损俱损"的道理。

我们以"一套机制、一张简报、一位典型、一批先进"带动全体员工积极参与文明共建活动。优质服务是书店获得社会和经济收益的硬核竞争力；爱岗敬业是一种奉献精神，是一个人在工作岗位上赖以生存和发展的基本保障，也是社会存在和发展的需要。我们经常利用培训学习机会，要求员工"干一行、爱一行、一步一个脚印地做好本员工作"。尹鹏同志平时少言寡语，被同事称为"老实人"，但他在为读者服务的工作中却是名副其实的热心人。他爱店如家、甘于奉献，只要门市部需要，他都能尽职尽责地完成，如修理损坏的桌椅、擦拭橱窗玻璃、美化店堂环境……他为了更好地满足读者需求，自费印制购书电话卡（名片），自费配备了 BP 机、手机和打印机，开设了咨询导购、网上服务、社区代理、购书代办、送书上门等服务项目，利用业余时间义务为读者送去缕缕书香。他在平凡的岗位上做出了不平凡的业绩，成为许多员工的榜样，在新华发行集团倡导的"窗口"规范服务活动中，起到了示范作用。

以"辛苦我一人，方便给读者"为服务宗旨的"尹鹏购书热线"开通后，集团旗下所有书店掀起了学尹鹏先进事迹的热潮，在创建"为书找读者，为读者找书"服务品牌的实践中，营业员用自己的一言一行、一举一动换来了读者的满意，为书店赢得了良好的声誉。自1998年始，尹鹏同志先后被评为上海市劳动模范、全国先进工作者；"尹鹏购书热线"被评为上海市商业职业明星服务品牌。在尹鹏的影响下，新华书店涌现出以谈卫华为代表的一批"小尹鹏"先进个人和规范服务先进集体，为书店创建"文明单位"奠定了坚实基础。

我们班子在抓好员工队伍建设的同时，还从"改善门市形象，强化品牌意识，扩大经营网点，提高经济效益"上下功夫。因市政建设、道路拓宽，长寿路门市部被拆迁，再加上其他几个门店也年久失修，区店销售受到了很大影响。为此，普陀区店利用有限的动迁补偿及原有的资金积累，整合资源、创新思路，把区店所有购书环境较差的门店进行了修缮和升级改造，实现了立竿见影的销售增长势头。

其中，曹杨路门市部"拆一还一、以旧换新"的置换项目，是普陀区店与房产开发公司共同商量后取得的共识，普陀区店以最小的代价换来效益最大化，置换后的枣阳门店成为普陀区店中心门市。在集团旗下上海书香广告策划公司的鼎力相助下，普陀区店坚持"一切为读者着想"的理念，致力于营造舒适的阅读、选书环境，在店堂内增添了绿色盆栽、读者休息阅读区，配备医药箱、老花镜，并提供缺书代办等个性化服务。购书环境的改善，不仅提高了员工爱岗敬业的意识，激发了他们为读者精心服务的主观能动性，还使普陀区店的品牌形象得到极大提升。当年普陀区店完成销售额 500 万元，同比增长 400%。

为了拓展网点，填补长寿路商圈文化业态，普陀区店在长寿路门市部原址上回购了 200 平方米的新门面，并迎合了当时社会上骤然升温的保健养生热，开设了以保健养生图书为主、综合类图书为辅的"保健书店"。由于长寿路拓建后，商业网点尚未成片、动迁常住人口尚未回流，保健书店的经营迟迟未见起色。根据这一实际情况，普陀区店及时进行业务梳理和结构调整，确保了保健书店止亏保本经营。

普陀区店还从"做大市场、增强竞争、扩大阵地"出发，利用社会资源，接纳民营资本开办翰林书店加盟。为了规避风险，普陀区店指定专人负责，运用图书业务主渠道管理模式，强化在职人员的业务培训、把控全局、利益共享、互惠互利，确保新华书店翰林店成为普陀区店销售增长的生力军。

我们围绕"开源节流、保本经营、扩展销售"之原则，建立了普陀区店教材中心，开办尹鹏速递公司，拓展社区网点及多种经营联销，2000 年，普陀区店销售总额达 4300 万元，实现利润 60 万元。2001 年 6 月，我被调往上海音乐图书公司、新华音像公司任职。

服务是企业的软实力，看不见、摸不到却能真切地感受到，无形的服务能转化为企业的有形价值。枣阳门店被列为上海书城枣阳店后，继续承载和发挥着党的宣传阵地作用。出于对书籍的爱、对书店的执着情怀，我退休以后去过几次，每次都感觉特别亲切，虽然营业员中熟识的脸庞已不多，我却仍能从营业员的服务中，看到半个世纪前那位中年女店员的身影和服务水准，看到"尹鹏服务精神"的延续和传承。

我为自己曾是"新华人"而自豪，如果让我再次择业，新华书店仍然是我的第一选择！

# 新华书店普陀区店涌现了尹鹏、王彩妹等先进人物

◎ 余金娣

　　新华书店普陀区店创建于 1952 年，至今已有 70 余年历史。从一块红布、两只方桌开始建店，到最多时拥有十三个门店，普陀区店走出了一条从无到有、由小到大的艰苦创业道路，覆盖了全区九个街道（镇），做到了每个街道、每个镇都有新华书店，使新华书店成为人民群众日常生活中的重要组成部分及获取知识的主要渠道。

　　70 余年来，普陀新华人勇于探索、锐意进取，无论在企业管理、经营管理，还是在精神文明建设方面都取得了显著成效。普陀新华人是一个勇于创新的集体、一个团结战斗的集体。历年来我们共获得全国荣誉称号 7 个，上海市先进 38 个，上海市宣传系统先进 4 个，上海新闻出版系统先进 73 个，普陀区先进 30 个，上海新华书店先进 41 个。特别是 1996 年以来，上海图书销售行业的规范服务达标活动中涌现了许多先进人物。

　　1985 年，全国掀起"普及法律常识教育"的热潮，国家要求用五年时间对全国公民进行普法教育。普陀区店积极响应，因势利导筹建了全国第一家法律专业书店——法学书局，并派专人赴京请全国人民代表大会法律委员会副主任委员、中国法学会名誉会长张友渔教授题写"法学书局"店名，并访问相关出版社，1986 年元旦，长寿路 137 号以全开架售书形式开业，内设邮购部办理法学专业书籍全国邮购业务，并专辟法律咨询室，邀请上海市法学会和上海市第四律师

事务所资深律师坐堂接待咨询。开业之日，上海市法学会会长徐盼秋（任法学书局常年法律顾问）陪同美国加州大学教授阿瑟·罗伯特及夫人成露茜教授前来祝贺并题词留念。

法学书局坚持开架售书，千方百计为读者服务，走出门店到全市各专业学校、政法部门开展对口专业书展活动。法学书局的员工为上海市普及法律知识、增强公民法律意识及为专业人士服务作出了贡献，曾连续七次被评为"上海新闻出版局先进集体"，三次被评为上海市先进集体。后来，因市政动迁，法学书局于1997年9月迁至新会路，后于2007年4月迁至长寿路360号。

营业员尹鹏同志从事图书发行工作42年，在营业员岗位上始终坚持给读者方便、使读者满意。他从上海市劳模徐虎的"报修箱"和"辛苦我一人，方便千万家"的精神中得到启示，自费设计"尹鹏购书热线"卡片，并分发给读者尤其是需要帮助的老弱读者，热线卡上印着24小时开通的BP机号，它的特点是实现了方便读者和迅即服务一条龙。热线不受营业时间的限制，不受工作场地的约束，只要BP机一响，他即回电，做好读者的求购记录并及时回复。"购书热线"开通后尹鹏几乎没有休息日，经常下班后、双休日、节假日还骑着助动车为读者找书、送书。他的足迹遍及全市，并用邮寄的方式把书送往外地……

"尹鹏购书热线"开通多年来也在与时俱进。购书热线卡已转变为营销形式的折叠爱心卡，服务品种从单纯的图书拓展到办公用品、体育用品、打印机、电脑耗材等。为了更好地为读者服务，尹鹏把BP机升级为手机，开通短信服务，自费购置了传真机、扫描仪，开设电子信箱、QQ网址，并自学网页制作技术，通过互联网推荐图书，使热线的科技含量有了进一步提升，使热线服务更上一层楼。服务形式从读者求购升级为现场服务，尹鹏还会主动发短信询问读者需求。他还自费订阅《上海新书报》等五份业务报纸，从中了解出版信息，及时编印购书指南，寄给相关企事业单位，为读者提供全方位、多品种的无店铺销售服务，受到了读者的欢迎和赞扬。有些单位还把全年的购书计划和办公用品采购都委托给他。"尹鹏热线"不仅为企业带来了经济效益，还为企业带来了更好的社会效益。

尹鹏经常向需要帮助的人献爱心，十几年来坚持在"六一"儿童节前夕前往上海市儿童医院，向患白血病的小孩赠书。他还坚持多年为一名盲人小孩送去辅导读物、学习用品、台灯、电子英语词典等，并帮助他上少年城免费辅导班。

尹鹏的真情服务在社会上引起热烈反响，深受读者欢迎，读者先后为其送上十八面锦旗。1997 年，尹鹏被评为上海市劳动模范，后于 2000 年被评为全国先进工作者。

1978 年，普陀区店与区教育局协商对全区中小学图书馆采用以"学校图书购买证"（通称"白卡"）购书的方式，学校图书馆的购书经费由区教育局每年分两次划入区店，学校凭卡在全区新华书店各个门店自由选购。这样做的优点是购卡手续简便，使学校购书经费得到保证不能移作他用，并使学校购书有了计划、书店订货有了依据，最大限度地满足学校需要。

为了做好此项工作，普陀区店决定在武宁路门市部每年春秋两季为学校开展两次展销活动。接到任务后，武宁路门市部全力以赴发动全店人员做好展销的各项工作，每次展销前都积极到各出版社、批销中心组织货源，并参加各类订货会，平时关心各类订单，做好图书的备货工作。在集中展销的五天中，员工都放弃休息，做好接待、宣传、介绍、结算、打包及送书上门等各项工作，得到各中小学校老师的好评。武宁路门市部平时对比较大的学校都会做好图书保留工作，以便满足学校需求，圆满地完成普陀区店的任务。

1982年9月，普陀区店应大庆文化局邀请，赴大庆举办图书展销活动。当时普陀区店委派李梓樵、赵建平、袁坚钢、屠卫强四人组织货源，涵盖社会科学、文学艺术、科学技术及生活用书，书到后连夜打包、托运，带去大庆的整整400多包书最终全部售完。展销期间，大庆市党政领导向我们工作的同志表达问候和谢意。大庆9月的天气已经非常寒冷，前去的同志都克服了极寒天气带来的困难，完成了20余万册图书的销售任务。这次展销活动深受石油工人欢迎，建立了书店和大庆工人的深厚友谊，并保持了长期供应的发行网点。

20世纪80年代末90年代初，普陀区店试点工资改革，与普陀区财政局、上海市新闻出版局签订经济效益与工资总额挂钩的浮动承包合同，实行销售和工资总额联销计酬的办法，也就是说销售与本人奖金挂钩，多劳多得。在长寿路门市部试行联销计酬分配方式后，门店营业员的工作积极性得到了最大化的提高。由于执行销售与奖金挂钩计奖到个人，员工中原在门市空闲时相互聊天的，吃饭不到半小时不出来调班的，中午休息时间准时去回的皆发生了变化，上班聊天的没了，吃饭的员工十分钟就出来与别人调班，有的员工干脆放弃中午休息，员工服务态度也比以前热情了，还积极为读者介绍图书。营业员之间谈的都是销售，售缺的图书也能得到及时添补，图书销售情况都能被及时反映给门店负责人。由于销售与奖金挂钩，门店的工作氛围、员工的精神面貌大大提升，班组人员更加团结、更有凝聚力。同时，长寿路门店试行联销计酬的分配方式，更显现了把经济杠杆引入分配机制的优越性，进一步落实了社会主义按劳分配的原则。试点成功后该分配方式在整个普陀区店的门店中全面推广，同时得到了全市各区基层门店的好评，市店也组织各区部门前来学习参观。

新华书店是中国驰名商标。随着时代的进步，新华书店也会更充实、更有生机。

闸北区店

宝山路新华书店

# 纪

# 事

1951 年 7 月　北站门市部（车站大厅内，后迁至车站广场）
开业。

1956 年 4 月　宝山路门市部开业。

1959 年 10 月　彭浦新村门市部开业。

1969 年 7 月 1 日　共和新路门市部开业。

1987 年 6 月 8 日　彭浦新村第二门市部租赁给职工个人经营，
店名为"闻喜书店"。

1992 年 9 月 16 日　上海交通书店开业。营业面积为 90 平方
米，经营品种约为 2000 种。

1993 年 8 月　共和新路新华书店、上海交通书店因成都路高架
道路建设工程需要而歇业。

1994 年 12 月 28 日　新客站新华书店开业。

共和新路新华书店

# 几经变迁的共和新路新华书店

◎ 虞忠伟

上海新华书店闸北区店共和新路门市部于 1969 年开业，服务闸北区团体、个人读者近半个世纪，终因城市建设经几度变迁后戛然而止。

20 世纪 70 年代中期，我和四位应届毕业生分配到上海新华书店闸北区店工作，报到的第一天，闸北区店领导就带我们参观门店，并现场介绍书店的情况，从这一刻起我的一辈子就与共和新路门市部结下了不解之缘。当时的门市部主任（那时叫班长）是冷玉美老师，员工们都叫她冷老师，发行组长陈志华更是亲切地叫她冷大姐，后来我们才知道冷老师夫妇俩是来自山东解放区的南下干部。

那时的共和新路门市部，店堂营业面积为五开间约 150 平方米，在 20 世纪 70 年代也算比较气派的了，店堂整洁明亮，分图片、社科、文艺、文教、少儿、科技（自然科学）柜，后于 1976 年推出图书专柜，由闸北区店团支部书记金丽华负责出租业务。门市部在冷老师的管理下井井有条，员工团结友爱，图书陈列有章法，销售额在闸北区店范围内名列前茅。

20 世纪 80 年代末期，闸北区店开始大兴"三产"，于是 1988 年至 1993 年，共和新路门市部在靠左边划出一开间用于开设区店"三产"，主要经营音像制品、游戏卡、文具、贺卡、小礼品等。

右边四开间经营图书，1999 年，我从宝山路门市部副主任岗位调任共和新路门市部主任，当时靠右边又划出一开间销售闸北区店库存特价书，由我管辖中间三开间 90 平方米门市部，设少儿、文艺社科、文教实用科技三个柜台共 9 个员工，图书品种有 1000 余种，年销售额为近 30 万元。

20 世纪 90 年代初，图书市场逐渐回暖，各区店纷纷向专业化特色化角度迈进。1993 年，闸北区店搬迁"三产"门市和业务、收发部门，扩大左边店堂营业面积以经营图书，将右边三开间装修后成立"上海交通书店"，此后市内和各地的读者络绎不绝，可惜因 1995 年年底成都路高架建设，为服从市政建设的大局而无奈谢幕，由此，共和新路门市部完全消失了。

已存活 26 年的共和新路门市部的消失，是闸北区店上下全体人员的痛，再建一个共和新路门市部也是新华人的企盼。2002 年年初，闸北区店积极拓展图书网点，将共和新路 710 弄 1 号一楼原发行组和二楼区店办公室搬迁后，经专业评估设计加固后，改建为门店，也称共和新路门市部，新共和新路门市部上下共有营业面积 200 平方米。我于 2003 年从高境庙门市部主任岗位调任共和新路门市部主任。新的门市部底楼销售音像制品、文具、文史哲图书，二楼全部销售文教书，品种近 2000 种，年销售码洋不到 100 万元，正式员工有 4 人，外聘员工 6 人。尽管新共和新路门市部及周边环境与从前大相径庭，也随时面临动迁，但我们全体同事识大体、顾大局，还是每时每刻把应做的工作做好，服务读者的工作从不打折扣，尽管店堂和书架略显陈旧，我们还是打扫得干干净净，图书陈列丰富、品种齐全，图书登记缺书代办业务也始终做到规范服务。最难熬的要算春秋二季的教辅书订货，由于动迁组时不时来通知下半年结束，到下半年了又说明年上半年结束，导致我们即使拿到图书订单也只好少订或不订，只能不间断地去市店批销中心大堂拿现货，但现货在学汛期间是十拿九不足的。此外，门市部员工按销售额提取奖金，我们的收入在无形中受到了很大影响，为此，主任和组长不提取自身奖金系数而选择与员工平均。2005 年，为配合闸北区绿化工程，共和新路门市部再度动迁。我们曾经伴随闸北区新华书店走过了近 30 年，有过辉煌有过风雨历程，但闸北新华人做到了守土有责，至今仍对书店怀有深深的眷恋。

# 昙花一现的交通书店

◎ 滕代东

不知现在还有几人记得"上海交通书店"。

20 世纪 90 年代初期，上海各区新华书店正大力发展专业书店，吸引了大批专业人员前来消费，取得较好的社会、经济效益。闸北区在专业书店方面却还是一片空白，当时社会上正兴起学车热，且共和新路、中兴路地处火车站附近，开设一交通专业书店应大有可为。闸北区店派专人赴京辗转找到人民交通出版社（社长卢明国曾于 20 世纪 50 年代在原吴淞区店工作），经过协商，谈妥合作后，"上海交通书店"在 1992 年正式挂牌营业。

由于准备充分、品种繁多，小到汽车驾驶修理大到运输管理，包括火车、船舶等内容也多有涉猎，书店由此受到了读者的欢迎，同时接受团体单位培训教材的发行等工作。

可好景不长，1993 年共和新路拓宽，六车道的南北高架开建，共和新路门市部包括上海交通书店都在拆迁范围内，无奈，刚开设了一年多的"上海交通书店"如昙花一现，刚见辉煌就凋谢了。

说到闸北新华书店的辉煌，不得不提及团体单位发行组。这个团队的三个姑娘为所属辖区单位图书馆提供了热情、周到的服务，获得了服务对象的一致夸赞和好评，被评为"上海市新长征突击队"。还有徐芳元老发行员，他随身的挎包里总有一沓卡片或纸条，上面记载了各单位或个人所需要的书籍，走到对应的书店他就会细细查找。就这样，"要找书，找老徐"的话语在徐芳元同志所分管的发行单位中流传。

改革开放初期的 20 世纪 80 年代，为搞活经济，闸北区店开展了列车代销服务，驻火车站门店送书进站，通过车站服务机构将图书、杂志等品种送上列车代销，既满足了旅客的需求，又大大提高了经济效益，还赚取了不少外汇。当年闸北区店通过正常报批，利用赚取的外汇购买了一辆进口的小型尼桑皮卡车。

改革开放初期，各类进口小家电刚出现在老百姓生活中，那时，拎着一台四喇叭录音机招摇过市，还挺招人眼球的。顺应时代的发展，闸北新华书店适时开展了磁带销售业务，在宝山路、虬江路口开设了磁带门市部。

为了搞好磁带销售工作，闸北区店专门与中国唱片厂等本地和外地的上线理顺了业务关系，保证了新品发行的时效性，那时的宝山路磁带门市部里外都是人，有坐在办公室里谈业务的，有从外面进来批发磁带的，门市柜台前也挤满了顾客。当时闸北区店的磁带批发和零售业务在书店系统中还是名列前茅的。

# 崇高的责任 光荣的使命

◎ 陈志华

1947 年 10 月，我刚满 15 岁，经亲友介绍，来到上海一家小型出版发行兼文教用品销售的私营书店，三年训练期满，升了正式店员。

1955 年，国家对私营出版发行业进行社会主义整顿和改造。1956 年 3 月至 4 月间，组织决定将我调往新华书店工作，并言明，待闸北区新华书店成立，我们这些报到的新同志将到新成立的书店去工作。在闸北区新华书店成立之前，我被临时安排在虹口区新华书店发行组，一方面认真学习新华书店工作中的规章制度，另一方面跟老同志外出深入实际，领悟发行工作的责任心和光荣感。经过近两个月的工作实践，我确实受益不少，初步认识到图书发行的重要性，以及作为书店的工作人员应遵守的纪律和相关制度，特别是毛泽东同志为新华书店题的字，更使我感到书店工作的光荣和发行任务的重要。

1956 年 5 月 1 日，闸北区新华书店宣布成立，我和其他同志来到闸北，我被分配在北站（即原火车站）大厅门市部（原属虹口区店）当营业员。为适应北站进出客流特点，门市部不停业，日夜 24 小时轮流当班。时隔不久，我被调入发行组，先后承担闸北区机关、工厂、医卫、学校、部队、铁路和彭浦工业区等系统的发行工作，主要任务是新书征订、缺书代办、送书上门，不论量大数小，都让读者和单位任意选购。同时，开展流动供应，不论路远路近还是载重量大小，全靠自行车装载，有时一辆车要装四大纸箱，纸箱内塞得满满实实，因为车重，自行车前龙头常常翘起来。我们一般都是两人去设摊，中午用餐时可以轮换在食堂为工人、干部服务。当时，闸北区店的经济效益和社会效益都很不错。20 世纪 70 年代后期，周恩来号机车通车，我们就随车流动服务。东方红新客轮下水，我们受邀提供随船设摊服务。闸北彭浦工业区是"大跃进"时期的产物，闸北区店不仅在彭浦工业区开设了小型门市部正常营业，还使门市部营业与对外发行有机结合，因而受到新型工业区的好评。说实话，那时一天工作下来，实打实干，体力消耗是相当大的。特别是每逢一年中春秋两季小学课本的配发工作，大家都十分辛苦，但一想到我们崇高的责任和光荣的使命，就觉得心中充满动力和劲道，强烈的事业心就会不断激励着自己。周边单位的反馈也非常好，尤其是地处闸北区的上海铁路局及其下属分局和站段。我负责铁路局系统图书发行工作已有 20 余年，在此期间，书店联系面之广、发行量之大、服务之周到、感情之深入，都令人难以忘怀。由于奉行竭诚为单位和读者服务的理念，加之书源品种丰富、供应及时，闸北区店吸引着外地单位和读者来上海采购。

我记得当时全国有 20 个大的铁路局，其中有 12 个局或分局、站段经常与我保持联系和沟通，特别是宣传部、组织部还有运输处理的技术部门，以及工会、团组织等，他们重点需要的是政治读物和党团基本教材之类的图书，还有图书馆需要备书时，都是通过上海铁路局介绍才找到了我，这对我来说，是莫大的信任和鼓舞，也是新华书店的性质和任务给我启发教育的结果。不论他们需要的量有多大，不管他们办公室在几层楼，也不管严寒酷暑，我都凭自己的体力，一背三四捆，为他们把书送到办公室。我记得有一次南昌铁路局急需医学方面的护士教材，他们在南昌买不到，就特地派人来上海采购，有的品种本店也无货，采购人员心急如焚。考虑到对方单位急需，我就千方百计为他们找书，终于在上海科技书店找到了所需图书。当时读者已准备上火车回南昌，离开车时间很近了，我调好书后，飞也似地返回火车站把书送上车给读者。当读者见到他急需的书时，激动万分，连声道谢。我也觉得为读者做了一件应该做的事情，心情十分舒畅。就这样，我在闸北区店工作到 1978 年 6 月，计 22 个春秋，后因工作调动离开了闸北区店。

四川北路新华书店

# 纪

# 事

1950年3月　提篮桥门市部（东大名路1101号，后迁至1160号）开业。

1952年5月2日　四川北路门市部（四川北路856号）开业。

1958年　虹口区店接收原上海图书发行公司设在区内的读者书店、群众书店，山阴路门市部（四川北路2056号，原为读者书店）与长治路门市部（长治路1043号，原为长治书店）开业。

1959年　新华书店将原群众书店、少儿文教门市部置换四川北路852号、854号，与原有的门市部一起改建为三开间门市部。

1978年7月1日　提篮桥新华书店并入虹口区店。

1981年4月　提篮桥门市部移交沪江书店（合作书亭更名）经营。

1982年3月　广中路门市部（广灵一路24号）开业。

1984年9月15日　上海工具书店开业（四川北路856号改建而成）。营业面积为72平方米，经营品种约1400种。专业经营百科全书、年鉴、字典、词典、类书、政书、手册、书目、索引、文摘、表谱、图录等各类工具图书。

1985年9月　江湾门市部并入虹口区店。

1986年8月29日　上海企业家书店（四川北路847号）开业，该店由原虹口区店发行组改建而成，营业面积为近70平方米，经营品种约 2500 种。

1990 年 10 月　曲阳新村门市部开业（曲阳路 574 号）。

1992 年 7 月　"三产" 虹新书刊文具经营部（东长治路 1043 号，2000 年年底歇业）开业。

1998 年 8 月 17 日　虹口区店海军基地书亭歇业。

2000 年 8 月　凉城路门市部（凉城路 593 号，系江湾门市部动迁置换）开业。

2000 年 9 月 15 日　四川北路新华书店装修后开业。一至三楼全部对外营业，营业面积由原来的 200 多平方米扩大至 700 多平方米。

2000 年 12 月　奎照路门市部开业（奎照路 669 号，系凉城路 424 号门市部迁入，于 2010 年歇业）。

上海工具书店

# 在新华书店的日子里

◎ 余嘉禾

　　我是六八届高中生，于 1969 年去江西井冈山地区插队，1978
年回城，1979 年顶替父亲进入虹口区新华书店（我父亲是书店老会
计）。当时四川北路新华书店的一楼三间为门市部，北边靠昆山花园
路是图书馆供应部，二楼是办公室、图书仓库，三楼为办公室、活动
室，还有一乒乓桌……记得当时的书店是一座木结构建筑，充满了历
史感。我进店后的一些过往，至今历历在目。

　　书店有一个地下室，是当时响应深挖洞的号召时，员工们土法
上马挖出来的。地下室面积约为 20 多平方米，高 2 米多。据一位于
1973 年被分配到书店工作的同志回忆，那时防空洞已挖好，靠昆山
花园路这边是图书馆供应部，里面还有一口井，老同志大热天时会在
井里浸泡西瓜。图书馆供应部旁边是文艺小说、连环画、图片年画
柜台，中间是社科文教柜台，最里面一间是科技医药柜台。防空洞
是连通的，科技柜下有一扇门可以进入，一直通到文艺柜底下的一扇
门。那时门市部没有空调，大热天全靠吊扇降温，于是众人在老师傅
的带领下用石灰粉刷防空洞，利用防空洞冬暖夏凉的特点，在里面安
装了大电扇，把冷气打上来，并且在防空洞里放了两张钢丝床供员工
午休。

　　防空洞虽冬暖夏凉，但较为潮湿，不能用作库房，因而用场并
不大。

　　进店后不久，我担任了虹口区店年轻员工文化提高班教员，每晚

在会议室上课，教学语文数学，经过一个月的学习，十多名学员都考核优良，大家都很高兴。

夏天，我们每逢星期天就会开着书店的 2 吨厢式货车到近郊去采购西瓜，老员工出马，挑选一块瓜地买下，再自己摘下来装车运回，每人一摊，大小瓜混搭，有二三十斤之多，也算解了夏馋夏暑。

由于管道老化，经常堵塞，老员工俞金城同志会在上班前、下班后及时处理，造福了全店。

书店的废纸很多，往往来不及处理，我们便自力更生用土法制作了压纸机，把纸压制成一个个一立方米大小的纸包，从而解决了废纸堆放之忧。

1981 年左右，书店第一次进行了较大的翻造，店堂都安装了空调，二楼也改造成团体单位供应部、课本组。在改善购物环境方面，四川北路门市部算是比较领先的。

1984 年，上海工具书店开业，在这个成立比较早的专业书店中，排队购《辞海》成为美谈。马路对面原是图书发行部，于 1986 年改为上海企业家书店后开业。四川北路门市部的图书馆供应迁到塘沽路门市部，后改为课本发行组、课本门市部。

随着国内图书市场的逐步开放，世界名著等图书渐渐复出，读者们渴望知识的热情被点燃，社会上由此出现了踊跃购书的大潮，新华书店也成了香饽饽，书店门前排起了久违的长长队伍，同时四川北路商业街渐成气候。当时流行语有"看看逛逛南京路，买卖请到四川路"。中档实惠的四川北路繁荣了起来，人流涌动，就连书店边上的昆山花园路也乘势建起了小型商品街，人流密集，书店成为商业街上最热门的区域之一，许多人羡慕书店工作，想着法子调到书店来，上海人民广播电台《市民与社会》节目曾邀请我们虹口新华书店班子

（我、申萍、张兰芬、黄来娣）到北京东路 2 号演播室作了一次直播采访，名曰"四川北路商业街上的一道风景线"，我们分别介绍了书店的各项工作。末了，电台节目主持人左安龙尖锐发问，新华书店员工收入情况如何。我回答，是四川北路商业街上的中上水平……已经够了，我们员工安心、开心、努力工作着，为读者服务好，才取得了经济、社会效益的双丰收。每每回忆起这一段过往，我都颇感自豪，因为我们为新华书店争了光。

四川北路新华书店第二次大改造大约发生于 2000 年，此次改造进一步改善了店面和店内环境，突出了本书店的厚重历史感，墙面上至今还保留着"商务印书馆虹口分馆"九个大字，书店内专题陈列了陈云同志年轻时曾经在此工作时的各种照片、故事等。

岁月流逝，光彩不减，尽管商潮滚滚，仍有书香飘溢，给商业街带来阵阵书香。

还记得四川北路商业街上举办过商业街员工早晨运动会，五里长街上，各店员工精神抖擞，广播操、拔河、跳绳、踢毽子、太极八段，活动丰富多彩，展现出一派生气勃勃的景象。

我们还开展各种业务活动，包括熟悉图书、英语会话、珠算、包扎等各种操作的比赛，并派专人到部队开设军舰图书室……

岁月流淌，如今的新华书店旧貌换新颜；放眼未来，我依然充满欣喜，新华书店，书香如歌。

# 上海工具书店开张期间的一段佳话

◎ 刁彭年

　　1984 年，四川北路新华书店加层、扩建完工，改名为上海工具书店开业。其时，离"文革"结束虽已多年，但广大读者的文化饥渴还未得到彻底解决，特别是像工具类图书，由于其编撰出版周期长，供需关系还相当紧张。从当时的出版计划来看，大批工具书出版的潮头即将到来。

　　1984 年 9 月 15 日，上海工具书店开张，一炮而响。是日，苏步青、谭其骧、杜宣等一批社会名人应邀光临祝贺，各大报纸电台也都前来采访、报道，店堂内外人山人海、盛况空前。《辞海》（缩印本）、《现代汉语词典》《新英汉辞典》等七八种紧俏书，吸引读者在门口排起了长队。此后，我们采取定时投放的办法来控制局面，排长队的情况依然延续了半年之久，还招来不少"黄牛"。记得最长的一次队伍长达两三百米，直达昆山花园路门口。有一位家住闵行的读者，在得知书店供应《辞海》的消息后，特地远途赶来，早晨七时多就到了门口排队等候。

　　一次，《新民晚报》记者朱伟伦现场采访时，了解到一位女青年读者购买的《辞海》（缩印本）将作为结婚嫁妆，认为这个事例有新闻价值，体现了社会新风尚，值得发扬提倡（当时结婚还盛行所谓"36 只脚"，即为结婚购置的一套家具共 36 只脚）。由朱伟伦同志建议，上海工具书店推出了一项崭新的服务项目——"新婚夫妇（含待婚）凭结婚证可优先供应《辞海》（缩印本）"。当天，我们在店堂张贴公告，《新民晚报》则在报道现场采访的同时，发布此项消息。之后，《新民晚报》还从不同侧面发表了系列报道（包括追踪报道等）。在此后三四个月的时间内，约有四五十对新婚夫妇凭结婚证登记买到了《辞海》。受到《新民晚报》系列报道的影响，市妇联曾专门派员前来了解情况。《光明日报》上海记者站，以及《劳动报》《青年报》也前来采访报道（兼及工具书店开张的内容）。这段往事真可称得上是上海图书发行史上的一段佳话。

据当时统计，在上海工具书店开张期间，各报、电台发布的消息报道有十余篇。市店经理张泽民曾说，上海工具书店开张的宣传工作是做足了文章的。

后来，听说原华东局宣传部部长、全国书法家协会主席舒同正在上海，我们就托人联系求其墨宝，舒老欣然同意为书店题写店招。一天下午，我们来到舒老所住宾馆。会面时，我们了解到舒老原在华东局时曾领导过上海新华书店的工作，也曾为我们作过报告。而今蒙准题写店招，我们感受到了老领导的关爱情意。当场，舒老欣然提笔、一挥而就，舒体店招为上海工具书店提升了品位。

# 杨浦区店

鞍山路新华书店

# 纪事

1953 年 1 月　长阳路门市部（长阳路 1239 号）开业。

1956 年 5 月　通北路门市部开业。

1959 年 10 月　双阳路门市部开业。

1967 年 3 月　黄兴路门市部开业。

1967 年 10 月　复兴岛门市部开业。

1974 年 5 月　平凉路科技门市部开业。

1977 年 1 月　鞍山路门市部开业。

1977 年 8 月　敦化路门市部开业。

1981 年 10 月 21 日　四平路门市部开业。

1990 年 9 月 8 日　上海体育书店在五角场开业，营业面积为 80 平方米，经营品种约 820 种。

1992 年 9 月 17 日　上海建筑书店开业。营业面积为 80 平方米，拥有建筑类专业图书 1500 多种。

1996 年 5 月 23 日　五角场新华书店原址扩建开业。

1997 年 4 月 28 日　杨浦区店自筹资金 1000 多万元对平凉路新华书店进行改建后竣工营业。新店扩建为三层，每层为 300 平方米，总面积为 1000 平方米。

1998 年 11 月 20 日　杨浦区店依靠自身力量，投资 1700 万元建立鞍山路门市部，营业面积为 2000 平方米。

2002 年 8 月 18 日　溧阳新华书店开业，营业面积达 2626 平方米，总投资近 2000 万元。

2003 年 7 月 18 日　中原路门市部开业。建筑面积为 600 平方米，经营图书品种约 1 万种。

2006 年 6 月　新华书店鞍山店并入上海书城，更名为上海书城鞍山店。

2006 年 9 月 28 日　延吉中路新华书店开业。

2006 年 12 月 23 日　上海书城五角场店开业，坐落于五角场万达商业广场内，陈列品种超过 30 万种。

四平路新华书店

# 发展才是硬道理

◎ 周永福

## （一）

我于 2000 年 1 月份调到杨浦区新华书店工作，并在杨浦区店王高潮经理的领导下，参与了五角场新华书店的动拆迁工作。五角场新华书店的情景深深地印在了我的记忆之中。

五角场新华书店是杨浦区店于 1996 年在原门市部的旧址上，自筹资金重新建造的六层综合大楼，它紧邻当时杨浦区地标性商业大楼"朝阳百货"的北侧，坐西朝东，拥有独立产权，建筑面积为 1554 平方米。新大楼一楼主要经营文艺类图书、音像制品及文化用品；二楼经营文教类图书，内设由中国体育界的老前辈、国家体委原副主任荣高棠先生题写的店招"体育书店"；三楼经营科技类图书和大中专教材；四楼是门市部栈房；五楼是区店业务科、总务科、美工办公室和乒乓球活动室；六楼为杨浦区店经理室、办公室、财务科及会议室。

五角场新华书店大楼也是杨浦区图书发行地标性建筑，年销售码洋为 1500 万元以上，为满足人们日益增长的精神文明需求发挥了重要作用。

2003 年 8 月，书店因五角场地区商业改造而动迁，并于当年 9 月 24 日凌晨 5:32 实施了定向爆破。从此，五角场新华书店大楼便消失在人们的视野中。

杨浦区政府曾经制定了五角场地区商业改造的实施方案，杨浦区店在区政府及五角场开发办的大力支持下，也进行了建造 10000 平方米的新华书店五角场书城大楼的规划，区政府的改造方案得到了市规划局的审批同意，后因市政府引进大连万达集团的整体改造项目而终止。后杨浦区店与五角场开发办、大连万达集团反复磋商，最终于 2003 年 8 月 8 日与大连万达集团签署了租赁合同，在五角场万达广场中心位置的商业楼里，租赁单层 10073 平方米的经营场地，店名暂定为：新华书店五角场书城。双方约定合同期十年，自正式交房之日起租，当时整个万达广场的建筑结构均已封顶，杨浦区店也开始了新网点的规划设计等前期准备工作。

2006 年年初，新华发行连锁有限公司在重组调整发行网点时，将该网点划归"上海书城"管理，上海书城五角场店于 2006 年年底开始试营业，五角场地区的图书发行事业也得到了延续和发展。

## （二）

平凉路新华书店是杨浦区店于 1996 年自筹资金在原门市部旧址重新翻建的大楼，建筑面积约为 1000 平方米，上下三层皆拥有独立产权。

平凉路新华书店的翻建实属不易。施工场地极为狭小，门前有平凉路的人行道红线，身后是平凉二中校园的围墙，东侧又紧邻居民住宅。但是，杨浦区店克服了重重困难，经多方协调，在区政府及有关部门的大力支持下，翻建的大楼终于顺利落成。

平凉路新华书店所在地是 1958 年杨浦区新华书店的发源地，拥有砖木结构、简易的木制楼梯。旧址陪伴着杨浦新华人度过了三十八个春夏秋冬，虽然经过多次扩建和改建，但还是难与市容相匹配，直到 1996 年重新翻建，新大楼重新成为平凉路上一道亮丽的风景线。

平凉路新华书店一楼和二楼主要经营一般图书和文化用品，三楼是杨浦区店中小学课本发行部和门市部栈房。

平凉路新华书店地处杨浦区的南半面，东邻上海市第三百货商店、杨浦酒家；南有沪东工人文化宫，人们习惯称之为"东宫"；西有平凉二中、沪东状元楼、八埭头商区、上海卷烟厂（许昌路）、正广和汽水厂；北有国毛二厂、纺二医院等；紧邻黄浦江的杨树浦路上，有杨树浦自来水厂、国棉九厂、国棉十七厂、杨浦煤气厂、杨浦发电厂、上海制皂厂等众多大中型工矿企业，周边还有许多学校、幼儿园等。因此，该地段是当年杨浦区最为繁华的商业中心，这也成就了杨浦区新华书店的课本发行部、图书馆供应部、图书发行部曾经的辉煌历史。

2005 年年底，因杨浦区进行商业改造，平凉路新华书店被鹏欣国际家纺中心纳入动拆迁范围。在杨浦区店的再三要求和坚持下，双方经过谈判，最终达成了"拆一还一、原拆原建、就地安置"的动拆迁协议，即在规划中的商业大楼内，沿平凉路一侧归还 1000 平方米产权独立的商业用房。2008 年，鹏欣国际家纺中心项目竣工，后于 2013 年易主为百联滨江购物中心。

在平凉路新华书店动拆迁前夕，许根夫、杨汝贤、孟金根、张品才等老杨浦们纷纷赶到门市部，在店堂里看一看、走一走，满怀着杨浦新华人的深深眷恋之情，期盼着平凉路新华书店旧貌换新颜、早日再相见……

2008 年 5 月，得知鹏欣国际家纺中心项目已经竣工，杨浦区店马上书面申请，要求重新开启平凉路新华书店。7 月，杨浦区店又对该门市部开业后的经济效益作了预测评估和分析，杨浦新华人期盼着平凉路新华书店早日归来。但是，由于该产权归新华发行集团所有，平凉路新华书店动迁置换的产权房后来被挂牌出售了。

2022年7月2日下午，我再次伫立在平凉路新华书店的旧址，眼望百联滨江购物中心的外景，心中难掩苦涩，却又翻腾起挥之不去的记忆……

## （三）

鞍山路新华书店是杨浦区店于1998年自筹资金购置的图书发行网点，上下三层皆拥有独立产权，建筑面积为3060平方米，坐落在杨浦区鞍山路20号，前身是杨浦区商委所属的洋普超市。

鞍山路新华书店一楼主要经营图书、音像制品和文化用品；二楼除了经营图书，还包括门市部办公室和栈房；三楼为杨浦区店临时库房。

鞍山路新华书店的装修设计风格别具一格、独具匠心。两米多高的"新华书店"店招格外醒目，门口的四根花岗岩大圆柱彰显了书店气派；店堂中央半旋转的楼梯和优美的吊顶装饰更显得书店幽雅华贵；近十万品种的图书、音像及文化用品组成的软装潢，明亮舒适的购书环境，都深受广大读者的好评。因此，该书店也成为杨浦区社区文化发展的又一地标性建筑。

2007年年初，鞍山路新华书店完成了老门店计算机配送系统上线的试点工作，图书商品的进、销、调、存全部纳入公司计算机管理系统。

2008年6月，上海新华传媒连锁有限公司进行网点规划调整，将鞍山路新华书店划入上海书城管理范畴，更名为上海书城鞍山店。

鞍山路新华书店在物品购置和书店装修的过程中，曾得到杨浦区政府及相关部门的支持和帮助（区商委、区税务局、区规划局、区公安消防等）。

鞍山路新华书店，是继五角场门市部、平凉路门市部两大网点后又一大中型社区发行网点，三者并称杨浦区新华书店网点发展的铁三角，基本实现了杨浦区图书发行的全覆盖，使杨浦区新华书店图书发行工作跃上了新台阶。

## （四）

上海建筑书店成立于 1992 年 4 月，店招由原国家建设部常务副部长叶如棠先生亲笔题写。其创办初衷是为上海城市建设及浦东大开发提供建筑技术资料图书及标准规范、国家标准图集和建筑专业类图书，并立足上海，辐射华东地区。

上海建筑书店初期坐落在四平路 930 号新华书店四平路门市部内，营业面积约为 70 平方米，仅占整个门市部营业面积的三分之一。1998 年门市部重新装修时，杨浦区店经理室决定将建筑书店经营面积扩大到 120 平方米，并缩小综合图书经营范围；2003 年，杨浦区店再次将建筑书店经营面积扩大到 190 平方米，调整后的建筑书店占门市部营业面积的三分之二左右，当年销售码洋为 600 多万元，实现了精神文明和经济效益的双丰收。

2004 年 5 月，因市政地铁 8 号线施工需要，上海建筑书店被纳入动拆迁范围，杨浦区店经理室与动拆迁单位反复沟通协商，要求"拆一还一、原拆原建、就地安置"，但终因拆迁范围内不再建造商业用房而未果。杨浦区店于 2004 年年底与上海新亚快餐食品有限公司达成租赁协议，租借其四平路 941 号的经营场地，租赁建筑面积约为 338 平方米，租赁期为五年，后又续租三年。2005 年 2 月 9 日

（正月初一），上海建筑书店就在马路对面的新址上重新开业，以最快的速度实现上海建筑书店的动拆迁转移。杨浦区店在新门市部的门面装修上基本复制了老门店的装修风格，店堂内的装饰更加突出上海建筑书店的特色，让广大读者充分感受到，虽然四平大楼拆除了，但是"上海建筑书店"依然存在。

2005年和2006年上半年，由于地铁10号线四平路站开展施工建设，马路开挖拓宽，门前水电管线重新铺设，严重影响了读者的进出通道，在店堂销售不利的情况下，上海建筑书店员工坚守岗位、克服困难，采取电话服务、送书上门和流动供应，充分满足和扩大对团购单位的服务，努力将门前地铁施工带来的损失降到最低。

2012年，因公司有关部门未能与改制后的上海新亚快餐食品有限公司达成再续租协议，四平路941号的续租合同期满后便告终止。

2012年年底，上海建筑书店整体迁入虹口区四平路95号上海溧阳路新华书店继续经营。2013年至2015年，上海新华书店建筑溧阳店连续三年突破1000万元销售大关。

上海建筑书店在公司改制前是杨浦区店所属的二级法人单位，由王高潮同志担任企业法人代表，李海平同志任常务副经理，朱伟忠同志为财务负责人。

上海建筑书店是沪上知名的建筑类专业书店，专业图书门类齐全，品种达3500多种。经过30多年的艰苦磨炼，书店打造了拥有60多家团购单位的营销网络。待客如宾、竭诚服务、流动供应、送书上门是他们的服务理念，也是他们不忘初心的结果。

上海建筑书店曾经创造了员工人均销售额近百万元的历史记录，缔造了新华书店专业书店发展史上屈指可数的成功案例。

（五）

溧阳路新华书店是杨浦区店于 2001 年年初自筹资金购置的又一中型社区书店营业网点，建筑面积为 2626 平方米，一楼约为 2000 平方米，二楼为 600 多平方米，坐落在虹口区四平路 95 号（靠近溧阳路）。它的前身是虹口区三角地副食品总公司所属的浙兴副食品商场。

溧阳路新华书店的购置过程并非一帆风顺。最初三角地总公司只同意出租该网点，经过反复协商谈判，双方最终达成了 1438 万元的售让协议（每平方米均价约为 5500 元）。但是，在双方正式签约后，虹口区政府有关部门却提出反对意见，并要求对方撤销购房合同。杨浦区店再三坚持、积极斡旋，并经过虹口区公证处的书面公证，一波三折之下最终完成了全部交易手续，半年后杨浦区店才取得该房屋的产权证明。所以，溧阳路新华书店网点来之不易。

溧阳路新华书店装修工程是由香港侨商设计公司设计的，书架及所有道具由广东东莞木器厂定制完成。仿柚木色的书架、五彩斑斓的少儿活动区、气度非凡的收银台、大面积深褐色的镂空吊顶、暖色调的节能吊灯，营造出优雅舒适的购物环境，引领了当年书店装修的新风尚，受到了业内同行的好评，也深得广大读者的称赞。

2002 年 8 月，溧阳路新华书店正式开张营业。

2004 年，因地铁 4 号线溧阳路站的建设需要，四平路路面拓宽升高，门前场地均被地铁指挥部动迁征用。书店销售业务受到一定的影响。

2005 年 6 月，溧阳店更名为教材书店，成为集团改制后的首家教材书店旗舰店。教材书店的开业仪式受到了多家新闻媒体的追踪报道。教材书店当年实现了 450 多万元的销售业绩。

2006 年年初，又因地铁 10 号线溧阳路站以及门前绿化带的施工建设，溧阳路新华书店沿四平路一侧被拆除了一半，约有 1300 平方米的建筑面积，动拆迁经济补偿为 3200 万元，停业搬迁等综合性补偿为 250 万元。后期房屋的恢复装修工作均由地铁指挥部基础公司无偿施工完成。

在动拆迁过程中，杨浦区店秉承一贯的作风，要求动拆迁单位"拆一还一、置换网点"，并得到了地铁指挥部基础公司的认同，经过反复沟通协商，最终动迁单位同意以房屋评估价为基准，双方共同寻找合适的经营网点，进行网点置换操作手续。杨浦区店计划在延吉地区和中原地区置换产权房营业网点，现在的延吉中路新华书店便是由 1335 万元溧阳路动迁款置换而来，中原路的网点置换问题因谈判尚未达成一致而一直未得解决，最后在新华发行集团的一再催促下，动拆迁公司将剩余的 1800 多万元款项以支票的形式转给了集团公司。

2006 年年底，溧阳路新华书店逐步恢复营业。同年，在河南中路进行拓宽工程时，杨浦区店又将原在上海科技书店四楼经营的"杨浦溧阳科技书店"迁回溧阳店，并将其打造成溧阳路新华书店科技书店。

2012 年年底，上海建筑书店因经营场地租赁合同到期，整体迁入溧阳路新华书店内。根据公司财务要求，溧阳路建筑书店和溧阳路新华书店合并销售统计，2013 年至 2015 年，溧阳店连续三年销售额超过 1000 万元，创下了溧阳路新华书店销售额的历史记录。

溧阳路新华书店自 2002 年开业至今，历经波折。一方面，地铁 4 号线和 10 号线溧阳路站的两次施工，门前的管线施工，以及周边地区大范围的居民动迁，都给书店的经营带来了诸多困难。另一方面，书店受到了资金方面的压力。杨浦区店自 1996 年翻建五角场新华书店大楼后，又翻建了平凉路书店大楼，紧接着购置了鞍山路的洋普超市和虹口区浙兴副食品商场，所需资金除了来自杨浦区店自有流动资金外，主要来自商业银行的贷款和上级公司的专项贷款，每年都要支付相当多的银行利息。

但是，杨浦区店坚持"发展才是硬道理"的企业发展理念，攻坚克难，合理布局，为杨浦区新华书店的持续发展而不懈地努力着。

今天，当我漫步在溧阳路新华书店门前绿树成荫的步道上，仰望着红色的"新华书店"招牌时，仿佛又看到 1937 年延安窑洞的灯火，那是毛泽东同志的亲笔题词，是传承的红色基因啊！

# （六）

延吉中路新华书店是杨浦区店于 2006 年利用溧阳路新华书店动迁款置换的营业网点，建筑面积为 577.2 平方米，大楼为钢混结构，拥有上下二层且均为独立产权，置换金额为 1327.56 万元。它位于杨浦区延吉中路泰鸿新苑沿街商铺的 31 号—37 号。

2006 年 9 月 28 日，延吉中路新华书店正式开张。

杨浦区延吉街道及毗邻的控江街道、长白街道均属于大型居民住宅区，人口密度大，商业配套设施也比较全，周边学校幼儿园众多，教育资源丰富。近年来，区域内又改造新建了一批中高档的新型小区，如泰鸿新苑、杨浦公寓、东方名园、靖宇家园、紫罗兰家苑等。因此，该地块也是杨浦区的成熟商圈之一。

杨浦区新华书店长期来在该商圈内仅有一个小型门市部，即靖宇东路新华书店，属房管所租赁房，营业面积仅有 106 平方米，杨浦区店早年曾经对该网点的扩容作过市场调研，但因故没能实现。

延吉中路新华书店是由靖宇东路门市部整体转入而成立的，老门店改为出租经营。这样既能改善小门市部经营困难的现状，又能扩大面积、增加品种，提升新华书店影响力；既能留住老客户，又能吸引新读者，提高顾客回头率；既能减少区域内同行业的不合理竞争，又能节约成本开支，提高经济效益与社会效益。

2007年年初，杨浦区店又将"教材书店"的品牌和课本发行部转移到延吉中路新华书店，延续了教材书店"前店后仓"的经营管理模式。

延吉中路新华书店教材书店充分发挥了社区书店的特色，依托课本发行部的信息资源优势，品种齐全的课本、教参以及教辅读物，逐步形成上海东北角的"杨浦亚光"。

延吉中路新华书店装修时的所有书架和收银台，都是溧阳店局部拆迁后的多余物品；教材书店的灯箱店招是从延吉中路238号拆过来的；电脑、收银机及宽带设备均来自靖宇东路门市部。减少开支勤俭办企业，在延吉中路新华书店得到了充分的体现。

"问渠哪得清如许，为有源头活水来"。延吉中路新华书店网点的成功置换，实现了杨浦区店多年来谋求该地区网点调整的夙愿，也成为杨浦区店网点发展战略中的一个缩影。

# 我的色彩人生
## ——书店从艺记

◎ 刘洪林


## 初尝成果

　　坐落在四平路大连路口的四平路书店未开张前，最先打开电动卷帘门进去察看店堂、地形的是支部书记戴以群等一行人，其中有总务钱国华、老姚师傅与我，应该也包括路文彩同志（他是四平路书店的第一任主任）。店铺的毛坯黑乎乎的，顺着橱窗上方铁栏中透进的光线望去，湿湿的水泥地似乎还没有干透，店堂层面很高，视线开阔，整个店堂没有一根梁柱。店门居中的两侧，大橱窗一字排开，长20多米，给我留下深刻的印象。老姚师傅带去了卷尺，我则配合他一边量尺寸一边画草图。炎热的夏天，老戴等人有一个习惯，即带上一块擦汗的毛巾，那天正巧很热，老戴同志热心好客地就用他的毛巾包裹着雪糕冷饮犒劳大家。一向不主张开新店的他总是操着浓重的苏州口音说："开一家书店就如在头颈处套上一只枷锁……"而这次他见到店堂毛坯，却表现出极大的热情。老姚师傅则聚精会神地听取大家的意见与要求。一个店堂布局设计方案正在他的脑海中悄悄酝酿。

　　一场为实现四平路新华书店开张的准备工作，就此紧锣密鼓地展开。老姚师傅亲自把毛泽东同志题写的新华书店四个字放大后做成牌匾，带着我去宜兴定制陶瓷，去市区的建筑装潢总汇选择吊顶的天花板、灯具……店堂的布局，地面的磨光石子方案，橱窗、道具的设计，陈列书架的布置……一切都井然有序地展开。

四平路书店的设计布置工作中，有几件令人印象深刻的事，至今仍能使人津津乐道。首先店堂内，老姚师傅考虑得非常周密，亲手设计制作了巨大的分类牌。整个店堂分四个大类，每个大类的指示牌用两层玻璃相夹，玻璃为 2 米 ×0.4 米，两块拼接，后层玻璃满涂黑色油漆，使其"漆黑一片"，用橘色的吹塑纸剪刻成粗壮的美术字（这是他自创的装饰体），旁配活泼的汉语拼音，再用铝嵌条沿玻璃包边，将标牌镶嵌在广告板中间，就如进行了中国画装裱工艺，显得大气、醒目、立体。花费最少的钱，达到了最好的效果。广告板上的材料则选购类似国画裱子纹饰的墙纸，向裱画师学习自己装裱。最后请木匠安装到书架上，整体效果显得非常和谐。

但凡艺术作品，都是有着温度和艺术语言的，老姚师傅设计的标牌也一样。20 世纪 90 年代后兴起的电脑刻字字库中，备存的只有黑体、宋体或者魏碑、圆头等字体。电脑刻字虽然解放了美工的劳动力，迎合了大型的展览布置，但无法具备美工人员长期形成的技巧与风格。老姚师傅的美术字兼收并蓄，吸收了黑体字、宋体字的传统要素，融入个人字体的风格，他设计的标牌中的大字有节奏与变化，丰富了人们的视觉审美。标牌旁边菱形图案的设计制作，决不是可有可无的，它破去了多条纵横线条，符合美术构图的法则。广告板上方的棕色线条，更是独具匠心的点睛之笔，与下面的黄色书架形成了呼应，贯通了上下色彩的统一与和谐。

再看店外大橱窗的上方，一长排黑色底纹中，跳出一朵朵金色的美丽窗花。此设计源自老姚师傅的两点考虑，一是要同店堂标牌风格一致，二是为遮去玻璃橱窗顶端露出的不美观的木制网格。为此老姚师傅花费了很多精力，当时正值盛夏，橱窗中闷热不堪，但是时不我待，必须迎着困难而上。橱窗受阳光照射，极易褪色，故虽然老姚师傅选择的材料同样是油漆，但心灵手巧的他用了非常巧妙的方法，找来两块与橱窗玻璃等长的三夹板夹在一起，将窗花均匀排列，"一阴一阳"（篆刻石章用语），用钢丝锯条雕锯镂空，然后放到橱窗玻璃上，先将金色的花朵拓好，再将黑色油漆压上去，工艺繁复。这些活都是老姚师傅独自一人在橱窗里爬上爬下干完的，为的是让我静心完成《长城图》。一长排秀美的简单花纹，其背后花费的是心血、精力、体力、时间……也许有人会问，可以不做这一排窗花吗？当然可以，只是从外面观赏橱窗时，会发现露出了十几公分高且不雅观、粗糙的木档。是否有快捷的装饰材料代替？20 世纪 90 年代后期兴起的"即时贴"可以代替（当时正值 20 世纪 80 年代初），但即使用"即时贴"，时间久了也会风化，老姚师傅也绝不会去选择"即时贴"，因为其不如油漆鲜亮、经久耐晒。由此可见，老姚师傅追求的是艺术的完美。

由于四平路书店的橱窗巨大，需要有大的画作进行装饰，才能体现出立体宽敞的大橱窗的气势，在这点上老姚师傅与我达成共识。他知道我有画画的优势，便支持我的意见，在橱窗上挂两幅大画。趁着当年年轻气盛，我承担了两幅画的绘制任务。其中的一幅《长城图》长 2 米、宽 1 米，是我第一次（也是唯一一次）承担的大画，我画了近十天。长城远处的青山用大的底纹笔来回挥扫，层层加码叠加，近处的城墙、烽火台上的砖石则一块块地细心分割并重点塑造刻画，形成近处工细、远处恣肆的对比和谐关系。俗话说，七分画三分装饰。老姚师傅让木工做了十公分宽的边框对画作进行装饰，就这样，一张气势雄伟的描写长城的水粉画挂进了四平路书店的橱窗。另一幅画则用了国画中水墨画的风格绘就两只白色的鹈鹕鸟，再用细细的铝合金嵌条代替镜框装饰画作，画后面的背景，是一片高低参差的树林与虚化的河流，那儿是鹈鹕鸟生活的地方……整个橱窗呈现出一种文静、清雅的艺术之美，《艺苑掇英》的标题，是当时最时尚的橱窗标题。

老姚师傅设计的少儿橱窗也令我拍案叫绝。他直接在背景墙上画上两棵粗壮的大树，左斜右倾冲出画面，成顾盼状，装饰性的树叶重重叠叠，还有些细细的、虬曲的枝条垂挂下来，他把莽莽原始森林的景象直接搬进了橱窗。森林中，一只高大的长颈鹿一边美美地吃着高枝上的树叶，一边俯视右边的一群小动物们，憨态可掬的大熊猫正吹着喇叭，猴子、灰兔、松鼠合着乐曲欢快地手舞足蹈。画面的中心有两只小鸟叽叽喳喳，一只栖立枝头，一只小鸟往下飞去……森林里热闹极了。整个橱窗的色彩已经很饱满，但老姚师傅还嫌渲染得不够，拿出"纸扎店"的功夫，往橱窗地面抛撒橘色花球。可谓别具匠心。试想，小朋友们怎么会不被这些五颜六色的动物与花球吸引到橱窗边来呢？最有看点的是那些玻璃架道具，精致、菱形的花朵嵌在玻璃架中。噢！原来往下张望及飞下树枝的小鸟是被这些玻璃花朵所吸引，一只俯下身来探望，另一只干脆直接飞去看个究竟。这种以背景的点和面带动书籍陈列的手法，在老姚师傅的巧手中淋漓尽致地表现了出来。

老姚师傅设计的科技橱窗，同样非常精彩。他用双层塑料管上下绷紧，把科技书籍整齐地插在塑管间，整排书籍的背后是一幅淡淡的科学家头像及宇宙中蓝色地球的图案……充满了空间之张力。

四只各具特色的橱窗，组成了四平路商业街上一道美丽的风景线。

后来，经理室决定关停科技门市部，在原地开一家新的少儿书店。

儿童书店的招牌最好由著名人士来题写。经理室的领导想到了著名儿童文学作家陈伯吹先生，于是戴以群书记通过市店与出版社的关系，联系上了陈伯吹老先生。

记忆中有一次出版局召开大会，就座的主席台上，众多的少先队员簇拥着陈伯吹先生，舞台上鲜亮的光照在他的额头、眼镜上，他红光满面，幸福地接受着少先队员向他敬献的鲜花，他也为少先队员们系上了红领巾。后来，多亏了老支书戴以群同志，让我有机会零距离地拜见了我儿时就心怀敬意的作家陈伯吹先生。此时的陈伯吹先生已近八十高龄，仍精神矍铄，住在近淮海路南昌路上的一座小洋房里。陈伯吹先生在客厅里接待了我们。印象中客厅有点暗，摆饰极简。陈伯吹先生身量不高，戴着一副圆圆的眼镜，厚厚的镜片后面是一双微笑的眼睛，透着慈祥。他说话慢条斯理，招呼我们坐下后，靠在藤椅里听着老戴同志进行自我介绍。机智的老戴与主人聊了一些情感闲话，拉近关系后切入主题，告知陈伯吹先生我们要开一家儿童书店，店名已定好，叫"新苗书店"，恳请其题写招牌。陈伯吹先生是著名学者，又是党员，他深明大义、知书达理，当时又没有润笔费，但他毫不推脱，只是在满口应允后谦虚地说，自己不是书法家，字可写不好。此次简短的会面，给我留下了美好回忆。

过了数日，老戴书记把陈伯吹先生的题字交到了我的手上。我端详着书迹，发现陈伯吹老先生非常认真，在一张纸上写了四遍"新苗书店"，字里行间荡漾着天真烂漫的逸趣，因是以小楷毛笔当钢笔来写就，所以没有书法中的使转、悬针、一波三折等技巧。此外平均每个字的见方不足一厘米，签名陈伯吹的三个字更小。我的职业敏感度告诉我，要把一公分大小的字放大到 1 米见方，难度不小，这很考验我的业务能力，既要保留陈字的特色，又要有招牌书法字的韵味，因此需要二度创作。邮票设计师在进行设计时，通常采用的就是"二度创作"之法。好在我到杨浦已工作了八年，长期坚持练字，在书法方面已不再是"门外汉"了。

于是，我最大程度地保留陈字天真烂漫的童趣，修饰了一些笔画，使"悬针"更美、"出锋"愈秀、"转折"蕴韵、"细划"厚醇。当老戴将"新苗书店"的完整招牌题字及我设计的门面照片图送去给陈伯吹先生看时，老先生非常满意，随即拿起他桌上的一本新作，让戴以群书记转赠于我，以表达他对招牌题字的二次创作的认可，以及对一个从艺青年的满意与致谢。

在"新苗书店"的店招设计中，我设计了一款店徽，两片舒展的绿叶在最下方，簇拥着上部由书籍组成的向日葵，绿色的汉语拼音与金色的"新苗书店"四个大字形成大小对比、色系对比。招牌、拼音、图案全都用有机玻璃与泡沫板相粘做成。我还大胆选用鲜红的人造大理石作门面装饰，以符合儿童们的审美，贴合他们活泼的天性。店堂吊顶槽安装了色彩跳跃的霓虹灯，三组圆形的照明灯及围绕的筒灯象征着祖国的花朵。

"六一"儿童节那天，新苗书店隆重开张，人们从四面八方涌来，把新苗书店柜台围得水泄不通，店堂内霓虹灯变幻着的色彩，映射在大、小读者兴奋、喜悦的脸上，踊跃购书的人流形成了一股汹涌的浪潮……我在店堂外看着此情此景，眼眶也湿润了，两个月的辛苦努力有了收获。当时我正好借了爱人单位里的一只傻瓜照相机，对着新苗书店门前川流不息的人流，按下了一连串的快门。

# 图书发行与建店生涯的体会

◎ 许根夫

　　1952 年 7 月，我考入新华书店，进店学习的阶段即将结束时，华东总分店周天泽副经理在召集座谈会时说，新华书店是在党直接重视和关心下在延安创建的，是党的宣传窗口，因此希望大家牢记新华书店全心全意为人民服务的宗旨，采取多种服务方式"为书找读者，为读者找书"。

　　1952 年至 1958 年，我从营业员成为发行员，先后服务于提篮、榆林、杨浦三个区。化被动为主动，我积极联系区党政机关、工厂、部队、学校、团体，提供流动供应送书上门服务，得到了各方欢迎。

　　在主动发行的同时，我也参与扩建门市的打探。大约在 1954 年"五反"运动即将结束的时候，东大名路 1160 号一家南货店已经关门几天了，我打听后发现这家店是一家严重违法户，于是向发行组领导秦鸿令汇报，他了解情况后与有关部门取得联系，再同南货店店商谈判，提出由书店接收南货店员工。于是，提篮桥门市部就从街对面的二十几个平方迁到 1160 号的三开间 140 平方米处，扩大了营业面积。一楼开门市、二楼为发行组办公室、三楼为员工宿舍，大家团结一致，大大改善了图书发行工作的环境。

　　1954 年 7 月，书店要送书到申新纺织厂第六厂工会，我与工会的张师傅关系很好，时常聊聊家常。一天，他说发行员工作辛苦，天这么热还骑着自行车送书，建议我们多开几家书店，比如厂斜对面的长阳路 1239 号原是一家药店，在"五反"中被认定为严重违法户而被责令罚款，因此要把房屋卖掉偿还罚款，他便问我书店能否将其买下来方便工作。我向副经理秦鸿令（其时沈百民任经理）提出此事，秦表示完全可以，我就请张师傅去商谈，后来以 800 元人民币的价格买下此屋。这间房屋共有两层，第一层为 48 平方米，上面是一个将近 25 平方米的阁楼。

1954 年，中图公司纳入新华书店，中图公司也称科学技术书店，下设提篮桥门店和普陀区门店，我和胡鼎馥、蒋保逸被划入科技书店。当我们得知东大名路 1180 号英商电力收费处关门已数月，员工也安置完毕，只有负责人还住在该房屋的楼上，当时邮局提出要置换我们的门店（提篮桥门店一开间，40 多平方米营业面积）做报刊门市，以河滨大楼一套公房四楼的 90 平方米空间作为交换。我与胡鼎馥商议，决定与这位英商电力收费处负责人取得联系，该负责人说有工房正合我们的意，同意与我们进行置换。三方各自做好交接手续，把事情办妥。提篮桥科技门市部由胡鼎馥负责，我为副手。

1956 年年初，杨浦区委宣传部和区政府办公室赵主任告诉我，沪东工人文化宫建设已有六个月，政府考虑在平凉路北面新建商业网点，区委提出要办两间书店，需要我向领导汇报一下。当时三店经理陈国梁、副经理谢善骏向市店周家凤请示，周家凤到实地查看后认为该地段开书店要亏本，于是该方案没有进行下去。

1958 年 6 月，市店决定筹建杨浦区店，由沈百民、任俊达领导12 名员工（我是其中之一）。我陪同任俊达向区委宣传部汇报筹建书店的想法，宣传部即向区委书记刘杰进行汇报，刘杰书记亲自打电话给区政府办公室要求在适当地段安置好书店。

同时，区政府向教育局征得杨浦第一中心小学的同意，拿出沿马路五间劳作室和一块空地无偿给书店使用。任俊达听后很振奋，于是开始筹备门店并搭建临时办公用房，这是真正意义上的"白手起家"。

经过三个月的奋斗，杨浦区店在 10 月 1 日与广大读者见面，区委宣传部、区政府办公室、文化局、教育局都有领导前来祝贺。

随着图书发行事业的扩大、主动发行工作的深入，原来用房发生了困难，于是我们决定扩建门市，改变原来的空间结构，将原宽度 8 米的房子拓展至 14 米，翻建后在深度上也延伸了 4 米，并建成了二层，这样营业面积在原劳作室的基础上增加了 120 平方米。翻建时，门市部停业，迁到对面杨浦区图书馆底层营业。

1969 年 3 月，我和方永华两人会同学校党支部书记、校长、大队辅导员进行商谈，要把原临房办公室拆除，改建三楼混凝土结构楼房。学校方听后，开玩笑说："你们书店是'得寸进尺'，是第三次提要求了。"学校方要求我们在新建房屋时翻修传达室，此外，由于原劳作室的格局已改变，所以我们需在西操场建 200 平方米的室内体育馆。我们认为只要学校今后把原劳作室及空地新建房屋的产权归书店所有，我们就可以按照学校的要求来办理。

书店新建工程得到了各单位的援助，新沪钢铁厂提供的螺纹钢以出厂价结算，上海第二钢铁厂、冶炼厂、发电厂、中华造船厂、市店储运部车队都无偿帮忙运输建材，军工路木材供应站提供十四米长的杉木做屋架，反砂厂提供反砂。市店审核科老俞同志后来查看工程账单时发现我们进了这么多的材料居然未支出运输费用，问明情况后，感叹"这是一个奇迹"。

杨浦区店新建后，从 160 平方米扩大到 890 平方米，这是全店同志奋斗的成果。

我在杨浦区店干了 25 年的图书发行，经常需要联系区党政机关、工厂、部队、学校、企业、团体，因此结交了很多朋友，概括来说是

"难里有助，苦中有乐"。

第一，区委和宣传部领导为建店打下了基础，并指示我们在新村陆续开设门店。

第二，第一中心小学对书店无私支援，使书店发展壮大，对此我一直非常感激，有一句传统话"远亲不如近邻"，几十年来，学校是我们书店的好邻居。

第三，各单位把书店的发展当成自己的工作。比如发行员陶存谦在为海洋渔业公司服务并听取他们意见时，对方说要免费给我们一间80平方米的门面开一家书店，以此方便公司300多艘渔船上的4000多名工人买书。不久我们就在复兴岛开了一家书店。为了杨浦区新华书店网点的发展，各单位都伸出了友谊之手，他们都是书店亲密的好朋友。

第四，针对部队的图书发行主要是流动供应，五角场是警备区营地，浦东船厂是专修军船的工厂（西边是部队培训场所），我去流动供应的几年时间里，他们都热情相待，还提前将供应的场地准备好，并为我们送上午餐，而且不收餐费。在我的发行员生涯中，这些事情我永远不会忘记，书店与部队是永远的好兄弟。

宝山区店（吴淞书店、宝山县店）

牡丹江路新华书店

1951年4月　吴淞书店（吴淞外马路523号）开业。

1953年1月　江湾镇新华书店（以下简称"江湾书店"）（江湾镇万安路588号）开业。

1956年4月　江苏宝山支店成立，开设城厢门市部。

1958年4月　原属江苏省的宝山支店划归上海分店领导。建立宝山县店。江湾、大场门市部被划入宝山县店。

1959年10月　泗塘新村门市部开业。

1979年　吴淞书店实行独立核算。

1985年5月22日　牡丹江路门市部开业。

1989年1月11日　吴淞区店和宝山县店合并成立宝山区店。

1978年在宝钢食堂
流动设摊

# 宝山的崛起

◎ 朱　伟

1977 年 7 月 21 日，我从奉贤县店调到宝山县店工作。当时看到的百年宝山老镇只有一条石皮街，人称"破街"，确实很破。两米宽的街路，两边都是简陋的木结构旧房、危房。出生于宝山的著名作家陈伯吹描写道："当年宝山县城虽小，周围仅及 3 里，登东门城上，一声遥呼，西城即能闻声响应……"还好，书店的门市部刚刚搬到友谊路的转角口。放眼四周，还都是一片片的农田和小河。因为所处地理位置特殊，宝山饱受战火的摧残，与其他兄弟县城不能相比。

但是，仅仅过了几个月的时间，宝山县城一下子热闹起来了。中央把一个特大型的钢铁联合企业放在宝山，叫作"宝钢"。全国有六万冶建工人进入宝山。宝山一手抓建设，一手抓生活。靠近长江口的十二平方公里的土地上热火朝天地建设着，宝山县城的牡丹江路、友谊路一带，住宅、商场、宾馆平地而起。各行各业都来支援宝钢建设，书店领导也安排我们为建设者送去精神食粮。

我原担任农村图书发行员，从未搞过工厂发行，尤其是特大型的工厂发行。没有参考，没有经验，只有虚心求学。很幸运，宝钢指挥部宣传处的朋友介绍我去找张浩波同志。我知道张浩波同志以前是上海团市委书记，现担任指挥部后勤处长。我向他请示，能否让我们在大食堂流动设摊供应图书，他一口答应。看得出，他是很喜欢书的领导干部。

后来，我们开始提供图书流动供应服务。在通往宝钢的路上，车轮滚滚，尘土飞扬。原来的丁家桥航校成为宝钢工程指挥部。每次我们一到食堂，翻班下班的建设者就已在等候。他们帮忙搬饭桌、搬图书，一会儿一个简易"柜台"搭好了。流动设摊是战争年代新华书店的传统，被我们继承下来了。

书荒后，各种各样的图书都是抢手货。

"我要日汉辞典！"

"我要新英汉词典！"

"我要数理化从书！"

人多书少，常常供不应求。用铁皮饭桌拼起来的书摊越挤越紧，我们就一边卖书，一边用肚皮顶住"书柜"，秋冬天的季节，额头上却沁出了汗珠。有一次，一位读者看到我们顶不住了，便大喝一声"别挤啦！"说时迟，那时快，他用双手朝人群一推，"哗"，有人跌倒了……保卫处把他带走训了一顿。当时我们很愧疚，因为他是好心，也是代我们受过。此后，我再也没看到他。也许，他已经完成建设任务回到老家；也许，他还在六万名建设者中间。我在新华书店四十年，这一幕一直留在脑海里。

当时，宝山区财贸系统也学着提供设摊服务，他们称之为展销。但是他们的摊位不能与书摊相比，很多人都说，新华书店送去的是精神粮食。在当时的一次全市党员干部大会上，时任上海市委副书记兼宝钢工程指挥部政委陈锦华表扬了新华书店。过了一天，《解放日报》记者在流动供应结束后简单地对我进行了采访。两天后该记者写的《四面八方优先支援宝钢》一文刊登在头版头条，当天的早新闻也播报了这条消息。

我们的流动供应没有停，从一周一次增加为一周两次。除此以外，我们还走出丁家桥，面向所有外地来沪的冶建单位，将服务工作从一般的图书流动升级到"为读者找书，为书找读者"的高质量服务。我们还开展了重要文件、文选的征订和发行工作，因而常常出现这样的情景——书店后门文件堆积如山，不进仓库，随到随发。对一个郊县店来说，收到了良好的社会效益，经济效益也随之大幅增长。宝钢的建设，带来宝山的崛起，宝山区店也受益良多。

我们的汗水没有白流，我们的服务得到了肯定。随着宝钢建设的发展，张浩波同志的职务不断变化，后来他担任了宝钢工程指挥部党委书记兼副总指挥，其间，他一直对新华书店十分关心。他知道书店条件不好，工作量又增加许多，就批示宝钢无偿调拨一辆新的"跃进"牌2.5吨卡车给书店。在规划宝山、月浦生活区商业配套设施时，他提出将牡丹江路、友谊路口"宝钢商场"旁边的街心花园的店面给新华书店，闹中取静。由于书店不属于地方管辖，财贸办有人想调换该街心花园处的书店位置，但张浩波同志没有同意。他在安排商业单位员工住房时，也没有忘记给新华书店员工留下一席之地。宝钢建设初期，中央新闻电影纪录片厂曾经拍摄一部《宝钢在前进》的电影纪录片，张浩波同志说要有新华书店卖书的镜头；在筹备公开出版的《宝钢建设十年》大型纪念画册时，他又说要有新华书店的一张照片。他多次说："为宝钢服务的商业单位很多，但新华书店不同于其他的商店！"

宝钢点火投产，宝山一片繁荣。昔日的石皮街，名称尚在，已是漂亮的居民小区。再看纵横交叉、四通八达的街道马路上，商场、医院、高楼鳞次栉比，名优特商品一应俱全。一个纯农业的宝山小县城，变成了钢铁工业城镇。地处宝山的新华书店也迎来了其历史最好年月。

宝山区店经历过几次历史变革。宝山县原隶属江苏省管辖。1956

年，嘉定县新华书店副经理袁际准带着江苏省店的授命，筹建宝山县新华书店，在石皮街一块荒凉的土地上建造了宝山第一个六开间门市部，为党的图书发行事业增添了一个新的宣传阵地。

宝钢建设开始不久，市店批准成立了新华书店吴淞区店，原宝山县店友谊路门市部和发行组划归吴淞区店。1988年9月，市政府批准宝山县、吴淞区撤二建一成立宝山区，新华书店也作了相应调整。合并后的新华书店宝山区店地域大、网点多，北有罗店，南有张庙，中有吴淞、月浦，西有大场，东有宝山，大小门市部和书亭有十个之多。

改革开放给书店带来了机遇，也带来了挑战。在为宝钢继续服务好的同时，书店更要满足各层次读者的需要，缓解宝山地区"买书难"的问题。老经理袁际准就是一个敢于吃螃蟹的人。20世纪80年代初，五角场一楼门市部率先实行开架售书，深受读者喜爱。去除三尺柜台，拉近与读者距离，图书销售额同比增长了50%，读者欢迎，同行赞扬，全市很多门市部前来取经，纷纷实行开架服务。开架售书也带来盘亏率的上升，一度成为管理难点。宝山区店及时推出"全奖全赔"的责任和管理措施，该措施之后在全市新华书店系统内得到推广。

牡丹江路门市部是宝钢建设的市政配套设施之一，于1985年5月22日正式开张营业。它南连宝钢商场，北接区文化馆，坐西朝东十开间，门面宽敞明亮。开架和夜市的经营模式，使牡丹江路门市部成为宝山区图书发行的龙头门市。

新华书店门市部是图书出版发行的桥梁，是书店与广大读者接触的最后阵地。除了做好进销调存，如何做好服务工作既是一门科学，又是一种艺术。自1996年起，在上海市新闻出版局的领导下，上海全市图书销售系统开展了以开架售书、站立服务、使用敬语为特点的规范服务达标活动。牡丹江路门市部主任洪翠莲创立了人性化管理和操作模式，就和谐处理与读者间的买卖关系，总结出"九个怎么办"，以妥善解决门市部普遍存在的"三大顽症"，坚持站立服务，杜绝闲聊现象，起到了改进服务质量、提高服务水平的作用，形成了具有特色的门市管理经验。书店在市文明办聘请的社会督察员和市店组织的人员多次明察暗访中，皆获得很好的评价，得到了市新闻出版局和市店领导的肯定，这种管理方式也被冠名"洪翠莲门市管理艺术"，在全市图书发行部门推行。牡丹江路门市部由此获得众多荣誉，成为上海图书发行业的典型，成为新华书店宝山区店又一颗冉冉升起的新星……

70多年来，宝山人和全国人民一样，站起来、富起来、强起来了，其间发生了许多令人难忘的故事。宝山区店也有了发展并取得了一些成绩，这是各级领导的指导和宝山几代新华人努力奋斗的结果。

如今，我们老了。每当我走过毛泽东同志亲笔题字的新华书店门前，看到新华书店曾经的辉煌已经不再，作为老新华人，心里只有感慨和叹息。

每个时代有他的特点，新华有过辉煌，现在也有失落。

回忆，只是已经过去了的历史，我们做了我们一代人应该做的工作。而我依然期望，新华书店能够重新崛起！

# 新华伴我成长

◎ 张金福


　　我 17 岁参加新华书店工作，先被分配到新华书店北郊区店，后到吴淞区店做了近二十年的图书发行员，为当地的工厂、农村、部队、学校提供送书上门、流动服务、图书馆配送等服务工作，其间，令我印象最深刻的有三件事。

　　第一件事是在横沙岛建立书店。20 世纪 50 年代后期是一个特殊的年代，农村普遍成立人民公社，当时吴淞口外的横沙岛行政区域虽属于宝山县，却是图书发行的空白点，于是组织决定由我一个人带上几十大包图书到横沙岛，依靠当地人民公社党委，在横沙岛上的集镇中心，用几只长凳、几块木板挂上新华书店的横幅，设摊为农民兄弟服务。早上放、晚上收，条件很艰苦。后经公社领导关心，书店终于得到一间门面房，搬入室内经营，并受到当地农民和驻军部队的欢迎。后因工作需要我又被调回吴淞，横沙岛的书店就移交给当地的知青进行代售，图书订添货业务的辅导则由我继续负责。

　　第二件事是建立部队书亭。吴淞口是海军部队比较集中的驻地，战士们很需要图书，但他们不能擅离军营和战舰，经过部队首长的同意，我们就在部队驻地内建立新华书亭。我们在部队中感受到了解放军战士严格的组织纪律，艰苦朴素的生活作风，以及认真学习和训练的精神，这种无声的教育，对我之后的成长影响很大。

　　第三件事是随着"钢铁元帅"升帐，中央决定在吴淞地区建造一座大型的特殊钢厂——上海第五钢铁厂（以下简称"上钢五厂"）。领导要求我们在该厂区开设新华书店，为全厂干部和员工服务。在厂党委的支持下，上钢五厂在生活区域内无偿为我们拨出一间房屋开办新华书店。当时我上午到车间与科室进行图书对口征订、送书上门，中午回到书店开门营业，对上中班和早班下班的工人都能照顾到，销售一直很好，也因此结识了不少读者朋友。上钢五厂有两万多干部和员工，他们大多知道我是新华书店的人，上至党委书记、厂长，下至普通的技术员和工人都把我视作厂里的人，因此，大家开展的图书征订，图书馆和技术资料室的购书，以及全厂政治学习文件用书几乎都在五厂书店解决。书店需要用车去仓库拉书，也是借上钢五厂的汽车，当时吴淞新华书店没有一辆汽车，书店修房屋、装铁门时也是上钢五厂义务帮助解决的。回忆这段过往，我确实感到新华书店在人们心目中的位置是崇高的，大家对新华书店是信任的。我至今还有不少上钢五厂的朋友，尽管其中不少已退休，彼此间还是保持着联系。

我在新华书店工作实践中不断得到锻炼与提高，使自己无论在政治上还是业务上都有进步。不久之后，组织上要我担任吴淞新华书店经理。吴淞书店虽然是小店，但经过全店同志的努力，无论是人均劳动生产率还是利润率均走在全市书店的前列。20世纪80年代初，组织上又调我到闸北区店任经理。在上级领导的关心和同志们的支持下，闸北区店的工作一直走在区店先进的行列。仅在列车代销图书、画轴方面，闸北区店短短两年就创外汇近两百万元。我记得当时发行《青年一代》期刊，闸北区店发行组广泛征订，每期出版后都直接把《青年一代》送到预订单位的读者手中，我也和同志们一起骑着自行车参加分送工作。虽然《青年一代》定价不高，但体现的是一种服务精神。

# 怀念江湾书店

◎ 路文彩

怀念江湾书店，是因为江湾书店很美，也因为这里有太多令人难忘的往事，还因为我曾在这里度过数个春夏秋冬。这里是我在书店工作三十多年中的第一个驿站，也是我一生中记忆最深的地方之一。

1965 年秋，我从部队复员，被安排在江湾书店工作，于 1966 年夏起负责江湾书店工作。数年后，我陆续前往市店和其他书店工作。日月如梭、光阴似箭，一晃过去了将近六十年。风风雨雨、斗转星移，六十年前的江湾书店已不复存在，但许多往事时常在我脑海中浮现。

江湾书店设在久负盛名的走马塘北岸江湾段老街万安路 588 号。其建店时间是 1953 年，书店的序号为上海新华书店第三十二门店。

书店所在的房子很好，是结构优美的两层楼四开间，依桥傍水，面北而设，风景独具一格。解放前，这栋房子是一家银楼。书店开在底层靠东面二开间，店面阔八九米，店堂面积为六七十平方米，四周陈列着二十几个书架。店堂的后面还有一间三十多平方米的收发仓储两用室。值得一提的是，这间三十多平方米的房子，有一半是悬空架设在水面上的。这种用石柱和木桩支撑着木板而建造在水面上的房子，在上海许多古镇河道边比比皆是，但其他房子都没有江湾书店这么美。

每当暮春初夏时节，和风徐徐从河南岸柳林越过河面，透过门窗，吹入店堂，带来丝丝水汽和阵阵泥土的芬芳；炎夏时节，河南岸的柳树上知了声时起时伏。一年四季，河水在店堂后面的木板下潺潺不息，过往的船只在河道中穿梭不停。扑咚扑咚的竹篙落水声、哗啦哗啦的木浆划水声、叽格叽格的摇橹声，交织着荡漾在河面上，不时传入店堂。然而这些都从未影响书店的看书人和买书人。

　　春节前的书店是非常美丽的，市店宣传科美工专程前来布置大橱窗，并在大门口挂起了两只大灯笼，店堂内四周挂起了年画和对联，毛泽东同志等伟人像布置在正中央，开国大典画作及罗盛教和黄继光等人的画像挂在四周，店内还有四五十种对联，把店堂衬托得赏心悦目。春节前的书店也是很热闹的，每到下午三点钟，前来书店的人多了起来，下午五点多则是读者最多的时候，不少社员携着农具拥进店堂，只见书店中人来人往，店堂的灯光下人头攒动，看画人相互交谈，买画人报号付款，营业员抽画、卷画、结算，一切是那么的欢乐融融。店堂后面的河道里还不时传来过往船只的行船声和船工们洪亮的吆喝声、号子声，此起彼伏。此时此刻此景，处处令人陶醉，景景使人生情。

　　看读者进进出出，观河水潮起潮落。我就在这古色古香、富有诗情画意的江湾书店工作与学习。在此期间，周松柏同志曾在这里多次向我介绍新华书店的光荣历史及其蕴含的延安精神，吕君朴同志也多次给我讲解书店的业务知识，季珍同志教我怎样管理书店工作，辛国华同志给我叙述市店领导孙立功在上海郊区青浦县举办农村发行员培训班的故事。在这里，我曾与辛国华、彭正等同志踏着挂有"新华书店"四个红字招牌的自行车行驶在部队、工厂中，穿梭在田野、农村里。也是在这里，我当年的同事洪祥卿、王玉华、浦永寿等习惯了每天早上开门下门板，每天晚上打烊上门板，听惯了书店的左邻右舍发出的早早晚晚乒乒乓乓的门板声。

近六十年过去了，六十年前江湾书店许多情与景，都变成了一幅幅美丽的画卷。

近六十年过去了，六十年前的江湾书店不见了，但当年的点点滴滴仍是那样清晰，历历在目，使人难忘。

闵行区店（闵行书店、上海县店）

新华书店莘庄店

1951 年 5 月　新华书店上海县支店在闵行镇建立。

1958 年 4 月　原属江苏省的上海县支店划归上海分店领导，建立上海县店。

1959 年 10 月　新华书店闵行一号路门市部开业。之后，新安路、吴泾二村门市部相继开业。

1960 年　闵行区新华书店在新安路 83 号开业。

新华书店南方商城店

1961 年 2 月　市店为加强图书计划发行、缓和供需矛盾，组织全市各基层书店进行彻底清仓、调剂工作。在上海县店试点，收退、收购存书 7000 余种，共计 10 万余册，合 3 万多元，占该店库存三分之一左右，其中部分图书是其他区（县）店所需要的。

1964 年　闵行区新华书店改称新华书店闵行分店。

1979 年　闵行书店实行独立核算。

1990 年　闵行书店迁入兰坪路 302 弄 17 号新址。

1993 年 12 月 7 日　闵行区店和上海县店合并，改制为闵行区店。

1995 年 9 月 28 日　闵行区店在上海八佰伴南方商城开设新华书店 IMM 南方商城店。

2000 年 4 月 7 日　宾川路新华书店开业。

2003 年 7 月 25 日　莘庄门市部开业。营业面积为 700 多平方米，是闵行地区规模最大的图书零售店。

# "一门"琐谈

◎ 朱　政

谈到"一门"，必先提及"一号路"。

一号路现在叫江川路，只是许多老闵行人至今未改口，仍称"一号路"。

20 世纪五六十年代，闵行是上海第一座卫星城。贯穿主城区的道路就是这条在香樟树簇拥下延绵数公里的一号路。作为"大跃进"时期闵行基础建设的范例和代表，一号路的名声，既源于宜人的自然景观和强大的社会功能，又缘于这条路上留下了许多伟人、名人的足迹，包括毛泽东、刘少奇、周恩来、邓小平、宋庆龄、郭沫若等，以及外国政要、国际友人。

在一号路最热闹的地段，高高耸立着四个立体的红色大字——毛泽东同志题写的"新华书店"。这里原本是闵行新华书店中心门市部，亦即一号路门市部"一门"的所在。

书店的宗旨概括起来就一句话："为书找读者，为读者找书。"可见，我们的工作就围绕一个"找"字。这个字看似简单，其实不然。"为书找读者"，要求我们紧跟形势，把各种学习文件、领袖著作及时送到工厂、农村、机关、学校。曾记否，当年敲锣打鼓发行《毛泽东选集》的场景是多么喜庆。

那时，差不多每个星期我们都会走出门店，深入各个单位进行"流动供应"。食堂里，工人师傅捧着饭碗、拿着馒头看书"忘食"；校园里，活泼好动的孩子停止了追逐，个个神情专注。我们给广大读者带来节日般的喜悦。作为图书发行者，我们在作者、出版者和读者之间起到了桥梁的作用。

随着改革开放，世界名著等翻译作品逐渐面世。店堂里时常人潮汹涌，只为买到一本渴望已久的翻译小说。是的，当人们的生活开始富足，就会转向对精神食粮的追求。

记忆最深的是，《青年一代》和《世界之窗》两本杂志的发行在社会上产生了轰动效应。每到这两本杂志上柜的那天，店堂内喜气洋洋，人流如潮，大门外则是项背相望、大排长龙。在那个年代，最热闹的地方不是哪个商场，而是书店的大堂。

随处可见惜时的读者，有的人趁着上班乘车的间隙，取出怀揣的书本杂志翻上几页，有的人连走路吃饭也要瞄上几眼。"书是知识的海洋，力量的源泉，智慧的翅膀，生活的方向盘"。人们通过读书丰富了知识，开阔了视野，懂得了生活的意义和人生的价值。书籍见证了读者的喜怒哀乐、别绪离愁，为他们释疑解惑、慰藉心灵，是他们不可或缺的知心朋友。

记得刚恢复高考时，一套"数理化自学丛书"特别受欢迎。许多有志于通过读书改变命运的读者，再度被引燃了热情。为此，他们可以不顾劳累，一下班就来书店门口排队等候，有的甚至通宵达旦。

有一件"为读者找书"的故事值得与大家分享。有位在工厂上班的年轻小伙，可算是我们的老读者了。得知"数理化自学丛书"将面世后，他无论刮风下雨，天天来看、来问、来等。每次因要上班而不得不空手而去时，脸上都会流露出失落、无奈的表情。我们好不容易为他找到了书籍。

一天，很久未露面的他终于出现了。只见他手持大学录取通知书，喜悦之情溢于言表。当他挨个向我们表示感谢时，我突然感到，自己的工作看似很平常，甚至有些微不足道，但对读者的影响却很大，有时甚至关乎其前途命运。感谢这位朋友及其他广大读者，让我们认识到自己工作的意义，甚至存在的价值。

书店是宣传党的方针政策的阵地，是传播文化知识传播的窗口，也是历练人才的好地方。

1988 年，有一位高中毕业的学生入职新华书店，来到"一门"。

优越的生活条件和知识分子的家庭背景，对他爱读书、有追求的心理产生了积极的影响。

书店的工作非常轻松简单，可以尽兴阅读自己喜欢的各类书籍，进店前他是这样想的。直到进入书店工作后他才明白，看似轻而易举的工作竟然如此难以"应付"。就拿最基本的工作，即熟悉图书来说。一方面，你应该知道自己销售的是什么书，它是讲什么的，这显然比卖牛奶、卖蔬菜难多了。另一方面，仅回答讲什么的，还好办一些，如果再进一步回答这本书是怎么讲的，就会涉及作家、版本及对于作品的评论、比较等，这就更麻烦了。以上问题是仅就自己的知识面而言，更多的考验则关乎大量实际操作，比如核收进货、分类上架、补缺退存、包装打包、盘点库房，以及准确高效的各种结算，等等。

通过不懈努力，在全店专业技能和业务水平比赛、考试中，他逐步提升了成绩，并多次荣登榜首。在做好本职工作的同时，一有空闲，他便如饥似渴地阅读书籍，了解历史、了解世界、了解人生，并由此萌发一个念头，即挑战自我，做一次改变命运的抉择。

后来，他只身闯荡国外，继而回国创业。他感叹"一门"为他的人生奠定了重要基础，并认为，如果说他的事业取得了一些成功，那么阅读这一爱好功不可没。他虽然离开了"一门"，但依然是它的忠实读者，希望"一门"能把他当作永远的"荣誉店员"。

"一门"的故事很多，其中自然少不了爱情故事。

李某与王某是同柜台营业员，也是一对"干活不累"的好搭档。

王某身材娇小，平日里主要干一些图书整理、上架，以及清洁卫生等轻活。李某在王某面前总有使不完的劲，主动承包了所有力气活，从来不让王某粘手。一旦有空，他们就会不自觉地凑在一起，切磋业务技能、交流工作经验，当然也包括关心对方的饮食起居、兴趣爱好。

那一年，正赶上书店大量发行年历、挂历、贺年卡，图书销量也出奇的好，店堂里天天热闹非凡。为了满足读者的需求，大家忙并快乐着，饭都顾不上吃。一分耕耘，一分收获。"一门"的全体同事齐心协力，克服重重困难，提前超额完成了全年的销售指标，年底书店还被评为了先进集体。

新年之际，书店领导来到"一门"感谢大家一年来的辛勤付出，大家欢聚一堂，举杯共庆"一门"再获佳绩。酒酣耳热之际，只见李某手捧酒杯，径直走到王某面前道："我爱你！"全场顿时一片寂静，大家被这突如其来的表白惊住了，随即掌声、欢呼声响彻店堂，越过门窗，在夜空中回荡。

……

"一门"的事，历历在目；"一门"的人，音讯尚存。可是"一门"如今在哪里？每每想到这些，总让人黯然神伤。

如今，"一号路"繁荣依旧，"一门"却在商业经济的大潮中没了身影，"一片汪洋都不见，知向谁边"。

"一门"是新华书店散落在全市各处许多门市部的一个缩影。它的消失，给我们躁动的社会留下一个大大的问号，而历史会回答一切。

# 闵行区第一家中型门店（莘庄门店）

◎ 汪镇华

　　我在 20 世纪 80 年代末调入原上海县（区县合并后为闵行区）中心门市部任店长。中心门店坐落在莘庄镇莘建路、莘东路路口转角处（莘建路 121 号），营业面积为 100 多平方米。我刚接手门店工作时书店还是闭架销售，图书品种只有二三百种，图书以平放展示为主，年销售额为 19 万多元。我担任店长后采取了一些措施以尽可能增加图书品种，销售额虽然逐年有所提高，但也不过是 40 万元上下。到了 20 世纪 90 年代初期，门店在图书展示方面进行了改革，由闭架销售改为开架销售，图书展示品种增加到 1000 多种，图书年销售额一下子就上升到近百万元，并在之后逐年提升，到了 20 世纪 90 年代末至 2002 年期间，图书销售额在 170 万元上下波动。

　　1992 年 9 月，国务院同时撤销原闵行区和上海县，合并成立新的闵行区，莘庄镇是闵行区的政治、经济、文化中心，20 世纪 90 年代，莘庄是上海市人口导入地区，随着闵行区的经济快速发展，人口数量迅速增长，人们对文化的需求也越来越高。为了适应闵行区经济发展，满足人们对图书阅读的需求，闵行区在每个乡镇都开设了新华书店，但都是一些 100 平方米左右的小门店，有的门店年图书销售额连 30 万元都不到，情况好一些的老闵行江川路新华书店图书销售额最多也才两百万元出头一点（1999 年统计的数据），而且各门店的图书品种基本一样（由闵行区店业务人员统一报订分发），远远不能满足闵行区广大民众对图书的需要，闵行区急需开设一家大中型书店来满足人们对文化知识的需求。

2002 年 12 月中旬，我得知某房地产公司在建东路 128 号有一个独立的门面房，共上下两层，每层有 800 多平方米，两层合计 1600 平方米。而且房屋地理位置非常好，门前还有一个五六百平方米大小的独用小广场。我把此事向闵行区店领导和当时的西区分公司领导进行了汇报，领导们非常重视，亲自来到现场勘察，当场决定由我和潘裕平两人与房地产公司进行谈判，具体由我负责。谈判从 2002 年 12 月底开始到 2003 年 5 月中旬结束，其间我和小潘遇到一些反复和挫折，但我们最终还是拿下了这份合同，而且签订的是十年期租赁合同。

我和潘裕平都是第一次参与谈判，想要达到预想目标，就必须掌握谈判技巧，而且其中牵扯到许多技术方面的问题，我俩却一窍不通。既然领导把这项艰巨的任务交给我们，我们只能边学习边谈判。但房地产公司派来和我们谈判的是其副总、招商部经理，他们是久经沙场的谈判高手，因此我们面临着重重困难。

2002 年 12 月底，我们和房地产公司第一次进行接触，房地产公司希望我们把两层店面共 1600 平方米一起租赁下来，年租金为 120 万元，合同三年一签。因为是第一次接触，我们也没多谈什么，只是想了解房地产公司的租赁要求，就回去向领导进行汇报，领导听了汇报，要求将租金降到 100 万元。对方得知后当即表示不同意，认为 120 万元已是很低的租金了，1600 平方米平均算下来每天只有 2.05 元每平方米，而当时市价最起码每天为 2.50 元每平方米。我们认为每天 2.05 元每平方米对书店而言是很优惠了，也对房地产公司的支持表示感谢。然而，我们也强调了书店经营当中的一些困难和难处，如书店利润低、图书损耗严重、房屋租金高、费用支出大等情况，目前多家新华书店因此面临营业亏损。所以我们希望降一些租金，请对方大力支持一下闵行区的图书发行行业。20 万元对一个房地产公司来讲是个小数目，对书店来讲却是一个大数目。而且租期三年太短，书店装修的成本都收不回来，所以也希望对方在延长租期方面进行考量。

第一次谈判就这样结束了。回程时我和潘裕平商量该怎么办，这样谈下去是没有结果的，而且我们不了解房地产公司的想法和底线，这对以后的谈判很不利。因此，我们必须了解房地产公司关于这条路上商业网点的布局和想法，以使我们接下来的谈判有些参考。我们商量后决定邀请经理助理聊聊天，先交个朋友。我们边喝茶边闲聊，逐步把话题引入他们老总的爱好和莘建路店面招商的定位上。他们的老总闲时也爱看书，有空时也常到各书店兜兜看看买些图书，此次洽谈也是老总提出的，所以租金已有所降低。这些信息对我们来讲非常重要，对我们接下来的谈判而言很有帮助。为了能胜利拿下这个店面房，潘裕平建议再去找一下区文广局局长，请局长出面和房地产公司老总再协商一次，把租金再降下来一点，这样我们就更有把握些。一个星期后我们的努力有了结果，房地产招商部助理来电说"老总同意下降租金"，请我们过去洽谈。

我怕夜长梦多，第二天早上一上班就和潘裕平赶往房地产公司招商部。部门经理和助理首先提及老总同意年租金为 100 万元，但提出上下两层需同租开设书店，不可转租给他人。我表示这个没问题，回去后会汇报给领导。接下来双方谈了水、电等其他设施，水、电总表由他们负责，配电不够也由他们负责向供电局申请用电配额，此外，双方就消防、物业管理、门店广场的管理和使用等部分一一谈妥。这一次谈的内容最多，成果最为显著，我们提出的一些要求也基本得到满足。我们深深地松了一口气。

第二天上午，施总从普陀区分公司赶到闵行区与我们开了碰头会，同来的还有普陀区工会主席郑海毅、闵行的朱鑫祥、其他主要门店的店长、潘裕平和我。我在会上介绍了一个多月来与房地产公司谈判的情况，包括邀请区文广局局长出马找房地产公司老总为我们书店说合，同时私下里找招商部的助理了解其招商底线等情况。施总听了我的汇报后，对我们的前期工作给予了肯定，并对下一阶段谈判作了重新部署。如果1600平方米全部租下，则书店经营风险太大，转租给其他行业又可能会影响新华书店的整体形象。因此，书店以800平方米大小为宜，而且以一楼开设为佳。此外，由于面积缩小一半且在一层开设，书店年租金将在70万元左右，合同签订三年的话，装修成本都收不回来，因此最好能签订十年。

　　第二天我们又到房地产公司谈了书店领导的要求，希望租赁底层800平方米的店面，租期为十年。如果三年签一次合同则不稳定因素太多，而且装修一个800平方米的店面最少要二三百万元，三年时间根本收不回成本，也不利于图书市场的发展，所以我们如果想要有一个稳定的图书市场，则最少需签订十年以上或更长时间的合同，以确保我们的投资能够收回成本。至于租赁底层的门面，一是考虑书店的经济收益，二是为了方便广大读者购书、看书，从而提升莘庄地区的文化形象。房地产公司对我们这一变化有些措手不及，不同意这个方案，认为这样做会造成二楼的店铺租赁困难，且会影响到二楼租金。由于这次谈判完全推翻了前两次的结果，谈判处于僵持阶段，对方需先向老总汇报，结果如何再等通知。

　　两个星期后，房地产公司来电说"公司老总同意签订十年合同，二楼店面也有一家网吧看中，而且网吧只需要楼上的店面"，请我们过去继续谈。看来书店的事是有希望了，我便约了潘裕平赶往房地产公司。房地产公司希望书店把整个店面租下，再将二楼转租给网吧，或者按原先说的分租且只租赁底层。我回答说："我们只要底层，还是分租为好。"两层的年租金还是按原先谈好的 100 万元，然后以六、四分，书店支付六成，网吧支付四成。网吧老板同意了我的方案。房地产公司也非常爽快，答应了我方的要求，我和潘裕平非常高兴，因为这样一来，接下来的具体问题就好谈多了。

　　第四轮谈判开始了，由于前期我们做好了功课，有些内容已在第三次谈判中谈好，如水、电、消防喷淋已在落实中，物业管理费确认为每平方米 1.75 元，书店共 800 平方米，一年算下来就是 1680.00 元（物业费由物业征收，依据的是小区居民住宅的标准）。分歧最大的就是年租金如何递增了，递增的多少关系到房地产公司的收益和我们的营业成本。我方提出递增率为 2%，且从第四年开始递增，而房地产公司提出从第二年开始递增，递增率为 5%，谈判因此又进入相持阶段，双方都无法说服对方，无奈之下对方提出各退一步，当然我方也是"无奈之下"同意退一步。为了抢得主动，我方先提出 3% 的递增率和从第三年开始递增的方案，对方略微商量后同意了我方的方案，我想这可能也是计划好的吧。接下来我们要谈的就是递增的计算方法了，算法有两种。一种是租金基数和年份每年增加，当年的基数是根据上一年的基数而来，也就是说以前一年的基数乘上当年的年数就等于当年的租金。第二种是以第一年租金为基数，保持递增率为 3% 不变，以第一年的租金为基数乘以当年的年数再加上基数就是当年的租金。这里唯一变的就是年数，如 65 万元是第一年的租金，那就是 65（第一年的租金）万元 ×3%×8（第十年的年数为 8）+65=80.6 万元，这就是第十年的租金。也就是说，从第一年到第十年，租金也不过增长了不到 16 万元。这对书店来讲是最合算的。如果以第一种方法计算，第五年就达到 91 万元了，第十年租金就要近 200 万元了，如此书店是承担不起的，一年的利润还不够付租金。所以我方要求按第二种方法计算，房地产公司也认为第一种算法太离谱，同意以第二种方法进行计算。

历经五个多月的谈判总算结束了。合同终于在 2003 年 5 月中旬签订完毕，租期十年。经过两个月的装修，2003 年 7 月 28 日，闵行地区最大的新华书店开始营业，除经营图书外，书店还引进了音像制品和文具用品（200 多平方米租赁给音像和文具柜台使用，书店约占 500 平方米）。这是莘庄地区爱书人阅读生活中的一件大事，书店第一天的图书销售额就达到五万元，这是原来小门店从未达到的销售额。

书店第一年的图书销售额就达到 400 万元，音像和文具合计销售额也达到 200 万元，合计 600 多万元。租赁期的最后一年，图书销售额达到 650 万元，加上音像和文具共计 900 多万元。

# 闵行区新华书店三五事

◎ 王宝兴

## "年夜饭"的故事

20 世纪 90 年代中期，浦东三林塘经济基础比较薄弱，公共交通不发达，三林塘人被浦西人叫作"乡下人"。"宁要浦西一张床，不要浦东一间房"的说法在上海中心城区的居民中盛行。彼时，上海新华书店各区县店实行独立核算，新成立的闵行区店刚刚由区（老闵行书店）县（上海县店）合并，三林门店隶属闵行新华书店管辖。记得门店新搬迁至三林路 728 号，店长盛凤仪同志曾获 1997 年至 1998 年度上海市"三八红旗手"称号。那时书店经营图书、文化用品和音像制品，还要负责周边地区鲁汇、杜行、陈行、三林四个乡镇中小学教材的发行。平时门店照常营业，还不定期抽调员工到学校进行图书流动供应和簿本分发工作，忙得不亦乐乎。

1996 年 1 月下旬，临近农历年关，学校即将放寒假。门店到货几百箱簿册需要分送到各相关学校。员工全部前来上班，主任和 2 名男员工跟车分发簿册，3 名女员工守店并联系学校老师接收货物。由于发货量大，行程跨越四个乡镇，簿册品种多样，且要分发到班级，因此工作量相当大。当天一清早我们就跟着货车出发，一个学校一个学校地配送，整整忙活到傍晚，当我们终于在鲁汇小学把一整车簿册分送完成时，天已经完全黑了。

当天晚上，闵行区店按照惯例组织全店员工在莘庄镇进行聚餐活动。因特殊情况，三林门店选派一名男员工参加。朱经理专门安排驾驶员到浦西港口码头接人，一直等到晚上 8 点钟也不见人影，驾驶员只能打道回府。原来，从鲁汇镇到小黄浦码头（现徐浦大桥下）路途较远交通又不便，所以延误了时间，三林门店员工的缺席甚是遗憾。翌日傍晚，朱经理携两位副经理拎酒带菜，专程到三林门店慰问犒劳员工。当晚营业打烊后，大家其乐融融，吃了一顿别样的"年夜饭"，那热烈的氛围令我久久不能忘怀。

## 宾川路门市部开业前的日日夜夜

经过 25 天的内部装修，闵行区宾川路新华书店于 2000 年 4 月 7 日正式开业。是日上午 10 时许，简短的开业仪式在宾川路 386 号举行。大门上方毛泽东同志手书的"新华书店"两组店招引人注目。路人驻足，议论纷纷："开书店好呀，这下我们购书方便多了。"

走进店门，映入眼帘的江泽民同志的题词："以科学的理论武装人，以正确的舆论引导人，以高尚的精神塑造人，以优秀的作品鼓舞人。"洁白端庄的大字在墨绿色绒布的衬托下特别醒目。左边崭新的柜架上摆放着 3000 多种文化用品，右边的音像制品超市里品种丰富、琳琅满目。往左一拐向里走，进入图书超市。只见一排排图书陈列整齐，标志明显，分类清楚。这里有着 8000 多种各类图书，基本可以满足不同层次读者的购书需求。文教书品种多样，精品书内容新颖，少儿图书则布置得富有童趣。

舒适的购书环境凝聚了新华人的辛勤劳动。从门店的整体布局、装修材料的选用到人员的组织安排，区店经理室都是经过反复斟酌、讨论研究才最后决定的。装修接近尾声，开业的筹备工作开始，门店全体员工全身心投入，几乎没有休息过。办公室老倪一心扑在现场，带病坚持工作。员工吴明为安装灯箱一直工作到下半夜，发现门店顶部渗水，他又通宵值班，白天仍按时上班而毫无怨言。市店批销中心、新新联文教用品公司、新华书店音像公司为了保障新门店的开业，到现场了解图书、音像制品、文化用品的结构状况后积极配送货源。在区店经理室和员工的共同努力下，在新华书店各相关单位（部门）的鼎力支持下，宾川路门店顺利开业。

## 拾金不昧的营业员

2004 年 9 月 1 日是中小学校开学的第一天。下午 5 点左右，莘庄新华书店内人流如潮，一片喧闹，两台收银机前排着长长的等待付款的队伍。收银机不停地传来"滴滴答、滴滴答"的打印声，在热闹的店堂里显得特别悦耳。

收银员沈蓉不经意的一瞥，发现收银台的一角躺着一只黑色的钱包。她马上意识到这是前一位读者在付款时遗忘的。她当即关闭收银机，追出店门，可是那位读者已不见踪影。回到门店后，她第一时间把钱包上交店长，并把经过作了说明。两人打开钱包查看，里面有 2000 多元现金、身份证、多家银行的借记卡等，但无法找到可供联系的电话号码，身份证上则显示该读者是吉林省吉林市的。如果失主发现丢失钱包心里一定非常着急，可短时间内他们又无法和失主取得联系。况且快到下班时间了，怎么办？店长和沈蓉商量，只有等明天再想办法查找失主，同时希望失主能发现丢失钱包后主动找上门来。

不出所料，翌日早上刚开门，一位 30 多岁的女同志行色匆匆进来询问收银员是否拾到一个钱包。经过和失主核对证件及钱包内的物品后，我们把钱包交还给了失主。失主接过失而复得的钱包，激动地连连道谢，并拿出 200 元作为酬谢，被沈蓉婉言谢绝。沈蓉拾金不昧的做法体现了新华人的高尚品德。

## 课本征订关键时刻正遇亲人患病住院时

2006 年恰逢春季教材征订关键时刻，闵行区店教材发行组遭遇了困难：负责人高列萍的父亲患脑梗住院，其母亲又患白血病；中学教材发行主管戴晓阳的父亲也患脑梗住院，且病情相当严重；小学教材发行主管李长树的父亲同样患脑梗，已经住院一段时间刚出院。三位教材发行员的父亲患同一种疾病，发病的时间段又如此集中，确实非常"不巧"。这种情况给他们的精神、体力，以及 2006 年春季教材征订工作带来了极大的困难和压力。他们面对的一方面是事业工作，另一方面是亲人亲情。一般情况下，父母患病应该由子女在病床前悉心照料，尽显孝心。为了使教材征订和照顾父母病情两不耽误，他们在一天繁忙的工作结束以后，带着疲惫的身心赶到医院。由于教材征订工作具有特殊性，高列萍同志还把工作带回家去做。他们都是凡人，要做到两头兼顾毕竟很难。在"忠孝不能两全"的情况下，他们把主要精力花在了教材征订工作上，因此，对于不能周到地照料亲人，他们内心感到十分愧疚。好在父母理解子女，高列萍的母亲说："我了解我的女儿，她热爱自己的事业，为了心爱的事业而对我们照顾不周，我不埋怨她。"多么好的母亲，多么朴实的话语，代表着长辈对子女的宽容、理解，使我们为之感动、为之自豪。闵行教材发行员发扬了"顾大家，舍小家"的精神，使 2006 年春季教材征订工作顺利完成。

延安东路新华书店

纪
事

　　1953 年 1 月　大世界门市部（西藏南路 24 号，后迁入延安东路 489 号）开业。

　　1964 年 5 月　全市 22 个合作书亭由延安东路新华书店负责统一供应货源和管理工作。

　　1970 年 11 月 9 日　市店决定将原由上海美术书店、延安东路

延安东路新华书店

新华书店负责对市区商业系统 160 余个图书经销点的批发业务，划归各区店办理。

1979 年　延安东路新华书店实行独立核算。

1984 年 8 月 14 日　延安东路新华书店实行夜市服务。

1985 年 3 月 22 日　延安东路新华书店改为上海版图书贸易中心开业。

1994 年 3 月　上海版图书贸易中心因筹建上海书城进行网点置换而歇业。

1995 年 2 月 15 日　上海版图书贸易中心划归上海书城筹建处。

# 敢于接受挑战的延东人

◎ 沈勇尧　沈桂珍

　　每次路过延安东路西藏路，我都会自觉或者不自觉地走到天桥西南角的平台上站一会儿，凝望已经逝去的延安东路491号新华书店原址，脑海里瞬时闪现当时的街景。西藏路/延安东路转弯角是大世界缝纫机商店，往延安东路西面连着两开间的大世界旅社，再往西就是九开间延安东路新华书店（以下简称"延东书店"）门面，而新华书店往西紧挨着的则是童涵春中药店，当年的场景历历在目。

　　延东书店在全市新华书店中情况比较特殊，它没有基础销售和利润为依托的课本发行业务，也是在当时新华书店体制下，唯一没有课本业务的独立核算书店。在计划经济时期，正是因为有延东人一分辛勤一分耕耘的付出，延东书店才能完成市店下达的各项经济指标。在延东书店工作的同志们危机感常常成倍于其他书店工作的同行。

## 打破旧的供货制度，率先在上海图书行业中创新经营模式

　　1977年至1978年，"数理化自学丛书"和35种世界名著的出版发行，让如饥似渴的读者看到了希望，党的十一届三中全会决定把工作重心转移到经济建设上来。社会上掀起了为了提升自己、改变职业，也为了社会进步和中华崛起而求知的风气。读者急需去书店、图书馆寻找与自己专业对口的学习书籍，而此时延东书店则刚从"文革"期间专发政治读物的旧体制中走出来，供货速度、渠道宽度、品种的专业程度都远跟不上市场需求，此时的延东人在市店的支持下，

打破了"三级订货制度"旧规，率先在上海图书行业中创新经营模式。延东人从多渠道、少环节着手，经过反复调研和思考，依托上海出版，走出一条同上海出版社全部直接建立特约关系的经销模式。1980年上半年，延东书店在与少年儿童出版社取得试点成功的基础上，先后同上海30多家出版社建立了直接供货关系，半年后，延东书店挂上了"上海出版社特约经销店"的副店招，由于沪版书首先在延东书店内进行大面积集中陈列销售，品种齐全、到货及时，销售额直线上升，在上海读者群中引起了很好的反响，读者已经养成了如果沪版书在延东书店买不到，那么其他书店基本可以不去了的习惯。新的经营模式的产生，缩短了图书与读者见面的时间，加快了图书流转，降低了进货库存，大幅度提升了销售码洋。真是走一棋获三利，实现了社会效益、经济效益、员工福利三丰收。

1981年9月，延东书店承办了"上海书市"七个分馆中的沪版图书专业馆。上海书市获得了巨大的成功，使业界对上海图书市场的发展进行了重新研究和定位。为更好地满足不同层次不同专业的读者需求，培育市场快速全面成熟发展，上海教育书店、艺术书店、上海省版门市部、上海旅游书店、工具书店相继开业并获市场认可。不甘落后的延东人再次发力，决心在书市沪版专业馆销售大获成功的基础上把原沪版门店零售单一业务，扩展为沪版图书面向全国发货，向市内集、个体书店从业者开放批发业务并面向全国开展邮购业务。1985年3月22日，上海版图书贸易中心（隶属上海发行所领导，于1986年与延东书店合并为两块牌子一套班子）在延安东路新华书店二楼开业。上海版图书贸易中心的成立，扩大了沪版图书在全国图书市场的占有率，加快了发货速度，缩短了沪版书与外地读者的见面时间。当时，上海文艺出版社的《五角丛书》经上海版图书贸易中心发向全国各地的新华书店，共向集体书店、个体经营者发货达近百万册。沪版图书在全国发货成功，延东书店信誉度同步获得上海出版社认同，书店的销售优势也进一步获得提升。那时，每到新版《青年一代》《世界之窗》《故事会》《绒线编结法》《文化与生活》、"五角丛书"的发行日，延东书店市内批发部门前总会出现一道靓丽的风景线，前来批发书籍杂志的集、个体书店从业者早早等候开门，长长的队伍见首不见尾。

从沪版图书特约经销起，延东书店的主营销售迈入了新台阶，一直稳步增长，1993 年的销售码洋更是突破了 650 万，比上一年销售码洋的两倍还多。

## 守住主营不放松，积极融入市场改革，提升企业经济效益

改革开放以来，全国经济获得飞跃发展，但延东书店单靠主营的话，其销售增长幅度已经落后于社会经济发展速度，员工收入和福利的增长也跟不上社会员工平均增长速度。在政策面前，谁敢先吃螃蟹，其可能是胜利者，也可能是失败者。关键时刻，延东人经过对市场环境和书店布局现状的调研，再次踏上征程接受市场挑战，下海遨游。

延东书店地处大世界游乐中心对面，良好的地理位置决定了此处是极佳的营商之地。黄金之地就要发挥黄金之效益，经挖潜把书店低楼层的 150 余平方米大小的栈房调整为经营场地，一半用来扩大主营陈列面积，另一半用来与华东纺织大学合办"香港环球精品商店"专售高档礼品，每年获利 20 万元。经过一年多的艰苦谈判，1993 年 5 月，延东书店与台湾商人庄荣铖先生合办的上海海上花娱乐有限责任公司在延东书店二楼开业。

利用地段级差地租的空间，此项目每年可获利 70 万元。两个项目的洽谈成功使书店每年多了 90 万元的纯收入，又逢主营销售额稳步增长，延东书店在经济效益方面已彻底翻了身，是年在同地方财政签订的"利润包干，增长分成"中获取了较好的利益，员工的年平均收入（含福利）已从 1991 年的 5500 元，提升到 1993 年的 12000 元。

## 始终走在行业前沿，坚持自身的经营和服务特色

正因为没有课本作为基础销售和利润支撑点，延东人在经营上打开了"人有我全，人全我特，人特我专"的工作思路，延东书店除了拥有沪版图书这一销售中的响亮招牌外，其戏曲带和地图经营同样成为上海读者心中，以及全国专业出版社中的一块响亮的招牌。

延东书店地处市中心，外地游客的占比较高。磁带柜台在进行类别数据分析时，发现各地方版剧种的磁带、录像带销售情况非常好，为此延东书店于 1986 年专门成立了大世界戏曲带门市部，陈列品种由原 300 余种逐渐增加到 1200 余种，除京剧、沪剧、越剧、滑稽戏、淮剧外，评剧、相声、粤剧、豫剧、吕剧、京东大鼓、河北梆子、山东快板等 100 余种地方戏曲磁带和录像带均有陈列销售，只要读者有需求，他们总能在门店找到自己喜欢的一盒带子。

上海诸多戏曲界名人，京剧界尚长荣，越剧界王文娟、赵志刚、方亚芬，评弹界秦建国，淮剧界梁仲平、梁伟平，上海说唱界黄永胜，滑稽界毛猛达、沈荣海都是门市部的常客，每次他们搞签售活动，戏迷们都排起长长的队伍，将小小的门市部围得水泄不通。戏曲带的年销售码洋也从原来的 10 万元不到提升至 1993 年的 70 万元。

外地读者多，延东书店的地图销售逐渐成为热点。为了做大、做全、做专地图经营特色，1991 年，延东书店在底楼专门策划了"大

世界地图展销厅"。规模由柜变厅，由上海地图、全国行政地图册等基础品种，发展到中外历史地图、世界各国地图、各省地图册、古代军事地图、各省景区旅游地图、各省旅游图册、部分城市消防图等各种大小挂图 3000 余种，最大的中国行政地图挂图开张达到 6 全张大小。延东书店还与中国地图、广东地图、成都地图、西安地图、山东地图、福建地图等全国十余家专业出版社建立直销关系，其间与成都地图出版社合作出版了《沪杭旅游交通图》( 2.5 元 / 张 )，完成包发销售 50 万张，后合作出版了《上海市旅游交通图》( 3 元 / 张 )，完成包发销售 50 万张。

延东书店与西安地图社合作《上海城区图》二全开挂图。双方约定由延东书店承包 6000 张进货任务，西安地图社授权延东书店自行复模出售，增值部分收入归书店所有。

仅此一项我们算了一笔账：

每张地图进价 10 元，地图前后双腹膜每张 5 元，买地图上下平衡杆子集挂钩每张 3 元，地图组装费每张 4 元，合计每张图实际成本为 22 元。我们经出版社同意定价 120 元，批发价为 72 元。

经过 3 个月的市场运作，延东书店发动员工并借助大学生暑期勤工俭学上门原价推销，每完成一张奖励 40 元。同时，书店向文庙批发市场、各区新华书店批发代销，完成 6000 张复模地图销售业务。仅此一项目，延东书店至少盈利 30 万元。类似的业务延东书店与星球地图出版社也合作过。

大世界地图展销厅的成立不仅做大了销售，更培养了一批地图收藏爱好者，他们都是基本读者，每周三上午自觉来展销厅"议事"，为我们提供市场信息。

延东书店作为独立书店，在经营上敢于冲破旧观念，敢于接受新事物的挑战，在服务特色上也一直坚持走在行业的前沿。1984 年，延东书店和南东书店、南京西路门市部、淮海中路门市部成为上海新华书店中首批开架售书的门店。

实践中诞生了门市主任赵传仟（1963 年上海先进生产者称号获得者）与少儿柜营业员沈桂珍（1982 年上海财贸系统"六好员工"、1982 年度上海市新长征突击手、1986 年度上海市"三八"红旗手）等服务明星。1993 年，延东书店获评上海新闻出版局文明单位称号。

近日，当我又一次来到延安东路天桥西南角的平台上，再次凝望延东书店原址，回忆着调入该书店工作时前辈们对我的诉说："1953 年黄浦区大世界门市部开业，1963 年 5 月更名为大世界新华书店（成为独立核算店），1968 年正式成为延安东路新华书店。书店刚开业时只有五开间门面共三层，在当年延东班子成员的努力下，经过与大世界旅社一年多艰苦协商，终于在 20 世纪 70 年代初以置换的方式将书店三层楼全部面积让出，换成了大世界旅社的底层四开间门面，形成了延东坐南朝北九开间大门面。为了完成当月销售任务，延东人日日早起夜归，上班前、下班后把书籍放在大世界公交站头出摊，为能多做几块钱的码洋，也尝试过开 24 小时门店。"

原址上再也看不见金光闪闪的延安东路新华书店店招了。若干年前，这里因市政建设需要变为公共绿地，员工们也于 1994 年 4 月起正式划归上海书城筹备处管理，并在其开业后成为上海书城的首批员工。

老一辈新华人在延东书店的艰苦创业和铸就辉煌都已成为历史。延东书店不在了，新华书店也没有过去那么辉煌了。但我相信新华后来人定能重拾火把、重振旗鼓，做好符合现代市场要求的图书发行工作。

# 延东人，为了上海书城

◎ 刘承凤

    改革开放以来，作为申城首批十大文化地标之一的上海书城，是闻名全国的图书销售中心，总投资约 4 亿元，建筑面积为 3.5 万平方米，是福州路文化街重建的启动性项目，于 1998 年 12 月投入使用，至今已有 20 多年了。

    作为曾经的延东人，回忆往事，历历在目。原延东书店为了上海书城的筹建，真可谓"呕心沥血、无私奉献、无怨无悔、绝地再生"，他们为了上海书城的建设大局，放弃"小我"，作出了巨大"牺牲"。

    20 世纪 90 年代初期，在市店领导下，延东书店党支部经理室团结全店员工，齐心协力，敢于创新，积极投入图书发行工作的改革之中，并取得显著成效。开架售书、站立服务等一系列新颖的服务模式陆续推出并赢得了广大读者好评，各项经济指标在全市书店系统中名列前茅，员工收入也随之增长，作为当时社会效益、经济效益取得双丰收的一家颇具特色的书店，延东书店受到了领导的肯定和同行的赞许。应该说当时的延东书店，前景一片光明。

    我于 1992 年 12 月由普陀区店调任延东书店党支部书记、副经理、法人代表，沈勇尧同志于 1991 年 10 月从南市区店调入延东书店任副经理，书店的工会主席是姚惟。我们班子进入角色不久，忽然传来为建上海书城，延东书店将作为商业地产进行置换的消息。也就是说，为了建造上海书城，延东书店将被关门，员工将会下岗，面对此突变，全体员工顿感前途莫测，心情变得十分焦虑不安。如何正确处理好全局利益与个人利益之间的矛盾，如何稳妥做好员工思想工作，对于当时的书店党政领导班子而言都是严峻的考验。说心里话，当时我们领导班子确有两难，既要支持建造书城的大局，又要妥善安置好即将下岗的员工。但我们没有畏惧，而是面对困难，集思广益，最后一致决定变"两难"为"双赢"，坚决支持上海书城建设，延东书店关门让地，生产自救，并妥善安置员工。

1993年年底，时任上海市新闻出版局副局长贾安坤找延东书店领导班子成员谈话，正式宣布延东书店将被置换，并要求我们在几个月内完成书店撤离置换工作。为稳定员工思想情绪，书店领导班子包括党政工团在内及时组织上门家访、慰问，倾听员工的真实想法，在政策许可的范围内帮员工解决实际困难，保证了员工队伍的稳定。

当时我们做了两方面的工作。一是全力做好员工的思想工作，安抚情绪，增强信心；二是带领员工抓住书店撤离之前的短暂时间，继续做好销售工作，开展85折的特价图书促销活动。由于前期思想工作深入细致，各项措施扎实到位，全店员工都能自觉做到顾全大局、积极配合，保证了书店撤离工作顺利平稳完成，受到了上级领导的肯定和赞许。

书店积极展开了生产自救。为了不让员工回家待业，减少收入损失，领导班子到处打探，寻找营业场所，近三年的时间里先后在工人文化宫、浦东南路、河南路广东路口等地辗转换址经营，艰难地工作着。昔日红火的延东书店变成一个大型流动书摊，无论寒冬酷暑、刮风下雨，员工都默默工作，令人动容。领导班子还发动大家动脑筋想办法，群策群力，努力把销售额做上去。为了降低进货成本，我们从外地出版社批入纸质的双全张世界地图、中国地图和上海市地图，在上海寻找厂家进行覆膜加工，然后组织员工自己动手粘贴、拼接、穿杆子，做成成品出售。干部以身作则，亲力亲为，带领员工扛着"大地图"走街串巷，从市区到郊县，从机关到学校，从工厂、街道到部队，挨家挨户上门推销。延东人布满上海各个角落的足迹和洒下的汗水，换来了出色的销售业绩，增加了员工的收入，稳定了员工的情绪。

经过近三年辗转换址的艰辛经营，原延东书店于 1996 年年初终于搬入了相对稳定的销售场地——上海书城建设工地的简易临时棚。在两年临时棚经营期间，工作条件和环境依然十分艰苦。临时棚书店紧靠书城建筑工地，打桩机的轰鸣声彻夜不断，碾泥机尘埃漫天飞舞。简易临时棚内一无空调，二无隔热保温措施，夏天酷热难熬，棚外摄氏 35 度，棚内更是摄氏 40 度，冬天棚外寒风凛冽，棚内低温刺骨，让人难以忍受。

经过六年的艰难经营，虽然状况不如以前，员工的收入也有所减少，但没有一位员工上访，纷纷为上海书城的建设付出了艰辛劳动，作出了自己的努力和贡献。1998 年 12 月，上海书城开业，原延东书店员工以崭新的精神面貌出现在书城的各个岗位，继续发挥着光与热，为图书发行事业再添辉煌。

青山遮不住，毕竟东流去。延东书店 60 多位员工为了一个"梦"，曾经作出令人钦佩的"重大牺牲"，撤店让地，辗转经营，生产自救，历尽千辛万苦。这些艰辛和奉献终于帮助曾经的"延东人"圆了一个大大的"美梦"，即上海书城的开业。

上海科技
书店

中国科技图书公司

# 纪

# 事

------

1951 年 7 月 20 日　中图公司在河南中路福州路口中华书局、商务印书馆原址开业。

1954 年 1 月　中图公司与新华书店上海分店合并，仍保留"中图公司"招牌。

1968 年　中图公司改名为河南中路新华书店。

1978 年 2 月 11 日　河南中路新华书店改名为上海科技书店。

1979 年　上海科技书店实行独立核算。

1980 年 7 月 15—7 月 31 日　市店为配合新长征读书活动的开展，由上海科技书店承办"1980 年暑期图书展销"活动，展场面积为 600 平方米。展销共 18 天，接待师生和各界读者 8.6 万人次，其中包含外地来沪的 190 所大专院校采购人员。共计售出各类中外文图书 34 万余册，金额为 37.5 万元。

1981 年 7 月　上海科技书店设立大中专教材门市部。

1983 年 5 月 15 日　上海科技书店划出职工食堂的一部分，用于开办"读者餐厅"。餐厅以低于市场价、略高于职工食堂价给前来购书的读者，特别是外地团购读者提供了用膳方便。

1983 年 6 月 6 日　上海科技书店在东海舰队某部的支持下开办了"读者招待所"，为外地来沪采购图书的读者解决了"住宿难"的后顾之忧。

1983 年　上海邮购书店有正式职工 31 人，隶属上海科技书店管辖。共收到各地邮汇票 117635 件，信件 108191 件，销售图书共计 63.09 万元，邮购满足率达 84.9%（按邮汇票发书和退回计算，一张邮汇票发一本即算满足）。

1984 年 3 月　上海科技书店新增一台具有"便民服务"功能的咨询电话，号码是 234567，安装在总服务台。

1984 年 7 月 31 日　上海科技书店改名为中国科技图书公司。

1986 年 9 月 1 日　大学书店开业，由中国科技图书公司与上海七家大学出版社联营。该店采取"认股投资，按股分红"的形式经营。

1988 年 1 月 1 日　中国科技图书公司从市店分离出来，隶属上海市新闻出版局领导。

1989 年 1 月 13 日　原由市店代管的大学书店，隶属上海市新闻出版局领导。

1993 年 2 月 18 日　中国科技图书公司装修竣工开业。

1994 年 3 月 10 日　中国科技图书公司设立的上海计算机广场开业。

1995 年 2 月 13 日　中国科技图书公司和德国贝塔斯曼股份有限公司合资经营的上海贝塔斯曼文化实业有限公司，经国家工商管理局批准正式开业。

**2002 年 7 月 28 日**　中国科技图书公司"教材总汇"开业。经营面积为 1300 平方米，陈列品种为 40000 余种。

中国图书发行公司

# 往事回忆

## ——忆在中国图书发行公司的二十年

◎ 王根才

## 一

　　人的一生在职时间一般在 35 年至 40 年间。我在职 40 年，前 20 年于中图公司度过，后 20 年分别在店所储运部、总经理办公室、教兴公司任职，40 年的书店生涯也算是"从一而终"。20 世纪五六十年代入职书店的老同志，绝大多数是从一而终的，不会半途而废，即使有离职者也是由组织调动，或在出版系统内部流动。

　　我是上海出版学校毕业的"三期生"，属 59 发行班的"科班生"，前有 57 班（一期的师姐、师兄们早两年入职书店，如李中玉、阮文星、陆潜、程宏量、胡菊仙、严钟麟、强惠娟、孙漪霞、凌珊芳、闻爱芬、俞敏慧等），59 发行班共计 24 人毕业，包括我、傅育连、王茂荣、陈银南、姚美珍、傅兵、沈行豪、钟美英、杨碧如、盛君秋、张立德、唐衡江、陆文彬、何爱珍、刘训花、张雪英、李桂环、周宪民、张海滨、纪永斌、俞立信等人进入店所工作，其余两人入职外文书店、上海书店。次年又有 60 发行班（四期）10 余人进入店所工作，三年内共有 40 多名经过专业培训的年轻人参加书店工作，为新华书店增添了新鲜血液，增加了书店活力，老同志戏称我们是"黄埔军校"出来的新兵蛋子。

二

我于 1963 年毕业后首先进入储运部工作，主要承担大中专教材的添单配发业务，后于 1963 年 12 月调入中图公司服务部。在就读出版学校时，我就对中图公司有所耳闻，它是上海乃至远东的第一大书店，书店外立面线条清晰、端庄大气。书店东靠河南中路，南傍昭通路，北临福州路，整体形成的一个大大的"V"字形，实际上是由二幢楼宇组成，南面一幢原系商务印书馆发行所，北面一幢原属中华书局所有，两幢楼之间有一条南北宽一米、东西长六十余米的夹弄，底楼分为南北两个门市，中间以通道相连。北门市经营机械工程、电工工程、标准（国标、地方标准）、土木建筑、轻化纺、交通运输、地图等类书籍、资料；南门市设自然科学、农业技术、教育（挂图）、医药卫生、工具书（各类辞典）、社科文艺、产品样本、产品目录等，另设读者服务台（导购、接待、代邮），二楼设有经理室、内部书店、邮购书店、服务部、财务、总务、食堂等。靠昭通路一边为大专供应部、图书馆供应部；三楼、四楼则为库房。

中图公司服务部是在全国科技大会召开后为适应科技大发展形势而筹建的，其宗旨是为科技服务，为发展生产力服务，为科研单位、大型重点工厂提供各类科技图书及相关资料。根据市科委提供给我们的名录可知，这些单位大致分为两类：一类是科研单位，如中科院下属的光机所、硅酸盐所、物理所、药学所、寄生虫病所、计算机所等，国防工科和下属的 911 所、九所、十一所等；一类是大型重点工厂，如机电一局下属的汽轮机厂、电机厂、重型机器厂、彭浦机器厂、华通开关厂、柴油机厂，机电二局下属的新江厂、新新厂、跃龙厂（均为一级保密单位），仪电局、建工局、卫生局、轻工局下属的大型工矿企业，以及三级医院等 140 余家单位。这些单位代表了当时上海乃至全国科技含量最高、产品最先进的水平，因此我们深感压力。服务部建立初期仅有 9 人，主任为陈致远，发行员有 3 人（我、葛平、徐鳌齐），账务负责人为樊景华，中专教材负责人为罗元芬，栈务负责人为毛荣广，收发负责人为徐鸿玉，科学会堂门市负责人为陈洁，后又增加了陈宏恩、朱兆安、张丽新等。

## 三

当时，我分管中科院、国防科工委、机电一局所属 40 余家研究所、工厂科技情报室图书资料的供应工作。工作范围由两大部分组成，一是新书预订、缺书代办、送书上门，二是开展对这些单位的图书流动供应工作。

新书预订较为简单，只要每月发送《科技新书目》和有关订单到所属单位，经收集、统计、汇总上报，待新书一到按单分发、送书上门，即算完成。而缺书代办难度就大了，科技书不同于一般书，特别是一些专业性强、针对性窄的书，一旦漏订，待门市售完，那么其他区县书店肯定是没有存货的，再去寻找无疑是大海捞针，一般是无功而返。1964 年年底，科学出版社出版了一本有关从稀土金属中提炼铀类物质的书，地处浏河边上的跃龙厂急需此书（当时漏订），请我们代为寻找。此书服务部总共订了 7 册（上海图书馆 3 册、科技情报所 2 册、中科院硅酸盐所 2 册），门市部订了 5 册（早已售完），科学出版社也无库存，而跃龙厂科研人员又急需此书。经联系上海图书馆和科技情报所，两者只能外借 15 天，不能转让，后我和中科院硅酸盐所取得联系，为他们牵线搭桥，终于中科院硅酸盐所同意出让一册，从而解决了跃龙厂的燃眉之急。这一事件给了我一个教训，即缺书代订并非我想象的那么简单，不是仅仅统计、上报就完事了，而是要认真了解各单位的情况，做到心中有数，才能防止新书漏订情况的发生。科技类图书有别于其他图书，由于专业性强，订数又少，一旦漏订，只能等待再版。

如何避免漏订是一门大学问，凭我的科技知识根本无法应对，怎么办？一方面，我分门别类地对各单位的研究对象、范围、产品作分析；另一方面，我向各单位资料室的老师、专家请教，但不少保密单位根本不会透露有关消息，我只能从他们所订图书的信息中分析该单位的研究项目及所生产的产品。经过近两年的努力，我基本摸清了所属发行单位的情况，在每次审核新书预订时都能及时提醒他们可能漏订的品种。

针对各单位的上门流动供应工作也是服务部的主要工作。当时是每周六天工作制，按要求每个发行员至少要保证一周提供两次上门流动供应，人员安排上要求协同作战。我和其他两位发行员、三名机动人员每次分两队出动，每人一辆加重自行车，携带四五个大包，碰到大型工厂或是远郊单位时则只能求助于对方的汽车接送了，一般单位均能做到，因为他们认为我们上门服务过程中，送的不是一般商品，而是科学技术，是生产力。在市区流动设摊一般是当天来回，如果在远郊，就得花费两天（如新江厂、新新厂、跃龙厂），这些单位在事前会为我们安排妥当，这一点使我们深受感动。

另外一个问题就是和各区、县兄弟店之间的协调问题。因为我们所属发行单位均分散于各区县属地，我们上门似乎有"抢饭碗吃饭"的嫌疑，然而在实际操作中并无此事，因我们供应的全部是科技类图书，无社科、文艺、少儿图书，这就起到了拾遗补缺的效果。两年下来，我们也较好地协调了和各区县店之间的关系，从未发生矛盾，因为发行员彼此间是同志、同行、朋友。

## 四

1979 年 7 月，我任中图公司行政组任组长，承担财务、总务、食堂等管理工作。1980 年 1 月，我担任门市部服务组组长，主要工作是接待外地来沪图书采购者、缺书代办及代邮工作。在门市服务台工作期间，我深感中图公司影响之广、读者之多。门市每天上午九点营业，八点半已有几十位读者在等开门，九点一到，读者如潮水般涌入，一小时后，门市内已是读者盈门，所有柜台、书架前人潮涌动。当时营业员尚未身着工作服，又无胸牌标识，现场几乎分不清读者和营业员的区别，好在当时营业员主动性极强，主动为读者导购、开票。记得当时外地来沪采购图书者较多，服务台每天要接待来自全国四面八方的采购员百人之多，代邮代订代运的图书包件重达一吨，服务台 9 名工作人员十分辛苦。

1980 年 7 月，我接替秦鸿令同志任图书馆供应部主任。图书馆供应部原不属中图公司管理，"文革"之前属上海新华书店计划供应部（由内部书店、大专供应部、图书馆供应部组成），经理是刘涤同志，"文革"之后，中图公司与市店计划供应部合并改称为河南中路新华书店，1978 年 2 月经市出版局批准更名为上海科技书店。我到图书馆供应部时，图书馆供应部已迁至河南中路 159 号底层，面积为150 平方米，一楼半为办公室，二三楼为上海书店仓库。其时的图书馆供应部正处于销售黄金时期，年销售额占科技书店的五分之一，其原因有以下三种。第一，所辖发行单位均是"优质股"，如市区县图书馆，部属、市属的大专院校，全市各大研究所、各大工厂；第二，书卡同行，上海图书馆编目部专门有三人进驻图书馆供应部，新书一到，第一时间抽出样书，即刻按人大图书分类法进行编目订制，省去了各单位的大量精力，书一到，即可上架借阅；第三，送书上门，无论单位大小、路近路远，一律送书上门。这三项因素确保了发行单位的稳定性，因而新书预订率节节上升，销售额稳步增长。书店人员仅有 12 人，包括王根才（主任），胡贻农（图书分配），王媛芹（结算），胡守中（汇总），孔建中（刻印、结算），俞惠菊（过卡），周玉珍（开票），郑武元、董坤贤、高建中、薛勇敏（配发、打包），陈嘉祥（司机）。当时上海科技书店员工共有 237 人，可见图书馆供应部人均劳动生产率之高。图书馆供应部 12 人中 3 人为老同志，4 人为中青年，5 人为小青年，12 个人团结一致，既有分工又有合作，正常情况下各司其职、各负其责，一旦到货集中时，收货、分发、打包卡位全体出动，大家都暂时放下各自手头的工作，集中力量打攻坚战，一二小时就能解决问题。正因为有这种集体主义精神，图书馆供应部的整体运作始终处于高速状态，顺利完成了各项指标。我在这一集体中工作是紧张、辛苦的，但心情是愉悦的，作为一名共产党员为图书发行工作添砖加瓦，是我应尽的责任。

我在中图公司时，历任经理有肖朋、朱芙美、田蓉珍、朱顺兴、张渭松（革委会主任），副经理有陈钦、李文标、叶秀娣、杨蕴琦、秦鸿令、卞健、包妙德（革委会副主任）。

1984 年 7 月，我奉调市店储运部任运输科科长，开始了新的历程。

# 大山深处的"都市图书流动供应队"

## ——回忆上海后方基地 743 书库

◎ 王根才

　　20 世纪 70 年代初，毛泽东同志发出了"深挖洞，广积粮，不称霸"及"备战，备荒，为人民"的指示，一时间大江南北掀起了进军大西南、挺进沿江沿海山区、建设"大三线""小三线"的热潮。当时，上海市委、上海市革命委员会决定组建由冶金、仪表、轻工、交运、电力、建材、电讯、卫生等局的 80 余家工厂企业远赴 400 余公里之外的皖南和浙西山区建新厂。这些"小三线"支内工厂分布在皖南山区的宁国、旌德、绩溪、歙县、屯溪（现黄山市）、休宁、黟县、石公、东至、青阳、贵池及临安等十多个县，具体地点都在人迹稀少的深山之中，交通极为不便，而生产所需原材料、人员的日常生活用品均由上海定期运去，各方面物质条件相当艰苦。相对来说，工人们更缺的是精神文化生活，没有电影、戏剧、书籍，他们的工余时间只能打牌、喝酒、吹牛、睡觉，时间一长无事生非多了起来，使领导大感头痛。

## 组建书库储备"粮食"

　　上海市革命委员会为了解决后方"小三线"员工读书难、买书难、缺乏精神食粮的问题，要求市出版系统予以协助。市店领导根据上海人民出版社的指示，于 1974 年 1 月责成中图公司主理此事。时任中图公司服务部主任陈致远同志即刻着手人员落实、货源组织等一系列准备工作。人员配备以中图公司为主，各书店为辅。图书货源全部由中图公司负责，图书运输由市店储运部负责。我有幸和服务部的葛平、徐鳌客、毛荣广等同志协助陈致远同志完成图书品种、数量的配发工作。在各方努力下，我们在短短的二十天时间里完成了500多个大包的配书、打包工作。兵马未动、粮草先行，在743书库（因1974年3月开业而名）开业前一星期内，我们将500余包书送至书库。安徽省绩溪县雄镇（后方瑞金医院）十间平房则作为此次任务的大本营。

743书库从1974年3月开业至1978年年底结束，前后历时近五年，为上海后方基地广大干部、员工送去了数以万册的书籍，同时送去了上海新华人对他们的关心和支持，大大丰富了他们的精神文化生活，满足了他们对各类书籍的需求。我曾带队参加了一期（七个月）图书流动供应工作（由市店吴庆贻等8人组成）。同时，我们平均每季度都要驾车运送图书一次（附带调研书库所需图书品种、数量情况）。现将亲历的情况实录如下，以铭记这一段美好的时光。

## 丰富生活弥补知识

上海后方基地指挥部设立于屯溪，员工有5.4万余人，家属（含中小学生）有1.6万余人，合计7万余人，这么一支庞大的员工队伍对书籍的需求可想而知。为了满足他们对书籍的需求，我们从三方面着手：第一，以流动供应为主，送书上门，设摊供应；第二，对单位员工图书馆（室），科技情报资料室以预订为主；第三，在书库设立40平方米的门市部，满足靠近书库的单位、个人上门选购。我们所提供的图书品种涵盖文史哲医、自然科学、少儿读物、科学技术等大类，尽量将当时热销的品种配齐。743书库开业之时，已至后方基地大发展时期，员工人数已达顶峰，各项文化活动也逐渐配套成形，后方基地电影放映队定期下厂放映电影，市属文艺团队也定期下厂巡回演出。

与看电影、戏剧相比，工人们对于书籍似乎更为情有独钟。我们书库的图书流动供应队每次到工厂供应书籍时，书摊前总是人山人海，好似过大年一样。无论是在工厂大礼堂设摊，还是在图书馆设摊，书桌前、书柜边总是密密麻麻地挤满了人，由于图书全部是敞开式供应，选购极为方便，每次的盘亏率也极低，现场从未发生过偷窃或是拿了书不付钱的现象。

有不少工人做完夜班后直奔书摊，泡在书桌前，直到选购到自己心仪的图书才离开。我们供应时间也是全天候的，只要还有一个读者在选购就决不收摊，这是因为我们去一次不容易，一般工厂一个月只能轮到一次。基地员工的购买力远远超出我们的预计，每次供应结束后进行盘点，销售的码洋要占带去总码洋的30%—40%，这和在上海市区工厂流动供应相比有过之而无不及。我们在八五钢厂、上海电子器材三厂、永红机械厂、炼江牧场、红星机械厂、险峰光学仪器厂、胜利水泥厂、朝阳机械厂等设摊供应时，许多青年员工只要有看中的书籍就会全部拿下，一结账均在三四十元，而当时他们的月薪仅有四十多元，也就是说当月的工资全部化为书籍了。不少青年员工说："每天的饭菜可以吃得简单些，而心仪的书籍不可不读。""好的书可以陶冶性情""好的书是进步的阶梯""知识可以改变命运"，多好的语言，多美的心灵。在下厂流动供应中，我们还开展了缺书代办、为读者找书、为书找读者等活动，极大地方便了广大员工。

743书库充实了各工厂员工图书馆、技术情报资料室的藏书数量，提高了馆藏的图书质量。当时，出版部门为了缓解"文革"造成的书荒，重印了四大名著，由于供应数量限制，满足不了个别读者的需求，我们就按工厂规模大小、员工人数多少，全部配发给图书馆，使更多的员工能阅读。后方基地工厂生产的大部分是军工产品，如57高射炮、新40火箭筒等，对技术要求相对较高，特别需要国家标准（国标）、上海地方标准（地标）等信息的支持，上海标准技术部门出版的一套地标属内部发行，我们就将这一套地标发至各有关工厂，解决了他们的需求。

## 多方协力互相配合

743书库在筹建过程中，从选址、场地、设备到运输工具诸多方面得到了上海后方基地指挥部的大力支持和关心，后者帮助协调各方，快速解决了有关问题。书库设在何处是大有讲究的，因为后方基地八十多家工厂分散在皖南和浙西山区十多个县，方圆百余公里，既要交通方便，又不能太偏，否则进出不便。

指挥部建议，安徽省绩溪县地处各工厂中心位置，书库设在该处较为理想，于是最终书库建在绩溪县雄镇（后方瑞金医院）。当时轻工局101建筑工程队让出平房十间作为书库大本营，并提供食堂给我们用餐，不收取房租。交运局所属的683车队二分队征调一辆经过改装的厢式车供书库使用（含司机一名），不收取任何费用。我们去各工厂流动供应时，工厂都会免费提供一日三餐和住宿，这些措施在当今是不可想象的。有了这些后勤保障，我们各项工作都能顺利进行。最让我感动的一件事发生在1976年1月，当时我驾车去书库运送图书，返沪途经宁同县竹峰一长陡坡时，发动机气缸损坏，车辆无法动弹，恰逢漫天鹅毛大雪，前不着村后不着店，无奈之下我只能前往20多公里外的电力局所属366电厂求救。由于之前我们多次到该厂流动供应，与厂领导较为熟悉，厂长知道情况后二话不说，马上派了一辆急救车到现场抢修，经过两个多小时的急修，车辆终于重新上路，我也得以安全返沪，真是危难时刻见真情，雪中送炭暖人心。我在多次往返上海与743书库途中，都将浙江湖州市广德县作为中途停息点，每次均得到湖州市店吕存周经理、陈永发科长及广德县店张建同经理的关心，真是天下新华一家人，不分彼此皆兄弟。

不经意间一晃四十年，往事历历在目，有生之年能为上海后方基地的干部、员工服务，实为本人之幸事也。

# 别开生面的暑期书市

◎ 魏绥之

　　1980 年 7 月，人们路过上海市中心的人民广场时，经常能看到很多人顶着烈日，排成一字长蛇阵，好像在等待着什么。走近那矗立在市体育宫门前的巨大会标，人们才恍然大悟。原来，他们是等待参加"一九八〇年暑期图书展销会"的老师和同学。该展销会的宗旨是，丰富师生暑期生活，促进教学，有利四化。由于时机恰当、方法对路，展销会办得生动活泼、盛况空前。

## 争取社会舆论支持

　　展销前，上海人民广播电台、上海电视台报道了即将举办书展的消息。1980 年 7 月 15 日，《解放日报》《文汇报》分别报道了书展开幕的消息。《文汇报》还以《暑期书市别开生面》为题，报道了苏步青、朱物华教授在预展中欣然购书等情况，从而使举办"暑期图书展销会"的消息迅速传遍了上海。展销会第一天就接待读者 6800 余人次，整个会场如同人的海洋，大家争先恐后选购图书。场内许多风扇不停地嗡嗡作响，人们仍然挥汗如雨。

　　当你绕过巨大的会标，进入展销会场，就能看到"展销会前言"中写着："这里为您提供了广阔的选择余地。请挑选您喜爱的图书吧，让它伴随您过一个愉快而有意义的暑假；让它伴随您在新长征中作出新的贡献！"前来参观选购的人群，正是从这里被引导去往书的海洋，外地一些高等院校的师生闻讯也远道而来。书店接待组起早摸黑，紧张而热情地进行接待工作。

## 内外联合，发挥优势

这次展销会，是由上海科技书店发起，联合上海外文书店、上海新华书店大专供应部共同举行，因此集中各方面货源，发挥了品种齐、数量多的优势。几个专业书店为展销会准备的货源中，有五分之一属于畅销书，五分之二属于常销书，另五分之二属于平时比较滞销的书，因而此次展销会是一次书店系统内部的紧密联合。暑期图书展销会的主要对象是大中学校师生，经与团市委、高教局、教育工会联系，他们表示大力支持，并作为发起单位做了大量工作，因而此次展销会又是一次与书店外部的有效联合。内外联合的协作成效颇佳，大家很快租到一个适宜的场地——市体育宫，位于人民广场西侧，闹中取静。展销现场的面积有六百平方米，周围场地宽阔，可供读者迂回。展销期间，有一部分老师参加高考批卷工作不能来买书，上海科技书店就专门开出"暑期图书流动车"，送书上门，销售图书五千多册。为照顾外地院校专程来沪购书的读者，展销会还特地开辟了"早市"和"夜市"。

## 获得了较好的社会效果

暑期展销会开幕那天，复旦大学三位书记、五位正副校长、各系主任和团委负责人一清早就集体赶到展销现场，愉快地选购图书。复旦大学校长、著名科学家苏步青教授高兴地说："你们办书市，我是每次必到，书店为师生办了件好事。"上海市人民代表、上海交通大学哲学系教研组组长陈章亮赞扬这次展销直接配合了全市正在开展的青少年读书活动，有利于树立社会主义新风尚、新道德。他说："展销会上这么多青少年踊跃选书、看书，说明我们的青少年是有希望的一代！"上海第二医学院一位青年教师说："书店举办这次展销会，是抓住了最佳服务时机。给予九折优待，是采用了崭新的供应方式。全部实行开架售书，是完全为读者着想。这次将所得奖金全部买了图书。"还有很多读者写来赞扬信。有一位读者写道："喜见图书得展销，万千学子兴偏饶。他年灿烂文坛果，尽是阳光雨露浇。"

## 全部开架薄利多销

这次展销会，从陈列到环境布置，都围绕"展"字做文章，以展促销。展销场地宽阔，图书陈列醒目，这是场地有限的书店门市部所不及的。另一个特点是，读者"多"而"杂"。大凡举办展销会，总要通过各种途径预作一番宣传，这就促成各类"杂家"欢聚一堂。每当这时，一些滞销书就会找到"门当户对"的对象。《外科操作基本实习指导（动物实验）》一书在 1979 年作特价处理时都无人问津，却在这次展销会上，被扬州医专的同志发现，120 本存书全被其买去了。他高兴地说，这本书总算找到了，真是"踏破铁鞋无觅处，展销会上喜相逢"。

展销会全部实行开架售书，选书者无拘无束。有的读者高兴地说："品种这么多，翻阅又这么便当，越翻越喜欢，原来只想借来看看的书，结果也从展销会上买回去了。"展销会实行"九折优待"看似"标新立异"，实则赋予了新的意义——支持青少年读书，丰富暑期活动。为了加强对开架的管理，书店学习了一般展销会的做法，即在入口专门设立存包处，读者携带的手提包等物品，此处可免费代为存放。读者选购的图书，背面会盖上"九折优待"的印章，以示售出，由此在一定程度上减少了盘亏损失。

这次书展得到了广大师生和社会舆论的广泛支持。教师们反映，展销会实行九折优待，太好了！对他们这些收入不高的中年教师来说是个福音。复旦大学团委的同志说："这次展销对我们评'三好学生'活动是个推动。我们把展销入场券优先分发给平时群众工作多、学习任务重的'三好学生'，以示鼓励。"书展期间，团市委还特邀全国全市的"新长征突击手"和"三好学生"前来参观选购。

展销会给读者以实惠，书店也喜获社会效益和经济效益的双丰收。通过展销，书店扩大了图书流通面，真正做到了薄利多销。为期十八天的展销活动，共销售 37.5 万元，盘亏 206 元，盘亏率为 0.6‰，毛利为 5.37 万元。扣除各项开支获净利 4.47 万元。书店门市部的营业额也并没有因为展销会提供九折优待而受到影响。

# 上海科技书店的往事

◎ 魏绥之

## 一、上海科技书店实行开架售书

上海科技书店以焕然一新的姿态，迎接着每天成千上万的读者。书店为充分发挥书籍在建设精神文明和物质文明中的作用，于1982年2月，压缩办公用房，扩充店堂一千平方米，又在店中全部换上新式书架实行开架供应，一改过去读者购书时"望远镜"式找书的方法。

开架售书，是广大读者盼望已久的一件事，随着出版事业的发展，图书品种日益增加，逛逛书店，在浏览之余，挑选一些自己喜爱的图书的读者越来越多，因此希望拆除书店柜台的呼声日渐高涨。上海科技书店是全市最早开始实行开架售书的书店，但一直局限在半开半闭的"口袋式"中，限制了书籍陈列的展开，不利于扩大宣传，读者在"口袋"里挤来挤去，也感到十分不便。在讨论门市店堂布局时，我们打破了"口袋式"格局，实行全开架。读者称赞：书店的老传统又回来了！过去，因为不好意思多麻烦营业员，读者往往匆忙买上几本书就走了，如今自己到书架旁边，随手翻阅，中意了就选上几本，大家都感到方便多了。

不少读者，慕"科技"之名，常远道写信给书店，询求解决生产技术难题的"药方"。这虽属分外事，但书店同志也是竭尽所能，查找资料，解人之难。浙江余杭临平玻璃厂机修工曹永兴，在加工齿轮时，由于缺乏计算齿形链轮各部尺寸的方法，影响了正常的生产。他特地写信给上海科技书店求援。书店同志查找了有关资料，发现《机械工程手册》中曾讲到这种链轮的计算方法，但该书已售缺，想到读者的急切心情，他们写信给有关出版社，并在出版社的协助下，找到了这本书，这对于曹永兴而言真是雪中送炭。

1981年，初版、重版的科技图书达八千种，经常上架的品种也保持在万种左右，上海科技书店除了通过海报向读者报道新书消息外，还用寄发推荐书目、主动上门介绍等方式，为一些基本读者提供购书方便。华裔外籍读者周易公医师长期以来委托国内亲人到上海科技书店医药柜选购针灸图书，营业员总是想方设法满足其需求。周医师为争取祖国针灸医学在美国取得应有的合法地位，进行了大量工作。在美国联邦法庭上，周医师运用了他多年来从国内购买的针灸图书中的有关资料，据理反驳了各方质疑，最终获得胜诉。后来，周医师在回国探亲时，特地到书店向有关营业员表示感谢。

## 二、上海科技书店扩建为综合性科技信息服务中心

1984年8月，曾经在全国第一个实行开架售书的上海科技书店，在改革的浪潮中跨出了新的步子。经市出版局批准，营业额占上海新华书店系统营业总额五分之一的上海科技书店被筹建为中国科技图书公司，并起用新名。

新的公司实行经理负责制，干部人选由经理"组阁"。公司被建成一个以发行基础科学、技术科学图书和文史哲学术著作为主，兼营音像读物、视听教具，并推广展销国内外电脑产品、开展软硬件配套服务的大型综合性科技信息服务中心。上海科技书店是本市出版系统实行全面改革的第一个试点单位。

中国科技图书公司在向社会传递科技信息、传播科技知识的同时，不断提高、更新了自身的科学管理水平，逐步实现电脑管理，积极推动了用于图书检索、企业管理的微型电脑和程序设计工作。

中国科技图书公司成立后，服务的天地更加广阔，服务的质量也更需提高。上海科技书店为适应这一形势发展的需要，先新辟了一个读者餐厅。书店办食堂，被读者赞为首创。他们还安排专人设专点，想方设法为外地特别是远道而来的读者解决住宿问题。三楼的科技展览大厅也进行了施工，并于之后开始接受国内外出版社、科研单位、厂矿企业的委托。

## 三、上海科技书店有条"热线"

1984 年，上海科技书店为方便读者进行科技图书咨询，特意设置了一台专用电话。这台电话号码非常好记：234567。这样好记的电话号码是怎么给到上海科技书店的呢？

"春江水暖鸭先知"，上海科技书店的"微电子热"，要比社会上的"微电子热"来得早些。从 1983 年起，到上海科技书店购买微电子技术、计算机技术书籍的读者络绎不绝。有的读者为了"先睹为快"或因急派用场，不时来电询问出书消息，上海科技书店原来的电话不够用了。为了方便读者进行科技图书咨询，书店的同志前往电话局申请新装一台供咨询用的专用电话，并希望能给一个容易记忆的号码以方便读者。电话局的同志非常重视这个要求，考虑到这台电话将为科技事业牵线搭桥，就把保留多时的、非常好记的这个号码租给了上海科技书店。

"234567"号码虽好记，但由于新来乍到，读者对它并不熟悉，因此还不算最"热"。到了 1984 年 3 月，"微电子热潮"掀起，上海科技书店专门设立了"电脑工程"专柜，科技图书咨询的专用电话才"热"了起来。"电脑工程"专柜设立 22 天，已出售图书 2 万多册，营业额达 42000 元。从遥远的黑龙江，到本市的郊县，从大型的公共图书馆，到街道图书室，大家纷纷前来购买计算机图书，其中不少订单就是通过这台电话成交的。对于那些"微机迷"来说，这台电话更是一条追踪热门微机书的"热线"。

"滴铃铃"，每当这台电话铃响起时，又会有读者的愿望得到满足。

## 四、市场领先的"电脑工程图书部"

1984 年年初，全国范围内掀起的第一波"微电子热"尚未充分体现。然而，在当时已颇具知名度的上海科技书店店堂里，平时销售也属一般的微电子、计算机类图书却一时间超常规地热销起来。上门或电话咨询相关图书者明显增多。从书店经理到一线进销人员都隐约觉察和感受到，一股不断升温的"微电子和计算机热"正迎面袭来。于是，书店迅速作出决策并立即采取具体步骤组织实施，1984 年 3 月初，书店派出进销人员分南北二路，行程 3000 公里，先后走访了全国的 13 个专业书店（门市部）和 3 个发货店（发行所、省店），及时组织到一批微电子、计算机及相关图书 250 余种。时不我待，1984 年 3 月底，书店就在显眼位置新开辟了全国第一个电脑工程图书部。

为了使这项针对市场异动而"快速反应"产出的成果——电脑工程图书部，让上海以至全国读者"早知道"，书店专门写了新闻稿分别投向上海的《解放日报》《文汇报》和北京的《光明日报》。鉴于书店从未与《光明日报》有过交往，我们特在新闻稿上加盖了公章，以示慎重。我们的这一行动正是形势所需、读者所求，所撰写的新闻稿均被上述各报采纳。《光明日报》在刊发报道时，在同一版面还刊发了一则关于计算机图书读者感到"购书难"的消息。两相对比，更凸显了我们这一举措的新闻价值。电脑工程图书部于月底开业，闻讯而来的不仅有众多的上海读者，还有见到报纸消息后，专程从哈尔滨、北京远道而来者。据开业后22天的连续统计可知，销售图书共计2万多册，码洋达4.2万元，日均读者超千人次。纺织部外贸公司的一位读者看到《光明日报》的消息后专程来沪购书，他选购到一批图书后高兴地对营业员说："你们这里的计算机图书比北京还多！"

## 五、创建"广场"之先的跨行业大卖场

1993年10月，两年一度的上海科技节如期举行。列为科技节"重要项目之一"的科技书市亦同步在刚全面装修完毕的公司1层—4层各大厅开幕。此次书市的一大特色是首次专辟了把计算机图书和计算机及其软硬件更紧地结合在一起的"计算机图书、资料和软硬件汇展"厅。该展厅由公司所属的上海计算机书店和上市科委引荐的几家知名电脑经营商共同组成。如此"书机结合"的新型展厅在书市亮相尚属首次。书市期间，此展厅人气之旺、销售之好皆有目共睹。

通过这次展销，参展电脑商普遍认为，把电脑与电脑方面的图书结合在一起是一种好形式，这也是此次"汇展厅"人气特旺的一个重要原因。上海希望电脑公司一位参展的工程师就是这么说的："这次展销是我历次在外展销活动中人气最旺、效果最好的一次。"

据统计，书市期间的计算机图书的销售额占图书销售总额的21.2%，其比例和绝对销售额均创历届上海书市之最。

这次书市的新组合、新布局和新业绩给人以新的启示。就在书市

结束不久，时任中国科技图书公司总经理哈九如决定马上组建一个融计算机图书与计算机及其软硬件的销售服务于一体的跨行业大卖场，并把它定名为上海计算机广场。

1994 年 3 月 10 日，以上海计算机书店为主，联合数十家电脑、电脑软硬件经销商共同组建的上海计算机广场正式开业。无论是"广场"之名，还是把书和机融于一体的形式，在当时来说都属首创。市委副书记陈至立亲临"广场"开幕剪彩，上海电视台等媒体均作了及时报道。

上海音乐图书公司

1961年3月2日　上海音乐书店（西藏中路365号至377号底层）正式开业，备有5000余种音乐、戏曲等图书和国内外乐谱。由静安区店所属的西藏中路门市部改建而来，面积约为400平方米。

1968年　上海音乐书店改名为西藏中路新华书店。

1978年4月24日　西藏中路新华书店恢复上海音乐书店店名。

1979年　上海音乐书店实行独立核算。

1979年5月　上海音乐书店开始供应塑料薄膜唱片。

1983年4月　上海有声读物公司成立。该公司在原上海音乐书店基础上建立，以出版发行各类录音磁带为主要任务。

1984年7月28日　上海音乐书店经修整后开业。营业面积扩大了80平方米，备有音带400种，各种规格的空白录像带30多种，唱片800种，音乐图书近千种，中西乐器100多种。

1988年10月　上海音乐书店隶属上海市新闻出版局领导。

1990年10月　上海音乐书店扩建为上海音乐图书公司。

1993年　上海音乐图书公司经装修后重新开业。

2002年6月5日　上海音乐图书公司因西藏中路市政动迁歇业。

2002年6月18日　上海音乐图书公司在万象百货公司临时经

营，为动迁过渡房（2004 年 12 月结束）。

**2003 年 4 月 25 日** 上海音乐图书公司、上海东方音像连锁有限公司、上海新华音像公司合并成立上海新华发行集团音像分公司。

上海音乐书店

# 多姿多彩的上海音乐书店

◎ 丁守垠

上海音乐书店在众多专业书店中属于较早成立的一家。书店坐落于西藏中路 365 号—377 号，是由上海新华书店静安区店所属的西藏中路门市部改建而成的，面积约为 400 平方米，经过 1960 年下半年的筹备，于 1961 年 3 月 2 日正式开业。

## "专"字上下功夫
## 组织专业图书、唱片货源

创办上海音乐书店，是因为领导明确要求开办专业书店就要在"专"字上下功夫，务必切实做专、做深、做强、做大、做全、做好，办成一个像模像样的音乐戏曲专业书店。

领导的设计、规划、指导和要求，教育和促进了我们不断深化对专业书店的认识和驾驭。具体而言，在音乐图书备货方面，中外高深的理论著作，一般的乐理、乐谱、工具书，以至广大音乐爱好者需要的中外名歌、电影歌曲选、地方民歌、山歌等，我们都要尽力备齐；在戏曲、曲艺方面，从古今中外戏曲理论，全国各个地方、各个民族的大小剧种如京剧、越剧、沪剧、粤剧、川剧、豫剧、西北的晋剧、秦腔，东北的二人转图书、剧本，直至几毛钱一份的活页文选式的唱词，我们都要备货供应。要办成像样的、名副其实的专业书店，我们就要做到别的书店不备的，专业书店要备；别的书店备的品种不多的，专业书店要备多、备齐；别的书店备货数量少的，专业书店要备得量多、量足，真正发挥专业特长，满足专业团体、单位、专业人员，以及广大音乐、戏曲爱好者对专业图书的需求。

在备货要求、服务对象、责任分配明确之后，全店同志千方百计组织相应货源，除寻求市店供应科大力支持外，书店还向本市各区县店寻觅相关品种，争取调剂。负责进货的同志直接赴北京向人民音乐出版社、人民戏剧出版社求援，请他们支持照顾，直接发货；为了求全评剧、东北二人转等北方戏曲图书品种，负责进货的同志还向学古堂书店、宝文堂书店调进地方戏小唱本。同时，书店发信要求各省、自治区出版社寄发专业图书订货目录，以便选择订货。

上海音乐书店在唱片业务方面分两个部门，由门市部和邮购组统一向上海、北京、成都三家中国唱片厂进货。品种包括政治读物、文学教材、声乐、器乐、歌曲、各个剧种的戏曲曲艺唱片，以及部队使用的军号唱片（凭证供应），电台、广播站使用的"开始曲""结束曲"唱片，学校中小学生使用的《眼保健操》唱片，等等。

## 明确读者对象
## 发挥专业图书、唱片作用

上海音乐书店的服务对象，主要是广大音乐、戏曲工作者，专业院校，专业团体单位和广大音乐、戏曲爱好者。除提供门市供应服务外，书店还配备专人主动上门为专家、学者服务。如上海音乐学院、上海戏剧学院、上海交响乐团、上海民族乐团、上海舞蹈学校、上海京剧院、上海越剧院等。书店也为贺绿汀、丁善德、周小燕、黄贻钧、周信芳、俞振飞、袁雪芬等著名人士特供服务，为广大师生和许多编导、作曲家、演员服务。上海音乐学院资深教授及著名歌唱家蔡绍序、葛兆祉，作曲家朱践耳，以及陈钢、钱世锦等均是门市部的常客。俄文歌曲翻译家薛范双脚有病，行走不便，也经常坐手推车前来选购原版的俄文乐谱和俄语唱片。

书店热情周到地为专家、学者服务，感动了著名音乐家贺绿汀，贺老曾题写了条幅"音乐之家"赠送给上海音乐书店。

门市部除了服务专业对象外，还肩负着对全市工厂，企业，铁路局列车段的列车，海运局的海轮，长航局的江轮，各车站、港区、码头，以及全市各大小学校广播室、广播站、广播台使用的各种唱片的供应。突击出版的重点宣传唱片出版时，书店还组织小分队（近的步行，远的骑自行车）向各大工厂、企业、机关、学校主动送片上门。

上海音乐书店还是一个涉外单位，与市外事处有联系，跟友谊商店、古玩市场一样肩负接待外宾的任务。因此店内设置了专门接待贵宾的"试听室"，供贵宾试听，室内环境幽雅、设备精良、音响效果好，所备的各类唱片品种齐、数量足，硬件软件都做得很好，力求让贵宾高兴而来、满意而归。

针对唱片供应，上海音乐书店可称总揽全市各个行业广播站、广播室、广播台的需要，同时兼顾周边文化产品，供应中国唱片厂生产的中华牌四速电唱机、宁波航海仪器厂生产的航海牌电唱机，以及这些唱机的配套零件，如唱针、唱头，等等。20 世纪 60 年代，书店还销售过两批从苏联进口的四速电唱机。

上海音乐书店将外国唱片、外文乐谱的进货工作统一委托北京中国图书进出口公司和新华书店外文发行所办理。唱片方面基本上选择苏联、波兰、捷克、匈牙利、保加利亚、罗马尼亚等国的唱片，外文乐谱方面主要是进俄文的乐谱。

上海音乐书店在市委宣传部、文化局、市音乐家协会等各方面领导的支持下，与各专业团体、单位交流互动，信息比较灵通。市里凡有音乐、戏曲方面的大型演出、集会、比赛、会演，书店都力争参加。如一年一度的"上海之春"音乐会、华东区域戏曲会演，以及其他大型的专业人员集会等，书店都组织小分队到现场设摊供应图书、唱片，同时派员深入宾馆、招待所，上门为各院团专业人员提供专业图书、唱片目录的宣传推荐，以满足其需求。

## 精心选调员工
## 发挥特长为读者服务

当初，在组建上海音乐书店的团队时，市店领导耗费了一番心血，从市店选调了比较熟悉音乐、声乐、器乐知识的员工，又把所有稍懂京剧、越剧、沪剧及各地地方戏曲的和对民族音乐在行的人员，熟悉进销业务并懂英语、俄语的人员共 13 人招入团队中。罗颖同志擅长男高音，早年曾参加抗日救亡歌曲街头宣传演唱；沈承先是业余合唱团团员，能唱歌且会指挥；顾嘉瑾能弹钢琴，会拉提琴，懂英语，能会话；丁天福懂京剧，是业余票友，有时会参加登台演出；殷莲娣会唱沪剧，她的妹妹是著名沪剧演员；陈素贞是越剧迷，自己也能唱；周秀定识俄文，能翻译，后来的俄语唱片片名和俄文乐谱的中文书名都是她翻译的。

南东书店从专业图书、唱片业务转来 9 位同志，外文书店从外国唱片、外国乐谱业务转来 1 位同志。自此，上海音乐书店员工合计 23 人，可谓阵容整齐。

所有人员名单为：市店调来的有经理田蓉珍、副经理罗颖，分管行政、财务、业务、门市书籍、中唱、外唱、外谱的同志有周剑华、吴庭芳、丁守垠、顾嘉瑾、郑杏芬、沈承先、陈素贞，邮购组有丁天福、殷莲娣、李明早、杨金林，南东书店转来的有徐书麟、刘令誉、袁藕芳、任金妹、吴龙海、袁刘祥、肖维翰、仲继发、郝芳圃，外文书店转来的是周秀定。

上海音乐书店开业后业务蒸蒸日上，原来的工作人员人手不足，书店又增加了夏耀庭、裘哲尚、李悌全、邵国梁、俞立信、朱强、寿静贞、范碧凤、张根富、宋子良等新成员。之后又调进了周锡祥、史恒、何国忠、戴克华、谈晓青、穆文蓉、储忆钢、徐月依等同仁，他们陆陆续续补充进来，替代了调离者的空缺。

即使这样，还是存在干财务的兼办总务，买草纸、肥皂，管食堂的搭伙吃饭，搞业务的兼站柜台顶营业员，负责邮购唱片进货的兼做对外地团体、单位的通联工作，干仓库配片的兼装箱、打包、邮寄发运等工作，大家身兼数职，好似京剧演出人员紧张时，管衣箱、化妆的兼跑龙套，唱旦角的要顶老生角色。但大家毫无怨言，团结合作，忙得开心。

上海音乐书店还是市里有关领导同志种"试验田"的地方。每逢周四干部参加劳动日，市店领导都会来参加门市劳动接待读者，有的则在邮购组参加唱片装箱打包劳动。市委宣传部领导、市文化局领导、市新闻出版局领导、市音乐家协会领导，包括蓝瑛、孟波、吉少甫、杨愈等同志，每周四都会来门市部站柜台接待读者，并向读者征求意见。

## 发挥专业作用
## 宣传普及音乐戏曲知识

上海音乐书店有感于专业书店独到的定位，还努力争取，尽可能多地为社会作贡献，扩大知名度和影响力。

一方面，书店利用门市下班打烊后的时间，在店堂里不定期举办各种音乐戏曲知识讲座，并事先排好讲座内容，邀请有关方面专家、教授主讲。由于书店事先在门市部贴出讲座公告，又把日期选在周四或周日晚上，因此深受爱好音乐戏曲知识的读者们欢迎，参加者十分踊跃。这也是书店工作人员进行业务学习的好机会。

另一方面，书店不定期举办书店与读者（基本读者）、书店与工厂（中国唱片厂、上海无线电三厂）间的联欢交谊舞会。活动场地和音响设备都是门市部现成的，不用额外花费，联欢交谊舞会除了可以帮助员工与基本读者联络感情外，还能通过书店员工与工厂同志的交流互动，加强供销关系促进厂店互利双赢。这些活动既增添了书店浓厚的文化氛围，又使专业书店在专业工作思路方面产生了附加值。

## 面向全国读者
## 做好唱片邮购发行

上海音乐书店邮购组的业务面向全国各省、市、自治区的广播电台，各县市的广播电台、站，各大型工厂、矿山、农场、牧场、林场、油田，各大专院校、新疆生产建设兵团的广播台、广播室，书店为其提供各类唱片，并开展宣传教育工作和文化娱乐活动。邮购组每月印制新出版的唱片目录，包括密纹、粗纹、塑料薄膜等不同材质，并附上唱片内容、曲目介绍、宣传提示、唱片播放的时间长短等信息，寄发给上述各单位，征求订购数量。待对方确定订片数量回告后，即照订片要求配就装箱、打包发运。

货款方面有的是款到发货；有的是先发货，对方在收到唱片后汇款；有的单位干脆预付一笔货款存在书店，由书店选择新片陆续发货。采取何种方式凭双方交往的信用而定。书店的外地单位邮购业务一直应接不暇，其发行数量和销售金额年年上升。

　　上海音乐书店的品牌在社会上具有一定的知名度，在专业书店的社会影响力中也是颇有特色的。音乐、戏曲图书和各种唱片既是文化商品，又是具有政治性、思想性、艺术性的精神产品，有着浓厚的意识形态特征，可以激发革命斗志、提高思想意识、鼓舞生产热情，上海音乐书店在社会效益和经济效益方面屡屡获得双丰收。

# 我与上海音乐书店的情缘

◎ 沈承先

    进入本文主题前，我要先告诉大家一件事。2014 年 2 月 1 日，我收到老友丁守垠同志的来信，信中附来一份由他不久前为《老新华》撰写的《多姿多彩的上海音乐书店》一文的影印件。一位已入耄耋之年的老人能够写出如此面面俱到、细致入微的文章，足见其笔力之健，对音乐书店挚爱之深，我深受感动。然而谁能料到，时隔半年，我突然接到其爱人来的电话，得知了老丁已于 2014 年 10 月 31 日去世的消息。闻此噩耗，我不禁错愕，悲痛之余，祝他一路走好。

    我从事书店工作四十年，在这漫长的岁月中，上海音乐书店时期是我的"主旋律"。我与上海音乐书店之缘，得先从 1958 年说起。

    1958 年，一场规模宏大、气势磅礴的干部下放劳动锻炼运动在全市各条战线展开，我也加入了这一行列，地点在颛桥。自 1959 年下半年开始，市店分批抽调人员回店，但一直没有关于我的消息。后来才知道，组织上为照顾我们夫妻一起生活，将调我去北京外文发行所工作，又因为国内形势发生变化，中央机关实行精编，通过组织协调，我的夫人被调回上海，我也可以不去北京了。此时，市店正在为即将成立的上海音乐书店招募人员，于是把我安排到上海音乐书店去了。现在想来，如果当时中央没有提出精简机构、精编人员的政策，那么我将被调往北京，便要与上海音乐书店失之交臂了。

    回忆总是美好的。上海音乐书店确如当年新闻记者所描绘的那样，是一个风景优美的绿色小岛。虽然地处闹市，却有人民公园作依托，有闹中取静的有利条件。店堂宽敞明亮，店内时时传出优美动听的乐声。东西两扇大门进进出出人流不断。这就是半个世纪以来留存在我脑海中的关于上海音乐书店的印象，可惜她早已不复存在。

上海音乐书店成立于 1961 年，说来也巧，前后两任经理都是女同志。田蓉珍同志是创业时期的领导，新开业时事情多任务重，人员又不足。在该情况下，她团结了全体同志，调动了大家的积极性，实干、苦干，完成了各项任务。她于 20 世纪 70 年代初离开上海音乐书店，调任上海科技书店经理。

之后来店任领导的是胡美云同志。1976 年，市面上出现了一种新的声音载体，那就是录音磁带。胡美云同志在录音带这个新鲜事物中发现了商机。她从协作单位里借来高档录音机，带领几个比较熟悉这方面技术的同志，在书店小阁楼上做起实验来，日夜苦战。开始，他们录制了配合大众学习英语的《英语 900 句》等实用音带，而后复制了越剧、沪剧等群众十分喜爱的戏曲音带，受到读者欢迎，反响都很好。这一成果向市店汇报后也得到了领导的赞许。就这样，经过长时间的筹备，上海有声读物公司（上海声像出版社前身）终于在 1983 年正式成立。从书店转身成为出版社，这是一个创举，也是改革开放时代的新产物，我能成为这个新生单位的一分子，深感幸运。

# 我在音乐书店的日子里

◎ 陈志华

　　1978 年 6 月 12 日，我来到上海音乐书店报到。说实话，音乐对我来说确实是个陌生的专业，但我也只能在实践中学习，在工作中摸索，事在人为嘛！上海音乐书店人不多，年销售额也只有几十万。进店不久我遇到的第一件事就是筹建发行组。我和老同志一起到文艺和专业单位访问，了解需要，送书送片上门，以扩大影响，并为专业院校提供流动服务，特别是为上海音乐学院及为每年的"上海之春"提供设摊服务，情况都不错。音乐学院师生的购书潮真是盛况空前，书店由此获得经济效益和社会效益双丰收。

　　1979 年 11 月，我被提升为副经理。面对新的职务，面对店内员工，我确实压力不小，特别是在管理能力上有待进一步提高。我勤学苦练，在实践中不断提高自己。好在店内不少老同志、老领导都很支持，对我都比较热情。当时书店在河滨大楼设置了唱片邮购业务，服务对象主要是外地广播事业单位，书店会为其提供征订、进片、配片、包扎、邮寄一条龙服务。服务虽较为繁杂，但很受各单位的欢迎，后因场地调整，这一业务被迫中断。当时上海音乐书店年销售额并不高，我记得 1981 年前后，全店年销售额也只有百万元。后来几年随着改革的深入，经营项目不断扩大，一条龙服务范围在专业图书和音像制品的基础上，又增加了乐器和视听设备，此外，书店也增加了"三产"经营。由此，书店形成了四大经营部和一个"三产"经营块。当时我的主要任务是分管音乐图书和中西乐器两大经营部。尽管我对乐器门类不是十分熟悉，但对书店的基本经营管理工作还是心中有数的。在依靠懂行同志的前提下，我加速自身的学习，加强自己的责任心，一方面加速了解新的业务单位进销规律，使这项新的业务走上正轨，另一方面加强与业务单位的合作，使乐器这项新的业务销售额逐步扩大。事实证明，当年的中西乐器销售情况良好。

1980 年前后，市场对录音带等音像制品的需求日渐迫切。上海音乐书店门前"黄牛"如潮，气焰嚣张，他们手中拿着质低价廉、内容淫秽的音像带，大肆兜售，非法牟利，有的甚至欺骗读者，书店门前简直成了音像制品的非法市场。广大读者纷纷要求打击取缔这种非法市场。有关部门也确实采取了应对措施，但收效甚微。在这种严峻的市场形势逼迫之下，上海音乐书店责无旁贷针锋相对地搞起了代客录音业务，以健康优雅的音带内容占领阵地，丰富广大读者的业余文化生活。这一举措，深受广大读者和音乐爱好者的欢迎，事实证明这一炮是打响了，但我们与书店门口的非法市场之间的斗争仍在继续。随着代客录音业务的发展，在市店和专业单位的大力支持下，我们进一步发展了音带复制和戏曲音带的出版工作。当时的条件确实很艰难，一没资金，二没设备，三没技术人员，四没录音场地，就是在这种极其困难的条件下，领导班子想方设法，依靠全店员工群策群力，发扬勤俭办店、艰苦奋斗的创业精神。没有资金就设法筹措，没有设备就设法商借和购买，没有技术人员就设法抽调店内有一技之长的员工，没有录音场地就设法腾出原办公、休息的阁楼，没有空调设施就买大冰块来降温消暑。那种令人感动的情景至今铭记我心。为了音像事业的健康发展，我们不辞辛劳、不畏艰难地工作着，经过两年多的努力，我们终于取得了可喜的成果，不仅使录音业务走上正轨，打击了非法市场，还逐步开展音带出版发行工作，并于 1983 年 6 月筹划成立了上海有声读物公司，使音带制品的编辑、设计、制作、发行逐步走上了正规化、制度化的发展轨道，这是值得庆贺的。换句话说，一个音乐书店经过艰苦创业，孕育了两个不同性质的出版发行单位，各自分开进行独立核算。

由于上海音乐书店原领导班子一分为二，在市店关怀支持下，上海音乐书店领导班子进行了充实调整，为促进经营规模的扩大和发展，进行了深入的改革。当时我任副经理兼党支部负责人，继续负责音乐专业图书和乐器两个经营部的经营管理工作。整个上海音乐书店形成了音乐专业图书、中西乐器、音像制品、视听设备四大经营部的系列配套服务，"三产"经营也顺利运作，全店的经营特色有了新的体现，年销售额也有明显上升。上海音乐学院领导贺绿汀同志还为上海音乐书店题字"音乐之家"。后来，书店的领导班子又有新的人事变动，年轻化的新的党政领导班子，在原有的经营基础上，开发了新的业务。

新华书店浦东图书销售中心

# 纪
# 事

1952年10月　浦东支店开业（东昌路251号，后改为黄浦区店东昌路门市部）。同时，高桥门市部、洋泾门市部、小东门门市部相继开业。

1986年　梅园新村门市部、潍坊新村门市部、泾东新村门市部相继开业。

1992年9月18日　由原黄浦区的浦东部分和川沙县店组建的上海新华书店浦东分店成立。

1999年11月18日　浦东图书销售中心（上海浦东新华图书发行有限公司）开业。营业面积约为600平方米，陈列各类图书2万余种。

2001年10月23日　第一家新华社区书苑在浦东新区浦兴街道文化中心建立。

2001年12月28日　第三届上海书市暨东方出版交易中心、东方书城（崂山西路528号）开业。

新华社区书苑

# 1992 年至 2002 年的十年，浦东新区店销售、利润翻了三番

◎ 杜士衡

我是 1992 年 9 月在上海新华书店浦东分店成立时担任副经理并主持工作的，当时的经理由市店副经理陈致远兼任。

新华书店在浦东发展的历史基本与中华人民共和国同步。1949 年 5 月，江苏省新华书店南汇县店建店。1951 年 10 月，江苏省新华书店川沙县店建店。1958 年 12 月，江苏省所辖南汇县、川沙县等划入上海市。南汇县店、川沙县店由江苏省新华书店移交给上海新华书店。

根据史料，1952 年 10 月，新华书店华东总分店浦东支店开业（东昌路 251 号，后改为黄浦区店东昌路门市部，称第三十一门市部）。同时，高桥门市部（高桥北街 190 号，称第三十五门市部，属第三十一门市部领导）、洋泾门市部（第十六门市部）相继开业。高桥、洋泾门市部于 1961 年划归川沙县店，东昌路门市部划归黄浦区店管理。

20 世纪 80 年代，上海新华书店在浦东新区的主要书店有：黄浦区店，拥有 7 家门市；川沙县店，拥有 2 家门市（高桥门市、洋泾门市）；南汇县店，拥有 5 家门市。

改革开放之初，浦东新华书店网点分布散、面积小，且领导多头。当时上海市出版局副局长赵世杰来浦东考察，我们向其反映了该情况，局里表示很重视。1990 年，中共中央和国务院决策开发浦东。

1992 年，国务院设立上海市浦东新区，撤销川沙县。1992 年 9 月，由原黄浦区、南市区、杨浦区的浦东部分和原川沙县店组建的上海新华书店浦东分店成立，1993 年注册为上海新华书店浦东新区店（以下简称"浦东新区店"），法定代表人是丁爱玲，我任经理兼党支部书记。

我当时抓的第一项工作是浦东网点建设，经过几年努力，浦东新区店建立了几个网点。第二，开设浦东图书销售中心，营业面积约为 600 平方米，陈列各类图书 2 万余种，这是我做得最成功的一件事情。第三，积极开展文化活动，扩大社会影响，我们举办过两次书展，邀请了名家前来签名售书，非常成功。第四，经过努力，我们获得了为浦东新区图书馆馆配图书的资格，为了让图书馆读者及时看到新书，我们还在图书馆内开了一家新书厅。我们还获得了为浦东新区中小学图书经费配书的资格。第五，设立了社区书苑，到我退休时社区书苑已发展了 10 家。第六，关心员工生活，浦东新区店为员工缴纳双金（补充养老金、补充公积金），并为员工每人买了两份保险，每份 8000 元。

这样，浦东新区网点、中学生课本、图书馆馆配都统一在浦东新区店的工作之中。

在浦东图书销售中心开业之前，新华书店在浦东一直没有大的网点，浦东分店成立后，我们想买个产权房，于是跟浦东图书馆合作，想在蓝村买块地。当时筹备小组也成立了，后来我们将方案报到市店，没有获得批准，这是比较遗憾的。印象最深的是浦东图书销售中心所在地崂山西路 588 号新大陆广场，当时我们想买下来，便跟香港老板谈判，800 万元就可以买下上下两层，报到市店后没有获得同意。后来我们把这块地租了下来，也不贵，当时浦东商业城人气不旺，其负责人很支持我们开书店。1999 年 11 月，浦东新区店与新大陆发展（上海）有限公司签订协议，约定月租金为 34215 元，年租金为 410581 元，协议至 2004 年 8 月 31 日止。

1999 年 11 月，上海新华书店系统内第一家经改制后以公司制形式开业的浦东图书销售中心（上海浦东新华图书发行有限公司）在崂山西路 588 号开业，是当时浦东地区最大的书店，营业面积为 600 平方米，陈列各类图书 2 万余种。根据浦东新区金融、外贸及高科技产业比较多的特点，书店内专设了有关金融管理、经济管理的专架。上海浦东新华图书发行有限公司设立于 2000 年 2 月，于 2000 年 4 月开业，注册资本为 50 万元，法定代表人是我。公司按照现代企业制度的要求，建立了法人治理结构，实行独立核算、自主经营的新模式。《新闻出版报》于 1999 年 11 月 29 日刊出《上海新华书店脱离"母体"主动断奶——实行公司制改革迈出第一步》，对浦东图书销售中心作了专题报道。当年 12 月 8 日，上海市副市长周禹鹏视察上海新华书店浦东图书销售中心。

浦东开发初期，"购书难"呼声较高，为了满足群众需要，浦东新区店积极配合有关部门在 1998 年和 2000 年成功举办了两届浦东书展。1998 年 9 月 25 日—10 月 4 日，由浦东新区店牵头，市店 10 家区（县）店参加首届浦东书展（世界广场），书展共接待读者 12 万人次，组织了 13 场作家、编辑、老师、演员的签名售书、现场咨询、现场表演活动，余秋雨的《文化苦旅》签名售书吸引了众多读者排队。这次书展销售各类图书、电子读物和音像制品共 110.4 万元。2000 年 4 月 28 日—5 月 4 日，浦东新区店与浦东新区社会发展局在浦东新世界广场主办"第二届浦东大型图书文化展览"，展览面积达 1160 平方米，陈列各类图书、音像制品、文化用品 5 万种，举办签名售书、专题讲座、现场咨询、演示等文化活动。市店精心组织 7 家区（县）店分别开设了"科技馆""医学馆""艺术馆""教育馆""文化用品馆""音像制品馆"和"综合馆"。上海市副市长周禹鹏专程前来参观，全市新闻媒体对书展作了宣传报道。此次书展销售各类图书 52.8 万元。

还有一次文化活动令我印象深刻。1999 年 12 月 31 日—2000 年 1 月 1 日，正值千年之交，在上海书香广告策划公司的策划下，浦东图书销售中心进行通宵营业，一个晚上两台收银机没停过，销售图书达 3.5 万元。

浦东新区店与上海浦东新区图书馆建立了良好的关系。为繁荣浦东新区图书市场、方便广大读者购书，2001 年，双方联手在浦东新区图书馆内开设 400 平方米"新书厅"，半年累计销售图书 100 万元。"新书厅"由图书馆提供经营场所，书店负责经营，集"阅览、外借、购书"为一体，外借收回图书原则上由图书馆按照图书采购惯例购入。浦东新区图书馆将大部分图书经费交给书店，由书店自主采购和编目。档案显示，浦东新区图书馆 2001 年至 2002 年给浦东新区店的图书专项经费为每年 300 万元，2003 年至 2005 年为每年 150 万元。

此外，我与浦东新区街道负责人联系开办集图书、电子出版物、音像制品的阅租购"三位一体"的具有文化便利性的新华社区书苑，以充实社区居民的文化生活。在浦东新区宣传部的大力支持下，2001 年 9 月，浦东新区店与浦兴街道联合开办了首家新华社区书苑。截至 2002 年，浦东新区共设立了 10 家社区书苑。通过与街道书店的精诚合作，浦东新区店于 2002 年完成销售额近 45.9 万元，其中花木、浦兴街道社区书苑年销售额分别达 14.4 万元、13.5 万元。浦东新区店已成为上海地区新华社区书苑建设的领头羊。

除了这几件大事，浦东新区店在主题出版物发行、课本发行、学校图书供应，拓展网点，以及新书征订、缺书代办、送书下乡、送书上门、流动供应等日常工作方面也抓紧抓实，不断创新。

新华书店一直是浦东图书发行的重要力量，肩负着主题出版物、中小学课本、农村图书发行的使命。2002 年，为做好党的十六大文件的发行工作，浦东新区店首次开通了 24 小时购书热线，接受读者的预订，并承诺在第一时间送书上门。全店发行《十六大报告》4.5 万册、《党章》5.1 万册、汇编和学习辅导用书 1.4 万册，总销售额达 46.5 万元。2003 年 1 月，浦东新区店被国家新闻出版总署表彰为"十六大文件发行先进单位"。

每到开学季，新华人就会加班加点分拣课本、打包配送，坚守"课前到书，人手一册"的宗旨，确保完成送书到校的职责。20 世纪 90 年代，浦东新区店面对新区有 22 万中小学生而网点布局不合理、课本场地有困难的现状，做到了课前到书。由于浦东发展、市政动迁，学生转学添配课本方面的矛盾十分突出，书店从社会效益出发，对课本作了大量备货，并于 1995 年在东昌门市开设了课本零售业务。1995 秋季，浦东新区店课本零售额达到 6.5 万元，缓解了学生添配课本的忧虑。2001 年，浦东新区店同浦东新区社发局教育处、教研室合作，在浦东新区中小学内发行《爱护我们的眼睛》一书，销售额达 64 万元。

经过十年发展，浦东新区店先后开设了博山、金杨、芳华路、南码头、北蔡等图书网点。1992 年年底浦东新区店的统计数字是：图书销售 750 万元，实现利润 54 万元；2002 年图书销售 6165 万元，实现利润 440 万元。十年间，浦东新区店的销售、利润整整翻了三番，并且保持了年均 10% 以上的增长速度，在上海各区县新华书店的经营业绩中名列前茅。

嘉定县店

嘉定区新华书店

1949 年 5 月　新华书店嘉定支店建立。

1950 年　嘉定支店改为苏南分店嘉定支店。

1958 年 4 月　原属江苏分店嘉定县店划归上海分店领导，建立上海新华书店嘉定县店。

1972 年 4 月 1 日　真如门市部在穿心街开业。

1984 年 11 月 22 日　嘉定县店门市部划归普陀区店管理。

1993 年 7 月 27 日　嘉定县店改建制为嘉定区店。

嘉定区新华书店

# 丰富多彩的活动，提升书店的形象

◎ 许　鸣

　　新华书店嘉定县店成立于 1949 年 8 月，于 1950 年 4 月更名为新华书店嘉定支店，隶属于江苏省苏南分店。嘉定支店于 1953 年设罗店门市部，于 1955 年设供销社图书发行点 16 个。1956 年 4 月，罗店门市部划归宝山县。1957 年，嘉定支店设南翔门市部。1958 年，嘉定支店更名为新华书店嘉定县店。1962 年，嘉定县店设安亭门市部，同年嘉定县店被评为上海市先进企业，其业务于 1963 年归上海市新华书店管理，党团组织仍属地方。1969 年，其管理体制下放到县，1972 年设真如门市部。1979 年 6 月，嘉定县店迁入清河路 56 号新址。1981 年，其业务重归上海新华书店管理。1984 年，真如新华书店划归普陀区新华书店。1987 年，嘉定全县有 4 个门市部、2 个书亭、19 个代销店及 42 名员工，县店设业务股、行政股、发行股及有声读物商店。1992 年嘉定撤县建区，新华书店嘉定县店转为上海新华书店嘉定区店，直至 2006 年 5 月 18 日更名为上海新华传媒连锁有限公司新华书店嘉定店。

　　我是 1980 年由农村插队落户知青抽调进嘉定县店的，当时在安亭门市部当营业员和图书发行员。通过一段时间的工作，我渐渐地爱上了这份工作。首先，这是一份文化工作，可以提高自己的文化素质。其次，图书销售工作始终存在着新鲜感，每天有不同的新出版的图书运来上架销售，使人每天都有着新的期待。最后，我可以不断接触各种读者，与他们交流读书心得、提升自我、结交朋友。所以，当时我就默默地想好一定要认认真真地做好这份工作，虚心向老师们学习，提升自己的工作能力。应该说在安亭门市部的四年中，我的确学到了很多工作本领，从门店站柜台接待读者、介绍图书、推荐图书、销售图书，到新书运来拆包核对、分类上架、给单位图书馆预留新书。不论是拿着各种征订单，骑着自行车到各单位征订学习文件、资料和各种新书，还是准备各种新书，用自行车载着到各单位和学校去流动供应，在新华书店工作的第一站，确实让我学到了很多，为我以后更好地做好新华书店的工作打下了坚实的基础。

我加入新华书店工作时，正好赶上改革开放的大好时期，我国的图书发行工作也是日新月异、蒸蒸日上。1984 年，我被调到了嘉定新华书店业务股，担任仓库管理工作，随后担任过业务股长、副经理，一直到 1998 年 5 月担任新华书店嘉定区店经理、支部书记。其间，我在老同志的关心帮助和带教下，书店工作能力得到了进一步提升，管理能力也得到了很大提高。在改革开放大好形势的推动下，在全体干部、员工的共同努力下，嘉定区店的各项工作得到了极大发展。到改制上市前，嘉定区店范围内的门店一度发展到 11 家，员工有百余人，图书和其他商品销售额达 2000 多万元。此外，嘉定区店购买房产五处近千平方米，拥有工作用汽车三辆。各门店进行了装修改造，读者的购物环境得到了极大的提升，书店在嘉定读者群中留下了很好的口碑。

我自从担任业务工作及嘉定新华书店主要领导以来，十分重视书店及中心门市部的各种活动，参与和组织了几乎所有的大大小小活动。当时书店几乎每周都有营销活动，除了提供签名售书、缺书登记、送书上门等常规服务项目外，还与区里有关部门开展各种丰富多彩的活动。在与区团委合作开展的读好书好读书活动中，书店每周组织外地打工青年开展读书学习活动，获得了团中央表彰。书店还与区委宣传部合作，以冠名的形式参与了夏天文化下乡文艺汇演比赛，起到了很好的宣传作用，影响非常大。书店还与区电视台合作推出每周新书和音像制品介绍，在每天的新闻节目结束后播出，很好地引导嘉定读者读好书。为了引导农村专业户科学种田，书店与嘉定一批有影响的种植养殖户业务结对子，定期召开座谈会，了解他们对科学种田的知识需求，及时为他们送上各类种植养殖专业书籍。每次活动我们都精心组织、合理安排，力求取得最好的成果。书店还经常举办签名售书活动，如王汝刚、叶惠贤、徐根宝、庄则栋、左左木敦子，以及《周恩来同志最后十年》的作者张佐良先生等一批名人作家纷纷前来嘉定举办签名售书和报告会活动，这些活动都举办得非常成功，影响力也非常大。如此多的活动在郊区新华书店举办，这在当时是不多见的。

记得 1999 年 12 月 31 日，为了迎接新千年，嘉定区店精心组织了一场迎新千年活动。12 月初，我们就开始酝酿如何抓住全世界迎接新千年这个万众关注的时点，在嘉定区店中心门市部搞一场有声有色的营销活动。我们的想法得到了嘉定区委宣传部和文广局领导的肯定，他们表示全力支持，并将我们的活动列入区里迎千年系列文化活动中。经过反复讨论研究，根据嘉定区店中心门市部的实际情况，我们制定了"新华书店嘉定区店迎接新千年活动方案"。我们精心布置中心门市部，营造节日气氛，提前在店堂里公布迎接新千年的活动内容：第一，在门店里挂上一百余条灯谜供读者猜谜，猜中有奖；第二，设立活动抽奖台，读者购买一定数量图书就可参与抽奖，从 12 月 31 日 11 点 50 分开始抽奖；第三，设立奖品展台，将图书、文化用品、音像制品等奖品提前一周进行展示，增加广大读者对我们活动的知晓率；第四，公布购买图书等商品的优惠折扣时间。到了12月31日下午，读者数量开始不断增加，猜谜的猜谜，选书的选书，一直持续到跨年的钟声响起，书店店堂内挤满了读者，店外也热闹非凡。区委宣传部也把我们的活动列入部里迎新千年的活动中，组织我们去南翔文化馆送书下乡。在宣传部领导的带领下，这天晚上，我们准备好各类图书，来到了同样迎接新千年的南翔文化馆活动场所，进行了赠书仪式，上海电视台对此进行了拍摄报道。赠书仪式结束后，上海电视台随我们返回嘉定新华书店中心门市部，拍摄报道了我们的迎接新千年活动。我们的活动受到了广泛的关注，得到了广大读者的赞赏。可以说这是我们嘉定新华书店有史以来举办得最成功的一次活动。

进入新千年，嘉定新华书店的各种活动接连不断，由此提升了书店的经济效益和社会效益。其中，我们与上海书画出版社合作举办的"朵云书会"也是一次非常成功的营销活动。上海书画出版社成立于1960年，到2000年正好成立40周年。2000年8月30日，出版社副社长岑久发先生前来和我商谈在我们书店内举办上海书画出版社成立40周年的图书展销活动。我欣然接受，但提出我们不能搞一般的图书优惠供应，因为这种展销没有特色，无法吸引更多的读者。我提出除了展示销售图书外，要把出版社特色带到我们中心门市部，让广大读者更好地了解上海书画出版社。经过不断地沟通商榷，双方最后确定如下方案：第一，展销期间，在店堂内现场展示出版社的木版水印技术，并当场印出木版水印画赠送给购书的读者；第二，在活动期间邀请出版社的书法家现场向购买一定金额图书的读者赠送当场挥毫而就的书法作品；第三，在我们嘉定的陆俨少艺术馆开设分会场，由书画家举办艺术欣赏讲座。这次活动最终定名为"朵云书会"，活动于 9 月 24 日达到高潮。区政协副主席、文化局局长沈云娟和书画出版社社长祝君波亲临现场，又因为是星期天，所以读者非常多。上海书画社派出三位书法家，刘小晴、高式熊、戴小京亲临嘉定中心门市部"朵云书会"现场。读者纷纷购买出版社的图书，书法家在现场写下一幅幅作品送给读者，读者如获至宝满载而归。这次活动扩大了上海书画出版社在嘉定的影响力，嘉定读者也享受到了一次文化大餐。

由于嘉定新华书店一直以来重视各种文化和营销活动，所以在嘉定地区的影响力不断扩大，口碑也不断提高，也取得了良好的经济效益和社会效益，得到了各级领导的肯定，获得了全国文化三下乡先进集体、上海市文明单位和上海市共青团号等数十项荣誉。

川沙新华书店

# 纪
# 事

1951年10月1日　新华书店苏南分店川沙支店及城厢镇门市部（中市街东门桥西堍）开业。

1952年8月　高桥门市部（上海分店35门市部）开业。

1952年　洋泾门市部（上海分店16门市部）开业。

1958年12月1日　原属江苏分店川沙县店划归上海分店，建立上海新华书店川沙县店。

1961年　高桥、洋泾门市部划归川沙县新华书店。

1969年　川沙县店在杨思设门市部。

1971年　川沙县店在新川路建新楼，面积1481平方米。

1985年1月　洋泾门市部改属黄浦区店。

1992年9月18日　川沙县店和黄浦区店浦东部分组建上海新华书店浦东分店。

川沙高桥新华书店

# 在农村图书发行上成绩卓著

◎ 杜士衡

　　1968 年，我复员回上海，成为上海新华书店川沙县店高桥门市部的负责人，后担任川沙县店副经理。1992 年，我调任上海新华书店浦东分店副经理并主持工作，于 1993 年任浦东新区店经理兼党支部书记，后于 2003 年退休。

　　川沙县店原属于江苏省，1951 年 10 月 1 日，江苏省新华书店川沙县店建店。1958 年 12 月，江苏省所辖川沙县等划入上海市，川沙县店由江苏省新华书店移交给上海新华书店，12 月 5 日，双方办理了交接手续，经理是苏洪勋。1960 年 6 月，上海新华书店根据行政区划的调整情况，设立川沙、南汇等 10 个县店，当时川沙县店有高桥门市部（高桥北街 190 号，称三十五门市部，属三十一门市部）、洋泾门市部（称十六门市部）。

　　1969 年 1 月 1 日，经上海市革命委员会批准，郊区各县新华书店下放各县管理。其中，川沙、南汇县店由县文化局领导。1980 年 8 月，上海市人民政府批复同意，恢复郊区各县新华书店由市、区双重领导，县店的人事、财务、业务收归国有市店领导、管理，党、团、工会关系及思想政治工作仍由县领导、管理。1984 年，洋泾门市部由川沙县店划入黄浦区店，由黄浦区店浦东地区门市部管理，当时随入员工有 12 名。

　　改革开放之初，浦东新华书店的特点是网点分布散、面积小，且领导多头。

川沙县店在农村图书发行方面成绩卓著。20世纪70年代，川沙县店发行《毛主席语录》和各类文件汇编等，都是在接到任务后连夜把学习读物送下去，有的送到乡政府、公社、图书馆，有的直接送到生产大队。一般一个发行员管四五个公社，川沙县店有四五个发行员。发行员骑着自行车送书下乡，自行车后面载着四五个大包。有段时间，组织上要求每个生产大队都要建立图书馆，发行员负责给他们配书，过段时间，卖不掉的书被退回来，我们不仅要把书带回书店，还要跟他们结账，很是辛苦。

1979年7月，川沙县店被评为上海市财贸系统"双学（学大庆、学大寨）先进单位"；1979年12月，川沙县店被评为上海市财贸系统红旗单位、先进企业；1981年7月，川沙县店被评为上海市财贸系统优秀商店。1981年6月，上海市出版局和上海市供销合作社在川沙县联合召开上海市郊农村图书发行工作会议，各县供销社、新华书店和市、县宣传、文化、出版领导部门共260多人出席。会议传达了全国农村读物出版发行工作会议精神，交流了市郊供销社售书点工作经验。市委宣传部副部长马飞海到会并讲话。会议提出对农村图书发行工作要做到"四个下乡"（即思想下乡、领导下乡、人力下乡、图书下乡）、"坚持四定"（即定人员、定发行服务范围、定下乡出勤率、定任务），做到从制度上保证农村发行工作的深入持久。

1987年，川沙县店在川沙老街成立新华服务综合商店，就是俗称的"三产"，批发零售文具、音像、玩具等，以本县产品为主，积极与乡镇工厂建立供销关系，优选一部分商品，青浦出产的童车等成为重点商品，常销不衰。学生簿册的销售量也很大。新华服务综合商店采用自销与批销相结合的办法，重点关注批发业务，销售额不断上升。1991年，新华服务综合商店全年自销78.68万元，批销70.72万元，其中批给供销社59.58万元，满足了农村孩子们的物质需求，新华书店也由此开拓了业务，扩大了促销渠道，取得了较好的成绩，直到2001年年末歇业。

改革开放后至1992年浦东新区店成立，川沙县店在"为读者找书、为书找读者"、农村图书发行等方面作了积极的努力。

南汇县店

南汇新华书店

1949 年 5 月　新华书店苏南分店南汇支店建店。

1953 年 9 月　南汇支店迁至惠南镇东门大街营业。周浦镇新华书店门市部继续经营。

1957 年 9 月　南汇县店大团镇门市部开业。

1958 年 12 月 1 日　原属江苏分店南汇县店划归上海分店，建立上海新华书店南汇县店。

1963 年 6 月　南汇县店新场镇门市部开业。

1975 年　南汇县店在惠南镇十字街东侧建造 3 层新楼。底层为营业门市部，二层为南汇县新华书店办公室，三层为职工家属宿舍。

1987 年　南汇县店荡湾门市部开业。

1999 年 7 月　南汇县店周浦门市部（康沈路金源商厦）开业。

2000 年 11 月　南汇县店惠南镇梅花新村门市部开业。

2001 年 11 月　南汇县店惠南镇东城区一村和科教园区两个门市部开业。

南汇新华书店

# 记忆中的南汇新华书店

◎ 韩　波

　　1976 年 4 月 30 日上午，我拿着南汇文教局的通知单，到南汇新华书店报到。这是一幢坐落在镇中心十字街以东 100 米路南的两层木质结构的小楼，占地约 100 平方米，底下是 80 平方米左右的门市部，楼上是办公区，后面有一个十几平方米的亭子间，一楼有个木扶梯，直通二楼。当时的经理安启宇接待了我，并领我上下参观了一下，简单地介绍了书店的情况。对面的新大楼已落成未开始营业，根据工作要求，我被安排在大团镇门市部当营业员，当时的负责人是陈福官。1979 年 12 月，我被调到南汇县店的业务组，具体协助虞承涛师傅开展各项业务活动。

　　新办公大楼于 1976 年落成，是当时惠南镇上最新、最漂亮的商业楼，占地约 200 平方米。底楼是门市部（约 200 平方米），二楼是办公区及员工集体宿舍，三楼是员工家属住房。大楼的正面上方是毛泽东同志亲笔题写的新华书店四个大字，远远看去非常醒目。底层大门两边各有一个很大的宣传用玻璃橱窗，后面有一个 10 平方米左右的小房间，用于为几十家企业单位图书室留书。后面有一个四层楼的副楼，底楼向房管所租用，用于仓库及收发图书，总共约 180 平方米，分为二间，十几个平方米的那一间是业务组。

　　当时的南汇县店分为四块，由惠南、周浦、大团、新场四个门店组成，各门店划块经营，皆由门市部销售、教材发行及供销网点批发组成。惠南门店由 5 个柜组及城镇发行组成，负责所在地十四个公社及镇的教材发行，5 个柜组分别负责少儿、文艺、社会科学、科学技术和音像制品的销售。

少儿柜主要销售少儿读物、连环画、年画、年历画、地图及伟人像片等。当时的连环画很畅销，各年龄段的读者都有，一有新品则门庭若市，一派热闹景象。其间，年历片也非常抢手，我自己也会购几十套，作为赠送亲朋好友之用。每到年底，我们还会送年画、年历下乡，人们接踵而至，争相购买喜欢的少儿读物。

文艺柜各种文学作品都很畅销，特别是中外名著供不应求，引得许多文学爱好者常常排队等开门，甚至半夜排队的都有，预订图书的工作就从这个时候开始了。

社会科学柜主要发行《毛泽东选集》、各类文件汇编，以及历史人物传记等，发行量也不小。

科学技术柜主要经销车、铣、刨等技术类图书，以及各类计量标准等。由于土地承包在全国广大农村地区兴起，农民积极性极大提高，各种种植养殖业类图书非常热门，其中金盾出版社出版的图书占据优势。

音像柜主要销售流行歌曲磁带、录像带等，深受广大青年读者的喜爱。

城镇发行主要是为企业单位图书馆保留一部分内部供应的图书，当时的单位图书室办得有声有色。

我所在的业务组主要工作是每天收发由临班车送来的图书，并整理上报订单，遇到急需图书，则由县店派车到市店大名路仓库或发行所沪太路仓库提货。另外，我们还要负责惠南片的 14 个供销社网店、3 个农场图书馆的图书批发和 3 个发行员所需图书的配发，常常需要加夜班才能完成工作量。

1985 年—1986 年，由于工作需要，我做了两年财务统计，在工作中积累经验。

1987 年，我回到了业务组，在做好图书业务工作的同时，兼管教材发行的具体工作。那时的工作量实在太大了，白天干不完，晚上继续干。因为那时是人工操作，汇总上报、结算开票费时费力，每年都得加 200 个小时以上的夜班，开学前十天左右总是最忙的时候，因为那时村里都有小学，教材要分发到村校，所以我们要在十天里合理安排好各乡的分发，开学后还要进行一个星期的余缺调剂及收款。我一个人在近十年时间里负责图书和教材两块业务，说心里话，真的很辛苦，好在有经理室和门店人员的支持，我才得以顺利完成各项工作。

在几十年的业务工作中，令我印象最深的有三件事。一是 1986 年—1988 年三年中，书店同南汇信用社开展业务合作，为工厂企业做挂历广告业务，在市店供应科王建华同志及出版社的大力帮助下，我们忙于为企业、供应科、出版社征订发行挂历，征订码洋由 1986 年的 30 万元增加到 1987 年的 60 万元，1988 年则超过 100 万元，我们都很有成就感。

二是 1989 年，书店搞了数学 AB 卷的征订单，在发行员的积极努力下，我们的发行码洋达到 120 万元，特别是发行员许龙根一个人就发行了 80 多万元。

三是书店在教材发行工作中与教育局积极合作，对各科教辅做到一人一册，发行码洋由此上了一个新的台阶。我们甚至在大雪天拉上教育局所属单位发行人员拿到了 30 万元码洋的纸张销售，保证了当年区店销售指标顺利完成。

那些年里，我放弃了长辈安排我到公安部门工作的机会，一心一意，爱岗敬业，以至曾两次为保护书店财产免受损失而不惜自己的血肉之躯。一次是在工作不久的一次劳动中，当时我们装了满满一黄鱼车砖头，下坡时后面的人拉不住，我看到前面是人家的失修老房子，墙壁不经撞击，自己硬是挡住车把不松手，最后我的手夹在墙和车把中间，手撞出了一个四公分的口子，缝了好几针。还有一次发生在1983年初夏的一天傍晚，我和同事小曾在宿舍休息，听到上面家属楼慌乱地在叫着火了，立刻叫上小曾冲到楼下，拿上洗车的塑料管，把一头抛给小曾接上水，自己拿上另一头上二楼，只见三楼楼梯间熊熊大火在大面积燃烧，滚滚浓烟直冲三楼，楼道里堆满了生煤炉的木柴。我直接冲进楼道灭火，在消防车赶到之前把火灭了。一位消防员用铁杆翻了一下看没有余火了，又看了下现场问我："一个人救的？这么快！"上面住户以为是消防车灭的火，单位领导也只知道家属楼道发生了火灾，连小曾也不知道是我给灭的大火，只有我一个人享受这份隐秘的成果几十年，心安！

　　我在四十四年的书店工作中，极力团结同事、维护单位利益、服从工作安排，献上了自己一颗敬业爱岗之心，因为我热爱"新华书店"这四个字，也愿新华书店的明天再现辉煌。

# 奉贤县店

奉贤区新华书店

# 纪事

1952 年 7 月　新华书店江苏分店上海县支店南桥门市部（南桥中街 46 号）开业。

1956 年 4 月　新华书店江苏分店奉贤县支店，属中共奉贤县委宣传部领导。下仍设门市部和农村发行两个组。

1958 年 12 月 1 日　原属江苏分店奉贤县店划归上海分店，建立上海新华书店奉贤县店。

1958 年　奉城新门市部（奉城镇东街）建立。

1961 年　县店南桥门市部由两个门面扩大为四个门面。

1971 年　在奉城镇十字街口建造新华书店苏南分店。

1973 年　在泰日镇北街建造门市部、仓库及宿舍等用房。

1978 年 9 月 26 日　在南桥镇人民路、新建中路口新建营业用房，共计 10 个门面、390 多平方米。

奉贤区新华书店

# 我在新华书店的那些事

◎ 钱　瑛

　　我于 1974 年从学校毕业后到奉贤新华书店工作。20 世纪 70 年代的奉贤新华书店坐落在南桥镇的街中心，有四至六个门面，店堂正面墙上是醒目的"书籍是人类进步的阶梯"几个大字，下方中间和两侧是柜台，柜台后面就是高的书架，图书也是分门别类陈列，门口两边还各有一个大的橱窗，也是宣传新书的两个窗口，柜台书架包括收银台都略显年代感。门店的后面是仓库，楼上是办公区域，这就是整个县店给我的最初印象。报到时，老经理给我们讲了新华书店的起源地、艰苦奋斗的优良传统，以及所担负的责任，告诉我们新华书店是宣传毛泽东思想和传播科学文化知识的阵地，最引以为傲的是新华书店的店招是毛泽东同志亲笔题写的，这份厚重的历史责任感从此扎进了我的心里。

　　县店农村图书发行员历来由男同志担任，因为当时书店下乡的交通工具是自行车，一路顶着炎炎烈日或风雨兼程是常有的事，比较艰辛，而我成了我们县店的第一代女农村图书发行员。当时书店是依靠各乡的供销社设立图书专柜来方便农村读者购书的，我们要做的就是经常到自己所负责的几个乡去了解需求情况，并时常更新图书品种。刚开始下乡对我而言就是一次大考，首先，我没骑过这么远的路程，一个乡来回路程要十几公里；其次，自行车上还要带上一两个大包的图书，非常辛苦；此外，有的乡还是铺着石子的拖拉机道，一路颠簸，不时还有"叭叭叭"的拖拉机擦肩而过，免不了摔倒。经过师傅一次次的帮带，我慢慢地闯过了这关，业务也逐渐熟悉起来。每当有紧急的学习资料、社论、重要节日活动的宣传画等需要发行时，我们发行员都是随时待命，带着资料文件骑车出发，在各乡穿街走巷，深入大小单位，逐个上门发行，尽管辛苦一天销售额也不大，但大家都觉得这是一种政治责任，对当时来说社会效益远大于经济效益。

我们书店还承担着全县中小学校课本的发行任务，这是一项艰巨的工作，我每次都会参加。每年两季的课本分发，我们都是靠着肩扛手提背背来完成，没有一个叫苦叫累，所看到的是你追我赶的身影，听到的是再给我加一捆加一包的声音，每个人都汗流浃背，每个人都累但快乐着。正是书店每个人的努力付出，才保证了各学校课前到书。农村发行工作两年获益不浅，是对我很好的历练。

随着国家的改革开放、出版业的不断繁荣，以及高考的恢复，读者对科学技术的追求、对文化知识的渴望爆发了，那时的"世界文学名著""数理化自学丛书"等图书都受到了读者的追捧，每次这些书一到，读者就争相购买。为改善购书环境、扩大业务，并更好地服务读者，我们中心门市部于 1978 年 9 月 26 日搬迁到新建路约十开间的门店，除主营图书外增设了音像制品柜台，后来又发展了文化用品销售，书店针对读者的接待服务要求提高，实行站立服务，后来书店又经改造升级实行开架售书，这是对传统门市图书销售形式的一大突破。由于营业面积扩大、图书品种增多、购书环境舒适，销售量也不断增长。为加快进销速度，书店还先后购置了一大一小两辆车。这些都是改革开放给我们书店带来的便利。

那时，我已在业务岗位负责图书进货。由于书店进行了经济体制改革，实行自主经营、自负盈亏的经营模式，所以对业务人员来说一方面要进好书，另一方面是进的数量要适当，既要满足市场需要，又不能造成库存积压，需掌控好进销存结构。我们经常早出晚归，在提前了解出版信息后，白天往往奔波在去各出版社仓库和市店仓库进书的路上，晚上到店卸完书后又急着把那些急需的图书整理出来，入账开单分到各柜组，以保证第二天门市营业前能有新书与读者见面。虽然工作很平凡，但我还是很热爱、很坚持，每次看到读者买到了心仪的图书，我也很感欣慰。

经过几代人的拼搏，书店的经济效益和社会效益都有了很大提高，开始置办自己的家业。书店在古华路上购置了一处房产，作为书店的仓库、办公场所及营业场所，后又在人民中路上置办了营业网点，开设了南桥镇上第二家新华书店门市部。

随着改革开放的进一步深化，图书市场也进一步放开，个体书店、民营书店对我们县的图书市场也发起了攻势（如对学校、对图书馆这些大的购书单位），新华书店独家经营的格局被打破，那时我们面临的是如何在市场竞争中继续保持甚至提高我们的市场占有率，进一步发挥好主渠道作用。我们秉承着书店的优良传统、企业文化和艰苦奋斗的精神，创新服务，充实发行队伍，主动全面出击，去抓市场的各种机遇。在抓好"三下乡"活动中，书店每次都要求我们在每个乡要有一定次数的流动供应，除为了提升销售外，也是为了占领市场。同时，我们会到大型的工厂企事业大学去举办规模较大的书展。比如，我们主动联系卫生系统，并在他们的支持下，在医院里专门为医务工作者举办为期两天的以医药科技图书为主的书展，效益和反响都很好。我们还送书进大学，在奉贤校区的大学中开展了为期几天的较大规模书展，深受师生的欢迎。门市部也改变了坐等读者上门的工作模式，利用午休时间合理安排人员深入镇上的工厂学校，为其开展上门服务。同时我们也抓好重点图书的发行，针对领导人的著作、两会文件等学习资料，我们都会在事前有针对性地积极主动开展征订工作，做到不漏一个单位，待书出版后第一时间送书上门。每年的县两会，我们也从不缺席设摊，坚持为两会服务。为打开县图书馆和乡镇图书馆这一市场，我们也与之几经商讨，虽然当时受到图书馆自有数据条码的限制，但我们不曾放弃，经双方努力，图书馆最终同意了由我们书店为其配送图书。得知奉贤中学搬到新校区后需要大批新书充实图书馆，我们便积极争取，最终这一任务也由我们书店完成。这些都对我们开拓市场、提高市场占有率、赢得先机起到了积极的作用。

我们竭诚为读者服务，也得到了读者对我们的信任和支持。每当我们到学校工厂联系流动供应时，他们都会热情接待，尽力帮我们安排场地，有的还腾出教室帮我们组织学生有序进场阅读、购买图书。工厂企业也经常提供食堂给我们使用，为我们准备午餐，看到我们人手不够，还会主动帮助我们搬运图书、整理书摊，这对我们而言都是极大的鼓舞。

曾经发生在新华书店的这些点滴，反映了新华书店在科学知识的传播、社会主义精神文明的建设中起着不可替代的作用，新华书店一路走来不断壮大，离不开一代代新华人对初衷的坚持和践行，离不开他们的青春奉献。

虽然我阔别书店工作已 10 年有余，但每当在街头漫步看到新华书店时，我还是会驻足观看或踏入店堂。虽然现今网络购书如此便捷，但当孙辈需要图书时，我还是会先领他到新华书店购买。这也许就是我们这一代人对新华书店挥之不去的情结。但愿由几代人开创的书店企业文化和企业精神，能在当今实现中华民族伟大复兴梦的新征程中得到传承，但愿我们新华书店行稳致远。

青浦县店

青浦县新华书店

1951 年元旦　新华书店苏南分店青浦支店建立。

1958 年 12 月 1 日　原属江苏分店青浦县店划归上海分店，建立上海新华书店青浦县店。

1958 年　青浦县店从码头街迁至公园路。

1985 年末　青浦、朱家角、练塘 3 个门市部设立。

1995 年 7 月 1 日　青浦县店重新翻建后开业，营业面积达到 2900 平方米。

青浦县新华书店

# 从田间卖书走向农家书屋

◎ 吴康康

从 1976 年参加工作进入新华书店，到 2018 年离开书店，我在书店工作了整整 42 年。我从刚开始的营业员、仓库保管员、财务、课本发行、业务，一直干到管理岗位，从而见证了我们青浦新华书店翻天覆地的变化。书店从曾经的图书品种单一、读者寥寥无几、房屋简陋无比，一直到 1995 年成为拥有货用电梯的五层新华大楼，再发展到有货用电梯又有自动扶梯的 2000 多平方米的宽敞舒适、品种繁多（图书有五万多种）的中心门市部，其间书店还二次自建了课本配送仓库、练塘门市部，购置青浦东、西二边自营门面房，这些年来，青浦县店发生了巨大变化。农村发行员从骑自行车、肩扛、手提送书下乡，到拥有两辆汽车送书下乡，极大地满足了农村、农民、学校、单位对图书的需求。

记得 1976 年我刚进书店工作的时候，农村发行是靠员工骑着自行车走入学校操场、走向农村田头、走进工厂车间的，设摊供应卖的都是农业技术用书、工业技术用书、学生教师用书，对于不认识字的农民，我们还得亲自读给他们听。

让我记忆尤为深刻的一件事是，20 世纪 80 年代初，徐泾有个种粮大户，由于自身文化水平低，几乎不认识字，可是内心又十分渴望学习一些种植的经验，以提高种植的产量。那个时候我也有几次跟着我们店的上海市劳动模范王寄根老师，一起骑着自行车将书送至农村田间，并在田头把书里的内容一字一句地读给他听，有不懂的还给他解释清楚，尽一切所能帮助他了解更多的种植知识，真心实意地把书送到需要的人手中，看到他捧起书那种兴奋的模样，我们都觉得很欣慰，现在想来当时的这种社会效益是无与伦比的。

"农家书屋"作为国家建设农村公共文化服务体系的重要工程，也是上海市政府的实事项目。积极争取和落实该项目是我努力的目标，我以敏锐的市场洞察力紧紧抓住这一既能服务农村又能提升企业效益的契机，在第一时间主动同区有关部门取得联系，经过锲而不舍的努力，面对激烈的市场竞争，我们成功落实了18家农家书屋。在我的积极奔走下，通过与文广局、文化配送中心等部门之间的沟通，2009年，青浦区店获得134家210万元农家书屋图书配发任务，2010年又争取到全区184家136万元农家书屋图书补充任务，截至2017年年底实现全区农家书屋全覆盖。按照有关部门要求，农家书屋数万册图书中的每一册都要用手工按标准化要求进行数据采集制作和标签粘贴，工作十分繁琐且量大。面对艰巨的任务，我们青浦区店举全店之力全力以赴，克服技术难点、天气炎热等不利条件，加班加点，用创一流的精神做好每一个环节工作，以良好的服务回报社会信任，以细致的工作确保农家书屋工程质量。在送书到村的过程中，由于行政区域发生变化，我们往往要反复寻找，送书人员不辞辛劳送书到村，走遍了全区每一个村居。在农家书屋工程实施过程中，青浦区店员工经受了锻炼，新华人特别能战斗的精神得到了发扬，同时也节约了大量的费用开支。在上级部门对农家书屋进行检查的过程中，新华书店采配的图书品种、数据制作情况、后续服务等环节均获得好评。在2011年的时候，我们还因为农村发行工作荣获了全国发行先进集体的称号。

在做街镇图书馆及农家书屋的过程中，有一件事情让我记忆深刻。当时为了以优质的服务赢得香花图书馆的信任，我们在后续的服务上及时跟进，从图书的挑选、数据的制作直至送书上门、帮忙拆包并将图书信息扫描进图书馆的电脑，我们还将上万册的图书上架分类。在得知香花图书馆人手不够，员工都是新手，要赶在指定日期前正常开馆必然困难重重后，我们在不影响门店正常营业的情况下，从公园路店派人前去加班加点地帮忙。图书馆的分类上架不同于我们门市部只要按照类别分门别类就行，前者还得去看索书号上的数字，从小到大进行排列，因此很是费劲，毕竟我们不是专业的图书管理人员，很多专业的东西都得学习，有时候员工们一天下来看得眼花缭乱、头晕目眩，可是没有一个员工叫苦。新华人身上的这种精神得以继续传承和发扬。我们也以优质的服务赢得了图书馆的肯定和赞赏，为书店以后的发展打下了坚实的基础。

随着时代的变迁，我们的图书发行发生了巨大的变化，现今市场竞争日益加剧，电子图书、网上书店纷纷崛起，更需要我们新华人的不断创新改进，以更优质的服务去赢得读者的信赖。

# 做营业员的喜与乐

◎ 张月华

　　1962 年 11 月，我从青浦县图书馆调到青浦县新华书店工作，在门市部当一名营业员，截至 1982 年，我整整站了 20 年的柜台。

　　报到的第一天，孙玉珍经理向我介绍了新华书店的光辉历程及新华书店的地位作用：新华书店不是一般的商业单位，是党的重要文化宣传阵地，营业员就是文化阵地的宣传员。门市部是新华书店最前沿阵地，营业员的一言一行在读者眼里代表了新华书店。孙玉珍经理认为，我是书店最年轻的一位同志，希望我虚心向老同志学习，好好干，做出成绩来。

　　那个年代能当一名新华书店营业员是多么令人羡慕啊！我光荣！我骄傲！

　　在 20 年的营业员职业生涯中，我牢记老经理孙玉珍的谆谆教导，认真踏实工作，刻苦钻研业务技术，不断提高文化水平。用热情、热诚、耐心、贴心为读者服务，赢得了广大读者的好评和领导的肯定。

　　一个好的营业员除了主动热情接待好每一位读者外，还要有一颗"急读者所急，为读者所想"的心，秉承"为读者找书，为书找读者"的宗旨，致力于为读者提供更贴心的服务。为此，我们门市部印制了缺书登记簿，遇到读者需要的图书而门市部缺货时就登记下来，并千方百计为他们找书，满足他们的需要。

　　我曾经接待了一位盲人读者，他要几本盲文版图书。门市部没有盲文版图书，我将缺书情况进行登记后与市店供应科联系，购到书后直接送到他家中。这位盲人读者拿到书后激动地拉着我的手连声道谢。

有一年少儿柜来了一位小姑娘，要买一本三年级的暑假作业，门市已全部售完，小姑娘急得眼泪也流了出来，我就安慰她，说一定想办法。于是我向邻居的孩子借了一本，为她抄了一遍。当她拿到这本特殊的暑假作业时，高兴得跳了起来。几十年后的一次偶遇中，她对我说："阿姨，谢谢你！那年为我抄了一本暑假作业。这事我将终生难忘，永记在心。"

20 世纪 80 年代初，为了更好地满足读者的需求，门市部实行了夜市服务，我接待了一位操外地口音的读者，他需要无线电方面的专业图书，而我们县城门市部根本没有此类专业图书。于是我将缺书情况进行登记后，千方百计为他解决所需的全部专业图书，事后我得知，他是广东汕头玻璃厂青年技术员小余，是来上海自动化仪表六厂学习的。学习结束临走时，他特地来门市部再次向我表示感谢，并对我说，以后需要书还要来找我，我高兴得满口答应。此后他经常将所需图书目录寄给我，我也总是想方设法为他找书以满足他的需求，我们成了好朋友。连当时上海产的日用品、电器他都会委托我帮他买，我也总是选购后邮寄给他。他在家中安装电话后第一时间就给我来电，当从电话中传来"谢谢阿姐这几年为我做了那么多事，让同行都眼红"的话语声时，我的心被深深触动了。

每当为读者做了一点我应该做的本职工作，为他们找到了心仪的图书，看到他们心满意足的表情时，我的心也与他们一样充满了喜悦。

1978 年，改革开放的春风同样吹进了新华书店，书店迎来了发展的黄金时期，知识得到了普遍重视，无数读者涌向了新华书店，争相购买各类图书。印象特别深的是，恢复高考后，上海科学技术出版社的"数理化自学丛书"一上架就被抢购一空。这是当年一套难求的好书，人人梦寐以求，都想购到此书。有次，一位读者遇到我说："当年幸亏你为我儿子买到了一套自学丛书，他才能在后来考取了大学，现在已有一个好的职业和幸福的家庭。"一套"数理化自学丛书"改变了一个人，改变了一个家庭的命运。

当时，人民文学出版社重新出版世界名著，由新华书店发行，消息灵通的读者知道后，一早就排队购买，第一天玻璃柜台都被挤碎了。第二天，我们就早早地到门市部维持秩序，在读者的衣袖上用粉笔写上编号，待开门营业时，读者就有序地按编号购买，此情此景至今历历在目。

由于上海具有独特的优势，新华书店新书品种较多，许多外地的单位、部队也慕名而来，纷纷上门购买当地紧缺的图书。如安徽滁县文教局教研室的李主任，连续几次派人来购书，我会将适合的图书留着推荐给他们，给他们邮寄过去，为他们文教局图书室提供了许多教育资料，彼此间建立了良好的关系。几年后，书店组织员工去滁县旅游，当他们得知消息后，文教局徐副局长、李主任亲自接待了我们，还在当地有名的"皖南大酒店"宴请了书店员工。

浙江湖州部队的小杨同志，经人介绍来门市部为部队图书室和首长选购图书，每次都是满载而归，他也成为我们的基本读者。后来小杨工作发生调动，临走时将接替他的同志介绍给我们，之后我们也经常保持着书信往来。几年后，升职的小杨到上海出差，特地到青浦来看望我们。我用真诚的服务、真心的微笑，换来了读者、单位的满意，以及他们对新华书店工作的赞扬。

记得 1979 年，浙江人民出版社出版了陈学昭的《工作着是美丽的》长篇小说，书名比内容更深深地打动了我。工作着是美丽的，当时作为一句口号广为流传。我说，在新华书店工作着更是美丽的！读着这样的文章真愉快！《工作着是美丽的》一书的书名和内容一直激励着我前行，我也经常劝勉年轻人要以这种态度从业。

　　热爱新华书店工作已深入我的骨髓，作为一名有着 40 年工龄的老新华人，我深深地爱着新华书店这个大家庭，并经常会沉浸在那个难忘的年代里。

松江区新华书店

# 纪
# 事

1949年5月24日　新华书店苏南分店松江支店（西门吊桥）开始营业。

1953年　书店门市部迁至中山中路222号。

1954年　松江县单独成立新华书店支店。

1958年12月1日　原属江苏分店松江县店等划归上海分店，建立上海新华书店松江县店。

1961年　松江县店在原有县店门市部的同时，新设泗泾、枫泾、亭林门市部。

1966年12月　松江县店扩大营业面积至150平方米。

1986年9月　松江县店约1600平方米的五层大楼在莫家弄口建成。

2002年9月28日　良友门市部开业，营业面积达500平方米。

松江区新华书店

# 我和共和国同龄
## ——松江新华书店变迁史

◎ 张传耀


1949 年 5 月 24 日，在解放上海的隆隆炮声中，"新华书店华东总店苏南分店松江支店"诞生了，地址在松江中山路西门外吊桥附近，营业面积仅有 20 平方米，员工有 8 人，经理为南下干部姚思恩。1951 年，书店迁至中山中路 242 号，营业面积为 40 平方米，员工有 18 人，书店一并负责金山县的图书发行（直至 1956 年一季度，金山县新华书店成立）。

众所周知，松江是历史悠久的城市，唐代设松江府时，上海只是一个小渔村，松江有上海之根之称，但很少有人知道。松江有条号称"东到华阳西西到跨塘的'十里长街'"。书店从诞生以后，虽多次搬迁扩张，但始终没离开过中山路。

1953 年，门市部迁至中山中路 222 号，营业面积为 80 平方米，1959 年，中山西路 654 号另开设了松江县综合门市部，佘山地区也开设了一家综合门市部。1961 年，新华书店松江支店改名为松江县门市部，并另开设泗泾、枫泾、亭林三家地区门市部，原佘山门市部归供销社经营，全县图书供应点为 15 个。1966 年 10 月，松江县店中心门市部扩大营业面积至 150 平方米。松江新华书店从建立之日起至党的十一届三中全会召开，虽然一直有所发展，但始终停留在修修补补、小打小闹的状况中。

党的十一届三中全会的召开，意味着新华书店发展的春天到来了。在县政府、县委宣传部的领导下，新华书店决定由"文革"前曾担任松江监察委副书记的转复军人顾骧同志和曾任新浜公社党委副书记的张玲娣一起组建松江新华书店的领导班子，并在短短的三五年间就将员工队伍锻造成一支特别能战斗的队伍。复员军人、共产党员群体始终占全体员工数的三分之一以上。1984年年底，副县长张席民多次出面与供销社所属五金公司、饮服公司协调，拆除其所属网点，严格按照松江县中山中路商业街改造设计规划（红线）建造新华书店新大楼。1986年9月30日，为向中华人民共和国成立三十七周年献礼，松江新华书店中心门市部开业，地址为中山中路216号—228号，占地面积近2000平方米，营业面积为1000余平方米，五层大楼七开间门面，书店成为松江的地标建筑。上海人民广播电台对此进行了报道。新大楼总耗资60万元人民币（包含土建及软硬件装修），施工过程中采用的是框架结构新工艺，该工程被评为上海市优质工程。楼内设有人货电梯，店堂大门采用电动卷帘门。这些设施设备的使用开创了全市之先。新建的书店布局是：一楼及二楼为营业厅，三楼为农村发行、课本发行、城市发行处，四楼为经理室、行政股处、财务股处，五楼为业务股处和仓库。从1984年年底至1986年9月，经县政府协调，新大楼在建造期间向县供销社借用临时门面房两处，一处在新建书店对面，成立科技文教门市部，另一处在中山路上的总工会对面，成立社科文艺门市部。1992年，邓小平同志发表南方谈话，给了我们极大的鼓舞。经过近两年的考察、筹备，1994年年初，中心门市部实行开架售书，"为书找读者、为读者找书"的理念更深入全体员工的心坎。为读者服务的项目越来越多，缺书登记、新书预订、送书上门、为读者提供免费老花眼镜，等等，这些项目极大地方便了广大读者。在周边其他行业的共同努力下，我所处中山中路门市部的生意越来越好，也越来越热闹。从谷阳路到人民路段的中山中路，被松江人民称为松江南京路。每逢国庆、春节等重大节日，马路上都会变得水泄不通，交警队不得不对这段路实施交通管制，禁止一切车辆通行，包括自行车。为丰富松江人民的文化生活，我们还多次邀请上海滩名作家、名演员来门市部和读者见面，或参加签名售书等活动，如滑稽名家王汝刚，著名沪剧演员赵春芳、杨飞飞贤伉俪、著名足球教练徐根宝等，这些活动深受读者欢迎。

1997 年，松江区政府决定对中山中路北侧新华书店营业大楼以西的商业街红线内商铺进行动拆迁。中山中路 242 号新华书店原仓库也被列入动迁范围。虽然 242 号临街仅有一间 3.6 米宽的门面，往里延伸却是别有洞天，前后四进共有建筑面积 300 多平方米。经与项目办多次协商、争取，我们最终在紧靠新华书店营业大楼 228 号的边上得到了 14 米宽 20 米进深的三层 900 余平方米的建筑一栋。至此，松江新华书店在繁华的中山中路拥有了十开间、40 余米宽的营业场所，总建筑面积达到 2000 平方米。其中除少量为房管所产权房外，其他均为自有产权房。

进入 21 世纪以来，松江新华书店更是实现了广覆盖和升级换代。除了原来的方塔门市部、泗泾门市部、中心门市部外，书店于 2000 年又新增了西林门市部，于 2004 年在松江大学城文汇路 9 号地块开设了大学城书店。2015 年 1 月 16 日，原中心门市部搬迁至中山中路 77 号平高世贸商城 3 楼，总营业面积为 1620 平方米，门店设计运用前卫的后工业 LOFT 风格，主营图书、咖啡、文创产品。2015 年 12 月 11 日，又一家具有鲜明风格的实体书店——新华书店地中海店开业，该店位于新松江路 927 弄元地中海商业广场 4 楼，布局贯穿了"家庭书房"理念，在有限的空间开辟了 3 个深度阅读区。2019年 7 月 24 日，松江区泗泾开江中路 377 号的南村映雪文化书店开业，这也标志着新华书店的转型升级进入了全新阶段。

从 1949 年 5 月开业后的半个多世纪里，松江新华书店行政归属和经营管理模式发生了多次变化。1957 年起，松江县新华书店为全县 17 个（公社）乡建立图书供应点，营运模式为代购代销，由松江县店提供货源，定期向各供销社供应点结算，并允许其使用新华书店店招。

1958 年 1 月至 12 月，随着上海行政区划的调整，原属江苏省的松江等 10 家郊县新华书店划归上海新华书店。根据郊县的管理体制等因素，1959 年年初，市店将行政管理权下放至各县政府，1963年又将其收归市店领导和管理，1969 年再次下放县里。1980 年，松江新华书店接受市店和县政府的双重领导，行政、业务工作由市店负责，党团工会工作等由地方政府负责。1985 年，根据《上海新华书店关于 1984 年全属企业管理全面整顿工作的意见》，松江店完成了5 项整顿工作内容的验收，在店内设立了行政、业务、发行三个股和中心门市部的三股一部管理模式。而后在图书购销体制改革中，书店实行"基数承包，效益挂钩"的"工效挂钩"的方法，工资总额同经济效益挂钩，企业工资随同上交税利的增减上下浮动，由此极大地调动了干部员工的积极性。一段时间里，周边的群众称松江新华书店为"小壮蟹"。20 世纪 80 年代后期，松江新华书店与青浦、嘉定、川沙、宝山等店相继实行经理负责制。2000 年，新华发行集团挂牌成立，2006 年集团为上市成立了上海新华传媒股份有限公司，下设上海新华传媒连锁有限公司，与其他兄弟店一样，松江新华书店独立法人机制被取消，管理模式被划分为"东南西北"四大区块。松江与嘉定、青浦、浦东一起组成东片区块。

随着信息化、网络化时代的到来，新华书店与其他实体店一样，发展瓶颈日益明显，国家对新华书店给予了一系列优惠政策，如义务制教材继续由新华书店发行，党代会、全国人代会、政协、全国会议的重要文献经由人民出版社出版后，由新华书店第一时间在全国发行。

毛泽东同志亲笔题写的"新华书店"四个大字永放光芒！

金山区新华书店

319

# 纪事

1956 年一季度　金山支店建店。

1958 年 12 月 1 日　原属江苏分店金山支店划归上海分店，金山县店成立。

1975 年 4 月　金山卫新华书店开业。

1984 年 1 月 1 日　市店与上海石油化工总厂洽谈确定，并经上海市出版局同意：金山卫新华书店自即日起，党政工团领导关系全部划归上海石油化工总厂，改为厂办书店。

1997 年　金山县店与金山石化新华书店合并，成立金山区店。

1998 年 4 月 11 日　金山石化新华书店划归金山区店管辖，门市部格局调整，营业面积由 170 平方米扩大为 440 平方米。

金山区新华书店

# 金山新华书店在不断的改革中求得发展

◎ 陈　斌

　　我自 1976 年进入金山新华书店，做过农村发行员、城镇发行员、门市部组长、县店业务员、县店业务科科长和县店业务经理。

　　金山新华书店，始建于 1956 年 4 月，当初几乎无任何固定资产，长期以"小而差"出名。1978 年，全县图书销售额仅为 63 万元，利润不足 5 万元，经济效益在全市郊区书店中排名最末。20 世纪 90 年代初，随着市场经济的发展和图书发行体制改革的不断深化，金山新华书店抓住大好机遇，以改革书店经营管理机制为突破口，以加强凝聚力工程建设为切入点，团结员工、凝聚人心，逐步走出了一条坚持改革持续发展的根本方向，发扬员工主人翁精神，两个文明一起抓，加快建设社会主义现代化多功能新型书店的发展道路，开创了"人换思想店变貌，物质精神双丰收"的新局面。

　　金山新华书店具有光荣的传统。20 世纪六七十年代，金山新华书店农村发行员走村串巷活跃在金山县的广大农村，田头、街道、茶馆、学校、机关，处处都有新华书店员工的身影。企业为全县人民提供着图书和学习资料，那时的发行重头是学习文件、年画、年历和学校每年两季的课本。学校的学生课本都由发行员送货上门，尤其是偏远地区的课本都是由农村发行员用自行车驮过去的，不仅路程遥远，还要在乡间的小道上骑车，艰难程度可想而知，新员工车技稍微差一点就会翻车，但为了保证图书不掉入水田里或渠道水沟里，人只能跳入水田里推行。

发行学习文件时，书店员工更是以最快速度把学习文件送到机关学校或企事业单位，不论刮风下雨、天寒地冻还是炎热酷暑，农村发行员骑着自行车行驶在各自分管区域的大街小巷、各个角落。当时全县的图书销售额中，农村发行组6位同志及一位城镇发行员创造的销售额，超过了4个门市部的总销售额。农村发行员为金山新华书店的发展作出了非常大的贡献，特别是为金山新华书店培养了许多不怕困难、迎难而上、勇于奋斗的年轻人。

1987年，金山县店大楼在朱泾镇的中心城区建造落成。金山县店的发展进入快车道。上海新华书店图书发行学校毕业的年轻专业人员被调入县店成为领导班子的一员，书店还招募了许多年轻人，并在经营上作出重大尝试，开始实行多种经营。在开设多种经营的门市部后，新华书店的经济效益逐步提升，员工的收入逐年提高。20世纪80年代末，金山县店对全县图书库存进行彻底清理，为下一步的图书经营改革打好了基础。

1994年，金山县店对进货业务进行全方位的改革，实行以市店进货为主，出版社及各省、市图书批发中心进货为辅的多渠道进货方针，此举从根本上改变了书店进货模式，变"隔山看货"为"实地看样"。业务组组织带领各门市部的业务人员在上海的各出版社和浙江、江苏的出版社及周边地区的图书批发市场看样进货，大大提高了图书的动销率，减少了库存积压，降低了报废率，提高了书店的利润。与此同时，业务组联系了全国知名的少年儿童出版社、文艺出版社每年在金山县店进行看样订货，并邀请全县的中、小学图书馆负责人前来参加看样订货，取得的效果非常好。

1993年，金山县店率先在中心门店实行开架售书，改变了书店的封闭式售货方式，最大程度方便了读者选书购书，受到了读者的普遍欢迎，图书销售额有了大幅度提高。金山县店还在原有的图书、音像经营业务基础上，大力发展文化用品的销售业务，把书店打造成为集图书、音像、文化用品于一体的综合性书店，并通过开展规范服务达标活动，开拓农村图书发行渠道。至 1996 年，全店销售额达 2400 万元，利润达 115 万元。

1997 年，金山撤县建区，原金山县新华书店和金山石化新华书店合并建立金山区新华书店，强强合并，使得书店实力得到进一步提升。1998 年，金山区店斥巨资对石化门市部、朱泾门市部、张堰门市部、亭林门市部、枫泾门市部进行统一装修，并在超市、百货公司中开设"店中店"，在学校开设"校中店"。到 2002 年，金山区店已拥有 16 家门市部，营业面积也从 1993 年的 600 平方米增加到 3300 平方米，构建了一个以南北两个中心城区网点为核心，以地区门市部为基础，以社区、学校网点为配套，以发行员队伍为辅助的一套完善的金山区图书销售发行网络。

与此同时，为改革经营机制，金山区店实行了"抓大放小"的门市经营机制改革，以门市年销售额作为考核依据，同时从门市经营管理人员配置、进货管理、商品库存、财务管理、服务管理等各方面进行全面考核，实行风险抵押承包经营和销售目标承包经营。新的经营机制激发了经营者的销售热情，2002 年承包门市部销售额环比上涨 25%，金山区店由此取得了良好的经济效益。

金山区店不断改革农村发行员分配办法，加强农村发行员队伍建设。2002 年，金山区店在区店范围内公开招聘，对农村发行员采取超额销售提取奖励、多销多奖的奖励机制，将有能力的、善跑业务的、能做销售的员工充实到农村发行队伍中来，三位门市部营业员先后走上农村发行员的岗位。他们采取积极主动的姿态，加强了与所负责地区的学校、机关及企事业单位之间的业务联系，主动上门征订，并实行一律送书、送货上门，进行流动设摊，为所在地区的单位读者提供周到、细致的服务。最终每个发行员的销售额都突破100万元，最高的达156万元。

金山区店不断加强服务质量管理，树立书店文明形象。多年来，金山区店以"内聚人心，外树形象"为目标，把全心全意为读者服务作为加强企业精神文明建设和创建文明单位、文明行业的落脚点，坚持开展"规范服务"达标活动，建立门市服务工作规范化管理机制及考评奖惩细则，严格要求门市服务工作"六个统一"，即统一开架售书、统一穿工作服、统一佩戴工号、统一文明用语、统一站立服务、统一门市形象等，要求全店上下每一个人，每一个岗位，在每一次售书业务中都要树立主人翁意识，对待读者要像对待自己的亲朋好友一样，为其提供全方位的文明服务，从而树立书店的文明形象。

进入21世纪，金山区店已拥有固定资产1544.9万元，年销售额突破4500万元。金山区店下设16个门市部，有员工81名，从1993年起连续12年六届被评为上海市文明单位，并分别获得全国农村图书发行先进单位、全国新华书店双优先进单位、上海市农口系统文明窗口先进党组织等一系列光荣称号。书店从一家本不起眼的郊县小店，变成了全市新华书店系统中资产和销售利润均名列前茅的中型企业，在社会效益、经济效益方面实现了双丰收。

回望金山新华书店，我有许多的感慨，金山新华书店从一家柔弱小店，发展成具有一定规模的中型书店，离不开几代金山新华人的不断奋斗、无私奉献。衷心期盼金山新华书店在未来的征途上，发扬优良传统、沉着应对市场变化、强化农村发行体系、加强发行队伍建设、合理网点布局、灵活经营机制、开拓经营品种，继续把美好的精神食粮，奉献给广大的读者。相信在新一代金山新华人的努力下，金山新华书店发展道路将越来越宽广。

# 崇明县店

崇明区新华书店

1949 年 6 月　新华书店苏南分店崇明支店开业。

1958 年 12 月 1 日　原属江苏分店崇明县店划归上海分店，建立上海新华书店崇明县店。

1990 年 8 月　新河镇门市部开业。

1994 年 4 月　在城桥镇玉环路 601 号新建综合大楼 1 幢（主楼 1250 平方米、附属设施 250 平方米）。投资 16 万元对城桥镇、堡镇两个门市部进行装修。

# 我在崇明新华书店的 20 年

◎ 邱利群

  我这辈子都不会忘记，我是 1990 年 6 月 12 日到市店报到的。我拿着崇明县委组织部的调令，一个人摸索着找到了四川中路 133 号的上海新华书店，接待我的是负责郊区店的臧令仪副经理，他向我介绍了崇明新华书店的一些情况。原来崇明县店原经理、书记沈体康同志于 1990 年 4 月因病去世，市店党委书记浦士泉在沈体康同志病重期间六次来到崇明县委组织部商讨调剂干部事宜，最后把我空降到崇明县店（进书店前本人在崇明城桥镇党委担任纪委书记兼组织部长）。

  到书店工作后，我的职务是党支部书记，我想这是组织上对我的爱护，毕竟此时的我对书店工作一无所知、一窍不通。半年后我增加了副经理的职务。到了崇明县店后，我的第一步是熟悉情况。当时崇明县店在编员工有 33 名，下设中心门市部（约 200 平方米）、堡镇门市部（约 90 平方米）、庙镇门市兼发行站、新河门市兼发行站（店面是租来的私人自有房产）、陈家镇门市兼发行站（店面也是租来的私人自有房产），以及桥镇发行站，发行站的功能主要是负责春秋两季中小学课本及政治读物、学校教辅材料的征订与发行。当时的门市零售加中小学课本总发行销售额在 430 万元左右。

  针对工作到底从哪里下手抓，员工反映最强烈的、意见最大的对象是多种经营，即书店"三产"，当时书店都在办"三产"的目的是增加员工收入，但当时的崇明县店"三产"（全称为"崇新文教用品经营部"）管理混乱，员工对此意见很大，由于没有专职的财务人员，会计是兼职的，并非专业会计出身，把财务搞得一塌糊涂。几年来，员工并未从"三产"中得到实惠，这是一个急于解决的问题。于是，我们更换了"三产"经理，并有偿聘用专业财务人员，用了一个多月的时间对几年来的原有账目进行整理重建，从此，"三产"的经营一年比一年好。后来书店组织员工参股（每个员工1000元），不但有空额工资可予分配，员工每月还可以有200元的集资分红，这在20世纪90年代看来还是可以的。

当时，崇明县店的网点建设是薄弱环节，为了建设陈家镇网点，我在1990年下半年曾五次到陈家镇政府去与其领导沟通协调，最后得到陈家镇政府的支持，解决了三间营业用房的地契问题，同年开工，1991年竣工开业，三层共计360平方米，市店经理汪天盛专程前来参加了开业仪式。

1993年，在县政府的大力支持下，崇明县店向县政府打报告，要求划拨土地，发展书店网点建设，县政府从县住宅公司内部划出三亩多土地（地处玉环路），出资100多万元，用一年的时间建造了一幢五层综合大楼（1994年8月启用，市店副经理陈致远等领导参加开业），建筑面积为1350平方米，实现了营业、办公一体化，后建造了200平方米的仓库，为八一路三层老楼腾空了地方，使其用于改造出租，为崇明县店增加了收入。

崇明县店的中心门店部只有180多平方米，其中图书占据150平方米，"三产"占据30多平方米，尽管在1992年左右已实行开架售书，销售额刚开始有较大幅度的增长，但由于店铺面积太小，图书品种受到限制，几年以后，还是满足不了广大读者的需求，为此，崇明县店必须想办法在中心城区扩大网点建设，在1997年与1998年两年中，崇明县店多方考察中心城区的网点位置，后经与惠丽房产公司协商，房产公司同意将位于八一路的约 1000 平方米店铺卖给新华书店。集团公司收到崇明县店的报告后，认为店堂立柱太多，作为网点来说并不理想而未同意购买（当时尚未开工，看到的是房产公司施工图）。工程事宜后因县印刷厂员工宿舍安置问题而搁浅，直到 1999 年下半年才正式开工。崇明县店第二次打申请报告后，市店才同意购买事宜，为此，直至 2000 年年初交房，网点才扩建完毕，这个项目整整拖了两年零三个月，崇明县店的图书销售由于网点跟不上而一直不见好转。1999 年年底，经考核，崇明县店被末位淘汰。当时，崇明县店的经理已经不是我了，由宝山区店张文豹同志兼任崇明县店经理，于德仁同志兼任副经理主持工作，并对我在崇明新华书店的十年工作进行了离任审计。据审计结果显示，节余工资 100 万元，购买中心门市的购房款全部付清，预提新门市装修费 90 多万元。可见书店的家底还是不差的，然而曾经的空降干部，还是于十年后被淘汰了。

1999 年年底的图书销售额，已经由 1990 年的 430 万元增长到 1600 万元，十年中员工的收入每年都有大幅度提高，营业网点扩建有了突破性的进展。后来，八一路的新网点在 2000 年 3 月交房，并于同年装修投入使用，营业面积为 1000 平方米，图书品种是原来的 15 倍，图书销售额也有了突破性增长。新网点的开业典礼上，市新闻出版局有关领导及相关处室、集团公司有关领导共 12 人出席了崇明八一店的开业仪式。

为了拓展崇明堡镇地区的营业网点建设，书店从 1999 年开始联系开发商预订堡镇中路的商铺，后于 2001 年装修使用，营业面积为 400 平方米，较好地满足了崇明东部地区人民的文化需求。

自 2000 年 3 月起，我改任崇明县店党支部书记、副经理。2006

年年初，基层的管理体制又发生了调整，崇明县店的管理模式恢复到2000年年初的情况，2009年9月，我办理了退休手续（12月底离岗回家）。这四年间，基层书店经历了财务集中管理（财务人员归公司财务中心管理）及中小学课本发行统一到课本中心管理等变化，物业方面由上级物业中心统一管理，减轻了基层的管理压力，便于基层书店集中精力搞好图书的门市零售工作。我的工作经历有40年，其中有20年留在了新华书店，我伴随着书店的发展，也在20年的工作生涯中得到了磨炼和提高。

# 附 录

新华书店图片门市部

美术书店

# 记忆中的美术书店

◎ 王惠娟

1963 年 5 月 8 日开业的美术书店，是在图片门市部的基础上建立的一家专业书店。设在福州路 310 号（山东路口），它的前身是大东书局。据说房屋的原主人是个佛教徒，所以在房屋的顶上（山东路转弯角）造了一座醒目的宝塔，书店由此成为福州路上的一景。

美术书店是一家独立核算单位，书店经理是沈雪亭，副经理是王颜梅、俞泉声。下设财务部、业务部和门市部。

美术书店与音乐书店设立联合党支部，书记为沈雪亭。书店的人员除了原图片门市部老同志外，还有来自市店、南东书店的员工，出版学校、训练班、工业中学的毕业生，以及广播电台的下放干部。

书店的一楼门市以原来图片门市部的品种为主，供应各种图片、伟人像、宣传画、语录、地图、教育挂图及连环画等；二楼门市供应中外高级艺术画册、碑帖、书法、册页及各种美术工具书。

为了体现美术书店的专业特色，市店宣传科吴家华、王显宗负责橱窗设计。我们还定期更换二楼门市内橱窗、陈列柜，使店堂的艺术气氛保持浓厚，以达到展销结合的目的，并深受读者的好评。

由于专业书店的特性决定了读者对象，为加强服务、扩大销售，我们发展了大批基本读者，包括美术展览馆、美术电影制片厂、苏州刺绣研究所等单位及个人。我们不间断地为他们保留新书、赠寄书目、邮购代办。

为适应业务需要、更好地为读者服务，营业员都能刻苦钻研业务、了解专业知识，做到了解书、了解读者。在熟悉业务的过程中，除了主动荐书、学习外，营业员还不断向专家、读者请教，于是都能较快地掌握美术类图书的基本知识，以满足工作需要。

美术书店还为出版社开启了一个窗口。那时，每逢周四，上海人民美术出版社的社长、总编辑及各编辑室专业人员都会到书店站柜台，当一天营业员，了解全国出版动向，了解读者需要，并与营业员沟通交流。

"文革"开始后，美术书店成了所谓的"封、资、修"批判对象。书店的营业面积、供应品种逐步缩水。不久，二楼门市美术柜台全部停业，仅剩底层门市供应毛主席像、语录、宣传画等品种。

"人防工程"开始后，美术书店开始投入挖防空洞工作，书店就此歇业。直至1972年，有关方面决定撤销美术书店。原书店人员大部分转到南东书店，一部分调往市西、闸北、虹口、卢湾、普陀、大世界、老西门等书店。另外，人民广播电台下放到书店的人员，也被调回原单位。

从此，美术书店这家专业书店在福州路消失了。

# 上海新华书店的网点布局

◎ 郁　严

　　1949 年 6 月 5 日，社会主义性质的国营新华书店在福州路 679 号和河南中路 170 号开设了临时第一、第二门市部。当时的私营出版发行业有 512 户。1953 年，新华书店网点发展到 17 个，书亭为 17 个，共计 34 个。1953 年 7 月以后，连同与新华书店建立图书批销关系的 201 个私营书店、181 个书摊在内，全市已进入图书发行网点较多的时期。但后来经过三年调整，到 1963 年，全市新华书店网点下降到 86 个，合作书亭为 27 个，共有网点 113 个。另外，市区有代销点 48 个。到 1966 年，全市新华书店网点为 90 个，合作书亭为 27 个，共有网点 117 个，代销点发展到 150 个，但在"十年动乱"中，网点又有所减少，特别是合作书亭减少后只余 14 个。

　　党的十一届三中全会以后，全市图书发行网点有了新的发展。1986 年年末，上海新华书店的网点增加到 153 个，外文书店、上海书店的网点为 23 个，出版社自办发行的网点为 30 个。由新华书店扶办的原合作书亭现改名为"沪江书店"，网点有 20 个。另有"沪江书店"扶办的由书店员工子女参加的合作社性质的"长治书店"1 家。社会发行力量售书点还包括供销社售书点 240 个，国营商店售书点 99 个，其他国营售书点 47 个，集体书亭（店）119 个，车、船代销点 100 个，个体摊（亭）300 多个。市区国营、集体、个体各种类型售书点共 500 个。

　　进入 20 世纪 80 年代以来，在出版发行体制改革的推动下，全市图书发行网点的发展开创了新的局面。截至 1989 年，新华书店发行网点达到 120 个（如包括年中划出新华书店的网点则有 150 多个），全市共有全民所有制书刊经营单位 930 多个，集体所有制书刊经营单位 309 个（其中有批发业务的 53 个，包括 30 多家出版社），个体书摊 616 个，共 1855 个。这 1855 个网点（包括国营农场、供销社、工厂、部队及行业代销点、车船代销点 432 个，另有 440 个集体、个体经营书刊零售的社会图书零售业者）基本上都与新华书店有图书批销关系，这就是以国营书店为主体的多种流通渠道、多种经济成分、多种购销形式的新格局在网点发展上的体现。

根据 1991 年 10 月底的统计资料，上海新华书店的 125 个售书网点中，门市有 118 个，书亭有 7 个。这 118 个门市中，综合门市有 101 个，专业门市有 17 个。

按城乡分布，市区有门市 86 个、书亭 6 个，共 92 个。郊县有门市 32 个、书亭 1 个，共 33 个。

全市 118 个门市中，设在工厂区和工人新村的门市有 28 个，占门市总数的 24%；设在 9 个郊县农场地区的有 32 个，占门市总数的 27%；设在市区一般地段的小型门市有 12 个，占门市总数的 10%；设在市区城乡接合部的有 10 个，占门市总数的 8.5%；设在市区热闹或较热闹地段的门市部有 36 个，占门市总数的 30.5%。

全市 7 个书亭中，设在工厂中的有 3 个，设在大专院校中的有 2 个，设在体育单位和部队内的各 1 个。

全市 17 个专业门市中，大型的和实行独立核算的专业门市有 2 个，即上海省版书店和上海版图书贸易中心。虽具有一定规模但不实行独立核算的中型专业门市有 10 个，即艺术书店、少年儿童书店、教育书店、工具书店、企业家书店、法学书局、体育书店、旅游书店、生活书屋和批发书店。规模较小的专业门市部有 5 个，即杨浦区的新苗书店、课本教材门市部和平凉路磁带门市部、普陀区的文教门市部、闸北区的宝山路磁带门市部。此外，设在南东书店内、有"店中之店"美称的学术书苑，因无独立执照，未作为网点统计在以上数字内。

国营新华书店现有的这些网点，有以下几个特点：（1）自 1978年至今，经过全店上下努力，共增加图书发行网点 39 个（市区 34个，郊县 5 个），其中由市区、县城建部门及财贸部门提供的网点有22 个，由基层书店从原有房屋中挖潜改造的网点有 17 个。（2）设在市区繁华热闹地段的网点不多，只占 30.5%，三分之一还不到。有些相当热闹或位置相当重要的地段如金陵路一条街和外滩一带等至今没有一个网点。（3）设在工厂区和工人新村的网点较多，连同市区一般普通地段和城乡接合部的网点在内共占全市网点总数的 42.5%。这些门市部，由于周围读者密集度较低，且受经济、交通等因素影响，经济效益大多较差。（4）区级书店和区店的中心门市面积大多都很小，无发展余地。

# 难忘军民送书情

◎ 李中玉

　　我参加新华书店教材、课本发行工作已有 31 年，其间，在党组织的教育培养下，在书店的优良传统和"双凤精神"的熏陶下，在老同志的热情传帮带关心下，我牢记教材发行的历史使命，为之努力工作，为书店的发展添砖加瓦。

　　"课前到手，人手一册"是新华书店发行教材、课本的指导方针，也是我工作的根本目标，我在几十年春秋两季中为课前到书而孜孜不倦地努力工作。至今我最不能忘怀的是 1985 年军民共奏的一曲送书情。

　　1985 年的秋季教材发行过程中曾有突发情况。由于种种原因，中小学课本定稿发稿延期很久，给印刷装订等一系列环节造成很大困难，等到课本印订成册发行时，已临近开学，此时又碰到十一级以上台风，开往崇明县的船只全部停航，这将严重影响崇明地区学生课前到书。虽经各方联系，但冒险之事谁都不敢轻举妄动。怎么办？凭着执著的劲头，我与图书宣传科汪耀华等有关同志商量，想方设法找到上海电视台，通报了情况。上海电视台新闻部记者，通过电视新闻向全市发出呼吁。解放军东海舰队上海基地一得到消息，就及时通过电视台与我们联系，为了能让崇明学生开学前拿到课本按时上课，舰队决定派登陆艇帮助运送课本到崇明，他们指派了一位基地干部负责全程落实工作。

　　8 月 22 日上午 9 时，市店派出 10 辆货用车从彭浦仓库将近 50

吨课本浩浩荡荡送到海军吴淞码头，部队官兵和我们一起将书搬上登陆艇，部队派出一名宣传干事，上海电视台派出著名记者郭大康随艇前往进行追踪报道。我们迎着狂风，耐着口渴，舰艇逆风行驶 4 个多小时，到南门港时已下午 3 点多，码头上人头攒动，崇明县政府、武装部、教育局、新华书店的许多同志早已在等候，见到我们就跑上来，握着我们的手表示感谢。崇明县政府同志在现场一再对我们所作的努力表示深切慰问，县里安排了不少人力带着工具帮助我们一起把课本搬进驻岛部队卡车上，再送到书店仓库。崇明县店同志表示 9 月 1 日前保证将书发到各学校。崇明县政府为了表示感谢，为我们准备了丰盛的晚餐，一定要我们住一宿，但市区仍有很多工作需要完成，舰艇也另有任务，我们便拿了崇明县政府临时准备的干粮，一一话别，立即起航。回到吴淞口，小艇把我们送回码头，双方互道珍重。告别部队时已是晚上 11 点，经过 10 小时的战斗，虽然人觉得很疲劳，肚子又唱空城计，但心里是甜滋滋的。在部队和上海电视台的无私支持下，军民共奏了一曲力保"课前到书，人手一册"的凯歌，确保了崇明地区 10 万中小学生开学时人人手中有课本。

很多年后，我们与海军官兵仍有着联系，大家回忆往事时，都会为此事而感动而兴奋。

多少往事，随着年岁增长而淡忘，但有些事会被记住一辈子，这曲军民送书情就是一例。

# 从 7000 万元做到 4.75 亿元，还是有件遗憾的事

◎ 谢佳华

我个人经历比较简单。我从上海出版专训班毕业后于 1965 年 11 月进入新华书店上海发行所第一发行科实习，于 1966 年 1 月正式入职上海发行所第一发行科，一直到 2002 年办理退休手续并接受返聘工作到 2015 年年底，整整 50 年一直在上海新华书店。"文革"期间我曾被下放干校，从干校回来后，我在淮海中路新华书店工作过几年，"文革"结束后就回到市店供应科，开始做文教书。我于 1993 年起调任供应科材料组组长，后于 1996 年任供应科副科长分管教材。那时全年课本销售 7000 万元。1997 年机构改革，书店成立发工委后，单独成立教材中心，我从供应科副科长改任教材中心经理直至 2015 年年底。

课本发行有一套严格的规定，就是以上海教委发的目录为主，发行范围也有规定，我们负责的是上海区域的课本发行，是不能发到外地去的。如果上海有一所学校需要浙江的课本，学校是不能直接去浙江新华书店进货的，一定要告知我们，由我们去浙江新华书店进货，再发给该学校。

当时全国开始实行课本招标，课本发行权争夺非常激烈。在这种大背景下，我们也要有所改变。

我上任后首先做的一件事是把各区县店（我们习惯称为"基层店"）的课本发行班（组）组织起来，业务由市店领导，行政上还是

归基层店领导。基层店对课本发行非常支持。我一直不主张基层店的课本发行在行政上也归到市店领导，因为各基层店经理在当地有一定的影响力，很多事情都要跟区县教育部门打交道，经理去打交道比市店一个普通的发行员去要有效率得多。

其次，推行课本会审制度、课本调剂会。20 世纪 90 年代后期，买卖商品房成为热潮，随之而来的现象是学生频繁转学，一换学校，课本就完全不一样，统计数字就很难控制，于是我们发起了课本会审制度。每一期课本征订数字报上来后，开个会审会议，把基层店课本发行人员聚在一起核对数字，确认学校报上来的数字和书店的统计数字是否一致。开学后我们会再开一个课本调剂会，尽量使各个区县的课本互通有无。

最后，为基层店课本发行人员配置电脑。当时的统计数字都是人工用算盘打出来的，发行人员一天到晚都在打单子，没电脑不行。我们自己先申请买了一台电脑，由市店供应科课本组率先使用，常用功能很简单，就是统计数字，课本进销调存的统计程序也是我们自己设计的，电脑的辅助使我们大大提高了工作效率。经与有关出版社沟通，出版社非常支持我们的工作，买了 40 台电脑配置给每个课本发行组，并对发行人员进行培训，这大约是发生在 1995 年的事情。

在职期间，我将课本报废率控制在万分之 0.7，这是很令人自豪的。课本是新华书店的包销品种，是不能退货的，课本产生的退货必须由新华书店自己承担，如果今年卖不掉，明年课本修订了就等于报废了，而课本几乎年年修订。于是我们跟出版社商量，如果课本大修订，老课本第二年不能用了，我们就要对存货进行退货处理，出版社也接受了这一请求。在向出版社报征订数的时候，我们也很谨慎，力求准确。这样，课本存货率很低，一期课改、二期课改期间，我们的课本报废率只有万分之 0.7，这个数字是非常低的。

当时课本发行条件很差，基层店放置课本的仓库很少，我记得嘉定县店、南汇县店、奉贤县店各有一个仓库，其余各区县店都没有仓库，每到课本发行的春秋两季，其余各区县店都要到外面借仓库。当时，学校很支持新华书店，基层店一般都会借学校的大礼堂、操场来发行课本。课本进来后，由书店员工搬进学校的大礼堂，按照各个学校分类放置，然后贴上标签，开学前通知各个学校来拿或者由书店送到学校。课本发行是在春秋两季，天气不是大热就是大冷，所有课本全凭人力搬运，从卡车上卸下来，搬入仓库，再分类，非常辛苦。每到发行课本季节，基层店都会抽调人手来支援，员工吃住都在仓库。那段时间也是课本发行人员最忙的时间，当时都是基层店自己配发到学校，统计订数及对账也是去学校进行，因而书店与学校的关系相当密切。

基层课本组租借的仓库最怕的是碰到雷暴雨的天气，浦东、杨浦、闵行区都曾碰到过这种情况，仓库的屋顶被大风掀掉了，雨进来了，如果课本进水就会全部报废。在这种情况下，基层发行人员都会到仓库值班，天气预报如果说有台风，他们就会睡在仓库里，将雨布准备好，把课本都盖上。最严重的一次损失发生在杨浦区店，他们借了一个体育馆，暴风雨中，雨水漫过地面，很多品种的书都被浸湿了，书店只好重新加印。一次浦东涨大水，浦东区店副经理丁爱玲亲自去课本仓库值班。1991 年 8 月 7 日，特大暴雨袭击上海，各店共计损失课本 28 万元。灾后，市店和各区（县）店对进水受损的 8 万册课本采取补救措施，保证了学生开学时正常使用。每逢课本季，我都会与同事带着可乐、雪碧等饮料去慰问一线课本发行人员。

那时，市店加基层课本发行人员大概共有 80 人，大家非常团结，执行力很强。我布置工作时，有一种是大的举措需要区县店配合，我就直接找基层课本组负责人；还有一种是召集全部人员开会，则所有对外口径以市店的口径为准，大家步调一致。

课本招标，就像一把达摩克利斯之剑，一直悬在我们的头顶。当时，全国都在进行课本招标，周边的浙江、江苏都进行了招标，没有进行招标的只有上海。招标量最厉害的时间段是 1995 年到 2005 年。

当全国各省教材权纷纷实行招标时，上海的应对策略是与上海新闻出版教培中心联合举办课本发行员的业务培训，使合格者取得上海新闻出版局颁发的"教材发行员资格证书"，保证每个课本发行员都持证上岗，这在全国是首创的，也是其他渠道不可能具备的，为应对招标增加了关键筹码。我们一方面进行自我宣传，使大众知晓新华书店进行课本发行具有正统性，是国家交给我们的任务；另一方面强大自身，当时的课本包扎、仓库储存等方面都是很落后的，我们与出版社沟通，要求所有的课本都要有外包装，入库的课本堆放整齐、干净。课本招标会可能遇到的所有问题，我们都尽量做到提前解决。我们还积极争取市教委的信任，要求基层发行人员争取区教育局相关部门的信任、争取学校的信任，并跟学校的行政人员交朋友。由此，基层发行人员的服务非常到位，譬如闵行区店课本发行人员高丽萍同志得知有一位学校校长在写一篇文章时需要引用一本书中的资料，但是哪里也找不到这本书，他便先去和出版社联系，得知出版社连样书都没有，就去上海图书馆借阅，把有关资料复印下来送给校长，校长因此非常感动。

20 世纪 90 年代，国家对教辅图书的管理还不是很严格，市店课本组也发教辅材料，到 20 世纪 90 年代后期，我们发行教辅的销售额有一亿多元。1997 年，国家四部委规定教辅不准进校门，尤其是

2000 年后，学生人数减少，20 世纪 90 年代初期，小学入学人数每年是 20 多万人，而 2000 年初期，小学入学人数只有八九万人，加之教辅不能进校门，新华书店课本、教辅发行数量减少很多。

在这样的大背景下，2004 年秋季，上海出台了有关义务教育阶段学校实施"一费制"的收费办法，一次性统一向学生收取的费用被限定在杂费、课本和作业费两项。而对于课本的收费标准上海教委的工作人员也不清楚，又因为上海的课本版本很多，他们便让我们计算"一费制"课本的收费标准。我们把课本目录中所有的课本品种都加上去，并提高了 10%，算下来小学生每人 135 元，中学生每人 165 元，高中生每人 220 元，上海教委将这个数字作为每学期向社会公布的收费标准（当时外省的收费标准只有 50 元左右），后来课本由国家统一采购后就依据这个标准进行收费。

我们对基层课本发行组进行考核时，以人均订货码洋数作为考核指标，希望通过考核，促进基层书店把这个收费标准用足。

针对如何将收费标准用足用好，我绞尽了脑汁。譬如当时有些课本有练习册，有些没有练习册，针对没有练习册的课本，我会让对应出版社在出版课本时一定要配上练习册，到"二期课改"的时候，所有的课本都配齐了练习册，码洋增加很多。另外，当时上海教委内部还发行与课本相关的补充资料供学生、老师使用，我也动员他们交由正规出版社出版，并纳入课本目录中。

现在课本目录有三个板块，一个是基础课本，一个是拓展性课本，一个是研究型课本。拓展性课本是中学生根据兴趣爱好选修的课程课本，如果学生对哪一门学科特别有兴趣，还可以进修研究型课本，就是之前上海教委发的补充资料。"一期课改"完成时，我们把这三个板块内容，包括课本练习册全部配齐了。

我们对基层发行人员的要求是吃透课本目录精神，用足收费标准。哪些书必须做到人手一册的，我们就要保证落实；哪些书是做不到人手一册的，发行人员也要去学校，起码动员一个班级购买，当时有个循环使用的概念，即让学校图书馆购买，再让学生循环使用；哪些书是让老师参考的，那么对应目录上的书一定要订准订足。

我们要求凡是我们发行的课外读物，基层发行人员必须到学校去推销，说服老师购买，当然得在"一费制"课本收费的范围内，学校对新华书店推荐的课外读物还是接纳的。

我们也会策划一些课外读物，让出版社跟进出版。最成功的一本是在 2003 年"非典"期间出版的，用于教学生如何预防"非典"。我们策划一本书，要图文并茂，又因为读者是中小学生，所以价格不能太高，两三元一本最合适。后来上海科技教育出版社跟进，一个星期完成了从策划到出版。2003 年 4 月 27 日，上海市教委紧急向全市中小学生发放《非典防治手册》60 万册，当晚市店储运中心组织员工连夜加班配发，保质保量完成配送任务。这本定价 3 元的《非典防治手册》总共发行了 100 万册。再举一个例子，上海辞书出版社出版的《语文综合学习》刚发行的时候，只征订了 1000 多本。我得知消息后，马上跟出版社联系，要求包销，出版社编辑还不肯给我，因为出版社把书卖到学校是 85 折，给新华书店的话就是 7 折（进入课本目录的发行折扣是有规定的，黑白印刷课本是 7 折，彩色印刷课本是 72 折）。于是我跟出版社社长谈，表示我把这本书的发行量提上去，但出版社自身不能发行，一本都不行，不过可以做宣传。拿到这本书后，我在基层发行人员的会议上说，这套书，学生要人手一册，并按照语文课本的数量配下去，开学学生拿到书后，如果有不同声音就退货，可以退回来。在我的努力下，这套《语文综合学习》一年发行了 2000 多万元码洋。

2003 年 4 月，我被聘任为课本中心经理期间做了以下几件事。上海新华书店是全国唯一的学校课本包销商（上海），涵盖幼儿园阶段到高三阶段的所有学校课本。每年春秋两季，每期课本目录出来后召开课本订货会。上海教委对我们非常信任，于是由市教委牵头，市教委主任、基础教育处的处长、出版局相关处长，各区县教育局的中学教育科科长、小学教育科科长、教研室负责人，以及上海新华书店经理和主要负责人参加会议，共同布置这期课本怎么做，市教委工作人员也号召各个学校订准订足，大家口径一致。订货会结束之后，各区县新华书店按照该模式，由区县教育局牵头召开课本发行会议，邀请区县内的学校校长、教导主任参加，这类会议使上海新华书店课本发行一路畅通，效果很好。我们还在由课本出版社社长牵头举办的课本出版发行会议上汇报课本进栈情况、课本质量问题等。

课本内容年年要审读，从上海到北京，往往印出来已经 8 月下旬，甚至有发生过明天要开学了，今天半夜书才到仓库的情况，留给我们的时间非常少，对此，基层课本发行人员可谓任劳任怨。

受独生子女政策影响，上海地区自 20 世纪 90 年代后期起，学生人数逐年下降。以小学一年级为例，学生人数从 20 世纪 90 年代初的 23 万降至 10 万左右。同时由于市政建设的需要，21 世纪初来沪务工人员大量涌入上海，其子女求学需求也逐渐增大，此时在各郊县出现了许多由各地来沪人群自己建立的私立学校，由于教材供应有严格的地区保护性，上海无法为其提供教材，也无法满足私立学校的经济利益，这些学校使用的教材均由私立学校自行向原生省书店进货。外来务工人员子女系安徽籍贯居多，安徽省新华书店六安地区店便在上海设立了教材供应部，各省基本使用人教版教材，六安新华书店也派出了有相当资历和能力的管理者来经营，销售码洋达 2000 万元。这个项目是我们教材中心绝对想要拿下的项目。从 2006 年起，各区县店先与六安新华书店进行初步合作，我当时利用与安徽省店和教材部的良好关系和丰富的业务经验，设计出一套规范又不损害各方利益的方案，先后在各区试行。

2006 年 9 月 1 日，上海民工子弟学校课本发行工作在市、区两级教委的支持下有序展开，70% 的学校使用了新华书店统一分发的课本，秋季上海民工子弟学校课本发行达到 900 万元。2007 年 7 月，从秋季课本起，新华书店对课本实行一站式发货，共服务 7 个区，直送 735 家学校，发货累计达 7587.9 万元。

2009 年，在不影响六安地区书店、安徽省店及上海各区店利益的情况下，我们规范了操作流程，将上海民工子弟学校教材统一归由教材中心经销，由教材中心向安徽省店进货，由六安地区店上海办事处代发。上海地区已在 2005 年实行义务教育阶段教材由政府统一采购、免费给学生使用的政策，自上海民工子弟学校教材统一归由教材中心经销后，我们便不断向市教委反映如何规范学校管理和外来务工人员的教材费用问题。市教委终于在 2010 年作出了所有上海民工子弟学校进行属地化管理，并使用上海版教材的决定。2011 年起，上海民工子弟学校的学生全部享受上海学生同等待遇。2013 年，六安地区店的代发权被取消，所有教材由我们储运部一站式发至学校。这样，2014 秋季课本实现全市中小学课本一站式配发全覆盖。

我在负责教材发行工作的 20 多年中，经历了保卫教材发行权，二期重新编写，学生人数因独生子女政策产生断层下降，教育行政部门为减负降低教材价格，三令五申教辅不准进校等事件，在不违反国家政策的同时想方设法增加企业效益，用足政策，深耕细作，调动课本发行员积极性，服务教育，做成了全国唯一的一个受到省级教委绝对信任、各出版社支持，并具有中小学整个基础教育阶段所有教材发行权的书店。

其间的工作，值得记录的有以下几项。

1. 想方设法增加"红头"文件中的教材品种，做通教委的工作，把教委原先以内部资料形式发给学校的白皮书交由出版社正规出版，并列入教材目录，这些品种经出版社编辑出版后成为目录中的拓展型教材的前身，后来出版社又根据教学需要出版了研究型教材。现在教材目录中的学生教材形成了必修课、拓展型、研究型三大板块。

2. 增加每门学科的内涵。自1993年一期课改以来，教材多样化导致教材品种增加，有些主课还配了练习册，本来这是书店扩大销售的好契机，但由于教材和练习册、配套材料、音带是分别征订的，由此给了其他渠道机会，为此我们做了大量努力，把课本、练习册、音带、卡片等按照一个品种进行征订，以此确保目录上的所有品种人手一册，大大增加了销售码洋。

3. 联合出版社依靠教材编写组依据各重大历史纪念日、重要事件活动出版相关书籍，并尽量加入目录。例如2003年的非典、2008年的奥运会、2010年的世博会、建军八十周年，等等。凡进入目录的，尽可能做到人手一册，至少保证每校有一到两个班级的量，进不了目录的书就要求基层发行员进校推荐，扩大销量。

4. 国家三令五申不准学生购买教辅，社会上良莠不分的教辅铺天盖地，而学生和家长其实对教辅是有需求的。为此，我们联系了相关教材出版单位编写高质量的教辅，向学校和学生推荐，收到了良好的效果，满足了家长学生的需要。每年教辅的销量都在上亿码洋。

5. 挖掘基础教育阶段凡学校需要、教委认同、可以进校的品种，力争纳入教材中心的发行范畴。例如幼儿园教材的发行权、音像资料的发行权等。

2013 年起，市教委启动了上海市数字教育平台工程，此项工作本与书店无太大关联，但凭着多年的工作经验，我觉得教材数字化、教育数字化是社会发展方向，书店必须在此占有一席之地，于是我们向教委再三争取，使书店也成为共同筹备方之一，我也被任命为该工程的办公室主任。

1993 年，我接手上海地区的中小学教材时，上海学生人数为160 万，书店共发行中小学教材 7000 万元。2015 年，上海学生人数降至 120 万，发行的范围囊括了从幼儿园到高中所有可以进校的品种，教材中心进销业务分幼儿园、中小学教材、教辅、中职教材等四大板块，销售额达 4.75 亿元，报废率不超过万分之 0.7，既无内债，又无收不回来的欠款。

我职业生涯中略显遗憾的是没拿回中职教材发行权，幸而经过长期努力，市教委在 2015 年同意了将中职教材交由书店统一发行。

2022 年的 3 月底 4 月初，我因为疫情而居家。想着在其位则谋其职的我，自然不愿在焦虑、无助中度过每一天。于是，我畅想出了"上海，记忆中的那些新华书店"这个适合静静回忆的话题，在上海市书刊发行行业协会会长李爽的支持下，于 2022 年 4 月 5 日"上海书展"微信公众号发布了下列征文启事：

后记

◎
汪耀华

自 1949 年至今，尤其是 1978 年以来，上海相继开设了众多书店，其中各个区县新华书店（中心门市部）支撑了上海书业的主体。随着市政动迁、业务调整、经营格局变化等原因，一些书店消失在了城市的大街上。但是，前贤、同行们为了这份职业和事业责任，曾经为之付出了青春年华甚至一辈子一个职业的努力，总有一些新华书店的故事留存在记忆中。众多的读者，无论是否功成名就，只要是读书人，在记忆的深处总会有一些对于消失了的新华书店的怀念。那些曾经存在过的新华书店，也为这个城市的知识传播、文化传承和社会进步作出过贡献，虽然这些常常被人忽略。

现在，我们推出《上海，记忆中的那些新华书店》征文，大致希望：

1. 一店一文，邀约当时的经历者讲述书店的故事，以三五个生动、有趣的故事串联出一家书店存在的历史记忆；

2. 一人撰写、多人合作或者口述皆可，电子文档或者手写文稿悉听尊便；

　　3. 文字约为 3000 字，需单独提供店名、地址、开业（歇业）时间，作者当时的职务，三张以上照片（店招门面、店堂内景、工作场景等）；

　　4. 所有文章期望客观、从容，尊重历史、敬畏事实，即不作"选择性遗忘"；

　　5. 所有文章经修改后将由网络、报刊发布；

　　6. 征集时间从即日起至 2022 年 7 月 30 日。文章经编辑整理后将结集出版；

　　7. 结集出版后，将支付作者稿酬、推荐由报刊发表后的稿酬也由作者收取。

　　自 2017 年由上海联合书业会展有限公司接办"上海书展"微信公众号，我也多了一个选题确定、终审签发的差事。我的日常的工作顺序是每天下午两三点确定当天由同事提交的建议制作的微信图文选题，我或者补充或者调整退回，经同事修正后转交合作伙伴后台制作，晚上由后台上传，经我确认（无论多晚，这都是必须做的，有时也会提出修改建议并待再确认）后在第二天上午 9 时前发布。同时，我会选择一两条发朋友圈，偶尔也会要求协会秘书处同事一并转发。类似本次"征文启事"的重大"首发"微信在发布前还多了一道程序，即获得会长同意。

　　征文启事的发布，只是向公众传达了一个信息而已。具体的推进，自然是"任重道远"。

　　因为居家，投入地做事成为我的一种生活方式。本次征集，以"上海，记忆中的那些新华书店"为主题，邀请曾经的区、县新华书店经理等负责人叙往事、说故事，讲述亲历亲见亲闻的创业守业、卖书读书的职业生涯中值得留恋的人、事、书、店等。

约稿不易、写稿不易、校正也不易。现在的文章虽然已经过作者的补充和修饰，但仍有参差。最开始是建群约稿，等到 2022 年年底开始补充修改并收集图片，以门市部开关为线索展开记事。因为书店的"家产"主要通过自有房产或者从政府、房管部门承租房屋获得体现，如原卢湾区店自筹资金建造淮海中路新华书店，原长宁区店自建公助长宁路新华书店，原杨浦区店进行平凉路、鞍山路新华书店的改扩建、普陀区店枣阳路新华书店进行了置换扩购，这些都曾经是"新华系"的"励志"故事。为了实现这些基本建设，众多的新华人为体现自己是"企业主人"而连续几年回家待工（旧址动迁而新址处于在建阶段），有的书店减少了员工奖金甚至减少了分房补贴。自然，这些年因为市政工程施工动迁、旧城改造、承租房租期结束及人口迁移等造成经营网点减少，也是可以理解的事。

本书所述，包括自 20 世纪六七十年代以后上海曾经的所有新华书店区、县店（包括卢湾区店）、曾经相对独立的新华书店（包括闵行新华书店、吴淞新华书店、延安东路新华书店、美术书店等），以及组建集团时"归队"的中国科技图书公司（上海科技书店）、上海音乐图书公司（上海音乐书店）等"新华系"公司。

老同事写史，如果没有资料依赖，会让人不放心，而且对于旧事的臧否也要把握一个"度"。况且，邀集所有的区、县店领导"集体聚会"（微信群），更是一件不容易的事。现在的这些作者，大都曾经与我是同事，年龄在 90 岁以下、60 岁以上，基本上一辈子坚守着一个职业，无论从学校毕业还是从部队复员进入新华书店，都是从营业员、发行员、干事开始，经过几十年的努力，最终成为区、县店的党支部书记或经理。在职的时候，大家意气风发、积极向上，成为承上启下的代表，为新华书店的发展尤其是财产的积累贡献了聪明才智。当然，大家的付出也获得了充分的回报，自然不能与后来者相比，只在同时代而言。进入新华改制上市，取消区、县店建制，众多门店被调整，高层进出频繁而经营缺乏良策的时期，退休了的新华人不免沮丧、不满。前辈希望书店事业发展、物业增加、销售上涨、员工精气神畅通、收入递增被尊重，这样的诉求现在也正在变成可能。

对于自 2004 年改制，2006 年改变区、县店建制至今的路径，如何记叙或者描述，本书基本是回避的。毕竟我们从那个年代走来，难以跳脱主观限制来看待，由着同时代新华人评述也不免有些尴尬。于是，本书以讲述个人的经历、往事为要点，无关后人是否愿听，更以"放下"之情及坦然面对现实的心境进行书写，这是一种令人愉快的体验。

感谢所有作者，无论之前的职务高低或文章的长短。可惜的是多位作者在完成文章后因病去世，未能见到本书，但我仍然会设法联系其家人表示歉意、敬意并奉上薄酬和新书。

无论是在从事这本书的策划、编纂，还是参与《上海新华书店七十纪事》（编写组组长）、《中国新华书店发展大系》（执行副主编，共计 33 卷）、《上海市志·新闻出版分志·出版卷》（副主编兼总撰组组长）的撰写、编辑，都体现出一种个人的"心结"或者说"新华情"。我的幸运是在新华书店成长、前行，曾经得到许多领导、同事的关照。虽然也曾遭遇不愉快，但毕竟还是在鼓励中再出发。

我为本书撰写前言，从个体的视角以若干片断观察上海新华书店的创业与发展，并以此向前辈致敬！曾经的新华人以新华而自豪，跟随着上级努力工作、体面生活。本书图片由文章作者<sup>[1]</sup>提供，我也从各处找了一些，力求图文并茂。感谢李爽会长为本书撰写序。

感谢给予支持的领导、同事和上海人民出版社同道。因为我们彼此的协力，得以成就这本上海新华书店区、县店创业史！

2024 年 5 月 21 日

---

[1] 陈斌、高若仪、李庙林、梁爱玲、钱瑛、钱永林、邱利群、沈琴娥、沈勇尧、滕代东、吴康康、谢惠忠、徐新海、许鸣、余嘉禾、虞忠伟、张传耀、张月华、周永福、朱伟、尤维君、王明等。

**图书在版编目(CIP)数据**

上海,记忆中的那些新华书店/汪耀华主编. —上
海:上海人民出版社,2024
ISBN 978 - 7 - 208 - 18889 - 1

Ⅰ. ①上… Ⅱ. ①汪… Ⅲ. ①新华书店-史料-上海
Ⅳ. ①G239.275.1

中国国家版本馆 CIP 数据核字(2024)第 085230 号

责任编辑　张晓玲　宋　晔
封面设计　雷　昊

**上海,记忆中的那些新华书店**

汪耀华　主编

出　　版　上海人民出版社
　　　　　(201101　上海市闵行区号景路 159 弄 C 座)
发　　行　上海人民出版社发行中心
印　　刷　上海雅昌艺术印刷有限公司
开　　本　890×1240　1/32
印　　张　11.5
插　　页　4
字　　数　270,000
版　　次　2024 年 6 月第 1 版
印　　次　2024 年 6 月第 1 次印刷
ISBN 978 - 7 - 208 - 18889 - 1/G · 2186
定　　价　98.00 元